도시, 집, 일과, 생계, 음식과 오락, 가정, 계급
신앙으로 읽는 1세기 사회사

초기 교회
그들이
살았던 세상

A Social History of the Early Church

초기 교회, 그들이 살았던 세상

도시, 집, 일과, 생계, 음식과 오락, 가정, 계급, 신앙으로 읽는 1세기 사회사

초판 1쇄 인쇄 2025년 10월 14일 | 초판 1쇄 발행 2025년 10월 21일
지은이 사이먼 M. 존스 | 옮긴이 오현미

디자인 김석현
펴낸곳 북오븐 | 펴낸이 이혜성 | 등록번호 제2020-000093호
이메일 bookoven@bookoven.co.kr
페이스북 facebook.com/bookoven | 인스타그램 instagram.com/book_oven
유튜브 youtube.com/bookoven | 블로그 blog.naver.com/bookoven
총판 비전북 주문전화 031-907-3927 | 주문팩스 031-905-3927
ISBN 979-11-93766-05-7 (03230)

A SOCIAL HISTORY OF THE EARLY CHURCH
Copyright Simon M. Jones ⓒ 2018 Lion Hudson.
Original edition published in English under the title *A Social History of the Early Church*
by Lion Hudson IP Ltd, Oxford, England
This edition copyright ⓒ 2018 Lion Hudson IP Ltd
License arranged through rMaeng2, Seoul, Republic of Korea.

This Korean Edition ⓒ 2025 by Bookoven Publishing Co.
Goyang-si, Gyeonggi-do, Republic of Korea.
이 한국어판의 저작권은 알맹2를 통하여 Lion Hudson과 독점 계약한 북오븐에 있습니다.
신저작권법에 의하여 한국 내에서 보호받는 저작물이므로 무단 전재, 게시(온라인 포함), 복제를 금합니다.

도시, 집, 일과, 생계, 음식과 오락, 가정, 계급
신앙으로 읽는 1세기 사회사

초기 교회 그들이 살았던 세상

A Social History of the Early Church

사이먼 M. 존스 지음 | 오현미 옮김

북오븐

차례

■ 감사의 말 · 11
■ 책머리에 · 13
역사의 새로운 시대·14 : 고고학, 고대 문화 유물, 책·15
바울의 여정 및 초기 교회들의 위치를 보여 주는 지도·18

1장 도시의 운동 ········ 21

밥벌이·24 : 면밀히 전망해 보기·27 : 도시 한 바퀴·31 : 도시의 밤·36 : 어느 나라 말 쓰세요?·38 : 벽에 쓰인 글씨·40 : 안디옥·42 : 여러 계층이 모여 살다·44 : 이와 같은 거리에서·47 : 특권층 인물?·47 : 누가 이곳의 책임자인가?·49

2장 사람들의 주거 ········ 51

로마인에게 집은 자기 성이었다·52 : 폼페이의 주거 건물 조감도·53 : 정찬 모임에 오신 것을 환영합니다·55 : 일을 위해 열려 있는 공간·56 : 로마식 아파트 생활·58 : 여기서 일도 해요·62 : 복합적 주거 체계·63 : 이웃 만나기·65 : 목욕 시간·67 : 에베소·68 : 탕은 달궈지고·71 : 혁신이 일어난 곳·72 : 고린도에서 길 찾기·73 : 가재도구·78

3장 일과 ········· 81

농사로 먹고살기·82 : 긴 하루가 밝아오다·85 : 하루 벌어 하루 먹고 살기·86 : 나를 위해 기도를 좀 해주시오·87 : 근력으로 고용되는 사람들·88 : 생업 전선에 나선 여성들·90 : 자산가 여성·92 : 장소를 가리지 않는 기술·94 : 선박 권력자·97 : 연장을 들고 어디든 가다·99 : 일하기와 먹기·100 : 노예의 삶·101 : 아테네·102 : 자유를 사다·105 : 교회로서의 일터·106 : 계산은 내 앞으로·109

4장 빵과 서커스 ········· 113

일용할 양식·114 : 음식과 포도주를 마주하고 나누는 대화·115 : 조합·116 : 모임의 규칙·118 : 느긋이 즐기는 정찬·120 : 최신 사상·121 : 예수를 기억하기 위한 모임·123 : 대 유혈 축제·124 : 아프로디시아스·126 : 황제의 권력 과시하기·129 : 1세기의 유명인사들·130 : 경주장에서의 하루·131 : 연극은 중요해·132 : 건강한 삶을 위한 달리기·133 : 풍성한 비유의 원천·135 : 화평의 메시지·136 : 식량, 기근, 자선·137 : 대중을 행복하게 하기·139 : 위기? 무슨 위기?·140 : 어딘가 다가가서 앉을 곳·141 : 집주인이 준비한 음식이었을까, 각자 가져온 음식이었을까?·143 : 그리스도인의 심포지엄?·144

5장 세상에서의 위치 · 147

분할선·148 : 모두가 제 위치에·149 : 제국의 출세 사다리·151 : 도움을 구합니다·152 : 로마의 사회적 피라미드·153 : 중요한 건 부분을 보는 것·154 : 갈리오·157 : 좌석 배치의 의도를 읽기·159 : 타고난 신분·161 : 행군 명령을 받고·163 : 클럽에서 봅시다·164 : 자리매김·165 : 우리 자신을 뭐라고 부를까?·167 : 가족에게 문안하라·169 : 바울의 사회적 지위·172 : 스스로의 선택·173 : 노동은 좋은 것·174 : 공동체 안에서 선을 행하기·175 : 성공의 열쇠·178

6장 가정생활 · 181

토대 놓기·182 : 결혼하기·183 : 헤어지기·186 : 가족은 기쁨을 주는 사람들·187 : 공부 잘하기·189 : 플리니우스·190 : 제국을 섬기는 일을 훈련받다·193 : 장수하며 잘 살았다?·195 : 얼마나 복잡한지·196 : 한 지붕 아래서의 삶·197 : 집안에 가득한 신성함·199 : 식탁을 중심으로 모이다·200 : 먹고 공부하기·201 : 복장 규정이 있었을까?·202 : 내가 거만해 보이는가?·204 : 제가 아는 분이던가요?·205 : 뒤에서 시끄럽게 하지 않기·206 : 한 이름에는 무엇이 담겼는가?·208 : 어떻게 분간할까?·209 : 가정에서 예수 따르기·210 : 서로에게 자신을 주라·211 : 권력을 행사하되 은혜롭게·212 : 아우구스투스, 그리고 성·213

7장 생계유지하기 · 215

농사꾼의 제국·216 : 토지는 곧 권력·217 : 활력 넘치는 시장 경제·219 : 복잡한 혼합 경제·221 : 중간 유형의 사람들·222 : 중간 집단에는 어떤 사람들이·225 : 바울의 친구들과 동료들·227 : 진짜 잡다한 모임·229 : 유니아와 안드로니고·231 : 돈과 예절·234 : 이름에는 무엇이 담겨 있는가?·236 : 대단한 인물이 되기를 갈망하다·237 : 예배와 사회적 지위 상승·238 : 힘들지 않아요, 형제인 걸요·240 : 자선 그 이상·242 : 내 후견인이 되지 마세요·244 : 선을 행하라·246 : 그 사람 우리와 같은 부류인가?·247

8장 신앙의 수퍼마켓 · 249

우리 패에 들어오세요·250 : 세상의 의미를 이해하기·252 : 신의 총애를 얻기·254 : 온 가족이 즐겁게·255 : 짐승 내장 속의 메시지?·256 : 예배하는 국가·258 : 집마다 신이·260 : 교차로에서 신을 발견하다·261 : 그대에게 저주가 있기를·264 : 신을 고르라·266 : 누구나 신비를 좋아한다·267 : 남자 회원만·269 : 사상 전쟁·270 : 에픽테토스·272 : 기독교의 매력·275 : 기독교 예배의 중심·276 : 그분이 하나님임이 밝혀지다·278 : 누가 지배하는가?·279

- **추천 도서** · 282
- **찾아보기** · 284

| **일러두기** |

본문의 인명과 지명은 성경의 표기와 현대어 표기를 혼용했으며 필요에 따라 괄호 속에 함께 적었다.

감사의 말

어떤 책이든 책을 써서 펴낸다는 것은 혼자 하는 일이 아니다. 물론 가족들 다 자는데 밤늦게까지 홀로 깨어 있어야 한다거나 아침 일찍 침침한 눈으로 그날 써야 할 원고를 마주해야 할 때는 혼자 모든 걸 다하는 것 같은 기분이기도 하다.

이 책은 자신의 학식을 개인적으로도 나눠 주고 여러 해에 걸쳐 탐독한 수많은 책과 저널 기사를 통해서도 전해 준 위대한 학자와 이야기꾼의 발치에 앉아 배워서 나온 산물이다.

나는 고대 역사나 신약학 전문가가 아니다. 나는 초기 기독교 공동체의 사회적, 경제적, 물리적 위치 연구로 석사 학위를 받은 신약학 저술가이자 교사이다. 내가 밝혀낸 것, 그리고 그 발견의 여정에서 나를 지탱시켜 준 열정이 이제 이 책을 통해 독자들에게 전달되기를 바란다.

감사할 사람이 꼭 한 사람 있는데, 지난 삼십칠 년 동안 나와 함께 해온 내 아내 린다이다. 아내가 아니었다면 이 책을 쓸 수 없었을 것이다. 앞서 나온 책들을 쓰는 동안에도 그랬지만 이 책을 쓸 때도 아내는 아낌없이 다정하게 나를 지지해 주었다. 린다, 이 책을 당신에게 헌정합니다.

사이먼 M. 존스

감사의 말

어떤 책이든 책을 써서 펴낸다는 것은 혼자 하는 일이 아니다. 물론 가족들 다 자는데 밤늦게까지 홀로 깨어 있어야 한다거나 아침 일찍 침침한 눈으로 그날 써야 할 원고를 마주해야 할 때는 혼자 모든 걸 다하는 것 같은 기분이기도 하다.

이 책은 자신의 학식을 개인적으로도 나눠 주고 여러 해에 걸쳐 탐독한 수많은 책과 저널 기사를 통해서도 전해 준 위대한 학자와 이야기꾼의 발치에 앉아 배워서 나온 산물이다.

나는 고대 역사나 신약학 전문가가 아니다. 나는 초기 기독교 공동체의 사회적, 경제적, 물리적 위치 연구로 석사 학위를 받은 신약학 저술가이자 교사이다. 내가 밝혀낸 것, 그리고 그 발견의 여정에서 나를 지탱시켜 준 열정이 이제 이 책을 통해 독자들에게 전달되기를 바란다.

감사할 사람이 꼭 한 사람 있는데, 지난 삼십칠 년 동안 나와 함께 해온 내 아내 린다이다. 아내가 아니었다면 이 책을 쓸 수 없었을 것이다. 앞서 나온 책들을 쓰는 동안에도 그랬지만 이 책을 쓸 때도 아내는 아낌없이 다정하게 나를 지지해 주었다. 린다, 이 책을 당신에게 헌정합니다.

사이먼 M. 존스

책머리에

이 책은 이 주제를 포괄적으로 다루는 책이 아니다. 즉, 로마 제국과 그 제국 안의 초기 기독교 집단의 위치에 관해 우리가 알아야 할 모든 것의 개요서가 아니다.

여백을 채우고, 더 많은 것을 알아내고자 하는 욕구를 자극하려는 것이 이 책을 쓴 의도다. 이 책의 배경에는 독자들을 놀라운 세상으로 데려가 줄 자료가 마치 뷔페식당처럼 차려져 있다.

1장부터 8장까지 연속적으로 읽게 되어 있다는 점에서 이 책은 어떤 면에서 시대에 뒤진 책이다. 목차를 보고 건너뛰어 가면서, 알고자 하는 사실이나 통찰만 찾아볼 수도 있다. 하지만 책 전체를 읽으면 기원후 30년대 중반부터 60년대 중반까지 로마 세계 주변 도시의 기독교회에 처음 합류한 그 평범한 남녀들의 일상생활을 쓸모 있게 개관할 수 있고 그 정취를 느껴볼 수 있다.

그 시대의 기독교 공동체에 관해 우리가 이 책에서 보게 되는 흔적은 당시의 한 기독교 운동 지도자가 쓴 편지 모음에서 거의 독점적으로 전해진다. 그 사람은 현대의 튀르키예 지역인 다소 출신의 천막 만드는 사람으로, 일찍이 그리스도인들을 대적했으나 다메섹 가는 길에 부활하신 예수를 만났다고 하면서 그 후 마음이 바뀐 열렬한 유대인 지식인이었다. 그 사람의 이름은 바울이었다.

또한, 이 책에는 신약성경의 다른 부분, 특히 사도행전에서 볼 수 있는 흔적도 포함되어 있는데, 사도행전은 바울의 가까운 동료 누가가 기록한 초기 기독교 운동의 역사이다.

역사의 새로운 시대

교회는 로마 제국 시대가 시작될 무렵 태어났다. 기원전 27년에 옥타비아누스가 카이사르 아우구스투스(가이사 아구스도) 즉 로마의 군주(또는 황제)가 되었다. 이 시기는 희망과 기대, 경제 성장과 뼈를 가는 듯한 가난, 그리고 세상이 본 적 없는 가장 화려한 제국이 확장하고 강화되는 시대였다.

나사렛 예수께서는 아우구스투스 치세 때, 아마도 기원전 6년 무렵에 태어났고, 티베리우스(디베료) 황제 치하에서 사역을 시작했다. 교회는 30년대 중반, 제국의 동쪽 끝 예루살렘, 가이사랴, 안디옥, 다메섹 같은 도시들에서 등장하기 시작했다. 기원후 40년대쯤에는 로마, 아덴(아테네), 갈라디아(오늘날의 튀르키예 중심 지역)의 도시들, 데살로니가, 빌립보에도 교회가 생겼다. 50년대에는 교회의 확산이 고린도, 에베소, 지중해의 섬들에까지 이르렀다.

교회는 이 번잡한 도시들의 후미진 거리에 작은 발판을 마련했다. 도시 지역에서 가장 먼저 예수를 따른 이들은 바로 이런 토양에 뿌리를 내리고 살아갔다.

아우구스투스 흉상

고고학, 고대 문화 유물, 책

우리는 과거에 관해 어떻게 알게 되는가? 얼핏 단순해 보이는 이 질문 하나만으로도 역사가들과 학자들이 지난 시대의 서사를 창조하려고 증거를 자세히 따지고 살피는 방법에 관한 책들로 도서관 하나를 꾸릴 수 있다.

고대 세계, 초기 교회의 세계를 연구하는 사람들이 이용 가능한 증거에는 두 가지 유형이 있다. 이 두 유형은 흔히 '물질적'(physical) 유적과 '문헌'(literary) 증거라고 한다.

물질적 유적은 건물, 조각상, 가재도구, 문서 등 무엇이든 특정 시대로 거슬러 올라갈 수 있는 것을 가리킨다. 로마 세계는 이탈리아의 폼페이와 오스티아, 튀르키예의 에베소와 아프로디시아스, 그리스의 아테네와 고린도, 이스라엘/팔레스타인의 가이사랴 마리티마와 예루살렘 같은 곳에서 활기를 띤다.

고고학자들은 그런 장소에서 나온 증거를 종합해서, 그곳을 점유했던 사람들이 공동체를 이루어 살 당시의 일상생활 이야기를 만들어낼 수 있다. 하지만 이는 엄밀한 과학은 아니다. 고고학적 기록은 엉성하며, 그래서 학자들 팀은 자신들이 논할 수 있는 자료를 가지고 작업한 뒤, 후속 연구에 비추어 분석되는 이론을 생성하기 위해, 그 작업 결과를 지금 연구 중인 시대에 관해 이미 알고 있는 것과 결합해야 한다.

문헌 증거는 책과 문서, 벽에 쓰인 글씨, 기타 글로 쓰인 기록을 가리킨다. 초기 그리스도인들의 세계에서 전해지는 문헌 유물 중에는 신약성경을 구성하는 글이 있는데, 기원후 40년대 말부터 오십 년간에 걸쳐 기록된 스물일곱 권의 책과 서신들이다. 또한 로마 역사가와 철학자의 글, 유대 사상가(필론과 요세푸스 같은)의 글, 그리고 고고학자들이 이따금 발굴해 내는 통상 문서(commercial records)와 개인적으로 주고받은 서신 모음도 있다.

이집트(애굽)의 도시 옥시링쿠스에서 발굴된 다량의 파피루스 문서도 그런 글 모음 중의 하나로, 이 문서는 대부분 로마 제국 시대 인물인 평범한 집주인들과 정부 관리들의 관심사 연구에 도움이 되었다.

문헌 증거에는 두 가지 문제점이 있다. 첫째는, 우리에게 전해지는 것이 원전이 아니라 항상 사본뿐이라는 것이다. 이는 책과 두루마리가 기록된 소재가 오래가지 못하기 때문이다. 그래서 사본은 거기 적힌 사상이 보존되도록 만들어져야 한다. 이는 특정 문서가 언제 최초로 기록되었는지 절대적으로 확신할 수 없다는 뜻이다. 물질적 증거에서 추론되는 날짜와 문헌 저자의 삶과 정황에 관해 우리가 알고 있는 내용을 짜맞추어야 한다. 개인 서신, 계약서, 선하(lading) 증권

옥시링쿠스 파피루스(P.Oxy. I 29)

등을 포함해 온갖 종류의 원본 문서인 다수의 파피루스는 여기서 예외다.

둘째는, 문헌 기록자들에게는 특정한 관점이 있어서 세상을 자기 식으로 보며, 다른 사람들이 반드시 그 방식으로 세상을 보지는 않는다는 것이다. 그래서 로마 시대 저자들이 가난한 사람들의 삶에 관해 기록한다고 할 때, 이 저자들은 예외 없이 특권층 엘리트이기 때문에 이들의 관점이 얼마나 객관적인지 알기 어렵다.

이 책에서는 물질적 증거와 문헌 증거를 막론하고 우리의 재량 아래 있는 증거를 최대한 활용해서 초기 교회 세계의 서사를 만들어냈다.

바울의 여정 및 초기 교회들의 위치를 보여 주는 지도

1장

도시의 운동

초기 그리스도인들의 세계는 도시 세계였다. 그렇다고 해서 로마 세계 사람들이 모두 도시에 살았다는 말은 아니다. 사실은 로마 제국 인구의 1/5만이 도시 지역에 살았다. 농지나 작은 마을에 살면서 예수를 따르는 이들이 없었던 것은 아니다. 그런 이들도 아마 있었을 것이다. 하지만 우리는 사실 도시에 사는 첫 그리스도인들의 확산(progress)에 관해서만 알 뿐이다.

시골 지역인 갈릴리와 유대에 흩어진 공동체에게 보낸 편지인 야고보서를 제외하면, 우리가 초기 그리스도인들의 삶에 관해 아는 내용은 전부 도시를 배경으로 한다. 그래서 우리는 골로새에 사는 빌레몬, 에베소에 사는 디모데, 항구 도시 겐그레아에 사는 뵈뵈 이야기를 보게 된다. 우리에게는 바울이 그리스에 있는 로마 도시 고린도에 보낸 네 통의 편지 중 두 통과 로마 식민지 빌립보에 보낸 또 한 통의 편지가 있다. 베드로의 편지와 요한의 묵시록도 로마령 소아시아(오늘날의 튀르키예) 전역 도시에 살고 있는 소규모 그리스도인 집단에 보낸 편지다.

사도행전은 기독교 운동이 예루살렘에서 시작해 로마 자체에서 끝나기까지 로마 제국 도시 전역으로 어떻게 퍼져나갔는지 바울과 동료들의 사역에 초점을 맞춰서 이야기해 주는데(특히 13-28장에서), 이들은 거의 비시디아 안디옥, 고린도, 빌립보, 데살로니가 같은 로마 도시에서만 일했다.

그 이유는 로마 제국이 도시 제국이었기 때문이다. 로마는 당시 세상에 알려진 가장 큰 도시였다. 예수께서 태어나기 전에도 로마 인구는 백만 명에 달하고 있었다. 로마 외에 그 정도로 큰 도시는 십팔 세기 후반 백만 명에서 인구 정점을 찍은 런던뿐일 것이다.

로마만이 제국의 중요 도시는 아니었다. 안디옥, 알렉산드리아, 아덴, 고린도, 에베소, 버가모, 사데도 중요한 대도시권에 속했으며, 물론 인구는 50,000명에서 200,000명 사이로, 수도인 로마보다 상당히 적었다.

도시는 권력이 있는 곳이었다. 물론 로마는 로마인들(당시 사람들이 알고 있던 세상 대부분을 지배하는)에 한해서는 세상의 중심이었다! 로마는 권력의 중심이었고(황제가 거주하고 원로원이 모이던), 막대한 부가 있는 곳이었고, 거미줄같이 얽힌 제국 교역의 중심이었으며, 이 교역의 범위는 동으로 서로 당시 사람들이 알고 있던 세상 거의 전역, 심지어 제국의 경계 너머 인도와 중국에까지 미쳤다.

도시에는 인구 과잉의 빈민가에 허술한 집을 짓고 사는 도시 빈민도 많았다. 실제로 로마를 비롯해 다른 고대 도시들의 인구 밀도는 대다수 현대의 도시들보다 높았다. 로마는 오늘날의 파리보다는 뭄바이와 더 비슷했다. 로마의 주민들은 좁은 공간에 구겨 넣어지듯 밀집해 살았으며, 그래서 도로는 좁고 혼잡했고 건물은 사람들로 넘쳐났다. 인구 밀도는 10,000제곱미터당 730명이었는데, 이에 비해 뭄바이는 452명에 지나지 않는다. 고대 도시는 모두 상황이 비슷했다.

〈벤허〉나 〈글래디에이터〉처럼 황제와 로마 엘리트들의 삶을

고대 로마 포럼

묘사하는 영화를 보면, 제국의 도시 생활은 풍족하거나 아주 안락해 보인다. 심지어 노예들도 잘 먹고 잘 입는 것 같다! 하지만 1세기의 대다수 도시 주민들은 생활이 어려웠고, 온종일 생계에 도움이 될 만한 일을 찾아다녀야 했다. 주거 환경은 집안 생활을 안락하게 해주는 설비나 기본 위생 시설도 거의 없는 아주 기초적인 수준이었다.

밥벌이

역사가들은 기독교 1세기 당시의 경제생활이 어떠했는지에 관해 의견이 나뉜다. 어떤 이들은 로마 제국이 거대한 단일 시장이어서, 도시에서 도시로 상품 교역이 이뤄졌고, 상선들이 기본적인 식량에서부터 사치스러운 옷과 이국의 향신료에 이르기까지 무엇이든 다 싣고 지중해를 종횡으로 오갔다고 주장한다. 이 시장에서 많은 사람이 부자가 되었지만, 가난한 사람들도 생활비를 벌 수 있었다고 한다.

또 어떤 이들은 로마 제국의 경제생활이 분명 원시적이었고, 시장 경제라고 할 만한 부분이 사실상 전혀 없었다고 말한다. 부는 토지에 있었고 지극히 부유하고 안정된 소수의 집안이 이 부를 관리했다고 한다. 매매업이라고 해봤자 소규모였고 비교적 신분이 낮은 사람들의 손에서 이뤄졌으며, 지배 계급 엘리트들은 이런 일에 눈살을 찌푸렸던 것이 확실하다고 말이다.

수많은 역사 논쟁이 그러하듯, 진실은 이 두 가지 의견의 중간 어디쯤 있을 것이다. 당시에는 오늘날 세상에서 보는 것 같은 그런 시장 경제는 없었다. 하지만 원료와 제품 모두 활발히 거래되었다. 특히 로마는 도기(pottery)와 의류 같은 제품뿐만 아니라 곡물, 기름, 포도주가 거래되는 거대한 시장이기도 했다. 황제들이 잇달아 도시를 건축하고 재건축해 계속 더 화려하게 만듦에 따라 1세기의 로마는 건축 자재도 엄청나게 수입했다.

이는 수도 서쪽 22킬로미터 지점 해안의 오스티아 항구가 1세기에 제국 영토 먼 곳의 구석구석까지 연결되는 교역의 중심지로 번창한다는 의미였다.

대다수 도시, 어쩌면 로마 자체까지 포함해 도시는 주변의 농지까지 더하여 광역 도시권으로 여겨졌으며, 이 농지에서 도시 사람들을 위한 식량이 재배되었다. 이는 도시에 살면서도 땅에서 일하는 사람들이 많았고, 그래서 이들은 매일 아침 도시에 있는 골방을 나서서 작은 땅뙈기가 있는 곳으로 일하러 갔다는 뜻이다. 이들은 대개 소작농이었지만, 지주의 아들이나 노예도 일부 있었을 것이다.

하지만 도시의 규모가 커감에 따라 농사 아닌 다른 일로 생계를 잇는 사람들이 점점 많아졌다. 역사가들은 로마의 묘비 연구를 통해 이 당시 200여 가지 직종이 있었다는 것을 밝혀냈다(3장을 보라). 묘비는 보통 어떤 분야에 숙련된 사람들의 무덤에 세워졌으며, 이들은 흔히 노예로 출발했다가 장사 기술을 익혀 자유를 얻거나 돈으로 산 뒤 죽을 때까지 그 일을 계속한 사람들로, 흔히 남자들이었다(대부분이 남성이었다).

하지만 대다수 로마 시민은 비숙련 임금 노동자로서, 육체노동을 필요로 하는 사람 누구에게나 날품을 팔며 살았다. 이런 사람들을 가리켜 메르켄나리'(*mercennarii*)라고 했는데, '용병'(mercenary)이라는 말은 여기서 나왔다. 이들은 갖가지 노역을 하고 하루 품삯을 받았으며, 가장 흔한 일은 짐 나르는 일이었다. 이들은 부유한 지주의 집에서 소작농들이 일하는 도시 밖 들판으로 물자를 나르는 일에 고용되었을지 모른다. 아니면 시장에서 상품을 산 사람에게 고용되어 그 물건을 그 사람의 집으로 날라 주었을 수도 있다.

물론 특별한 기술이 없는 그런 일꾼들이 생계비를 버는 주된 방법은 건축 현장 노동이었다. 1세기 전체에 걸쳐 로마를 비롯해 제국 전역의 여러 도시는 거대한 도시 건축 프로젝트에 따라 변모해갔다. 예를 들어, 클라우디우스(글라우디오) 황제가 시행한 단일 건축 프로젝트에는 11년 동안 30,000명이 땅 파는 인부로 고용되었다. 일은 고되고 보수는 형편없었지만, 적어도 이 인부들과 그 가족이 굶지는 않을 수 있었다.

로마의 경제, 그리고 사람들이 얼마나 부유하거나 가난했는지는 7장에서 좀 더 상세히 다뤄 보겠다. 여기서는 특히 이탈리아의 로마, 오스티아, 폼페이를 살펴보고, 바다 건너 제국 동쪽 끝의 고린도, 에베소, 안디옥을 간략하게 살펴봄으로써 고대 도시들을 개관해 보겠다.

 아우구스투스는 긴 치세 동안 권력의 고삐를 바짝 틀어쥐고 로마시의 외관에 큰 변화를 일으켰다. 벽돌로 건축한 도시에 와서 대리석으로 경이로움을 이루었다고 그는 주장했다. 제국 전역의 지역 엘리트들도 아우구스투스와 그의 뒤를 이은 황제들이 로마에서 한 일을 흉내 내면서, 자신들이 이 강력한 새 제국의 자랑스럽고 충성스러운 일원임을 증명했다. 이런 식으로 로마 제국의 통치는 유럽, 중동, 북아프리카 전역의 건축, 문화, 도시의 거리 생활에서 체감되었다. 제국 전역의 대다수 로마식 도시들을 찾는 이들은 도시의 구획과 건축이 낯익다고 생각했을 것이다. 이들은 정부 관청을 찾거나, 상품을 사고팔거나, 음식을 구하거나, 야간에 유흥을 즐기려면 어디로 가야 하는지 잘 알고 있었을 것이다.

면밀히 전망해 보기

 도시는 지리학적으로 규모가 작았고, 건물이 촘촘했으며, 생계비를 벌려는 이들이나 출세를 꿈꾸는 온갖 나라 사람들이 몰려들어서 인구 밀도도 높았다. 대다수 도시는 일직선의 주요 도로가 빈번히 교차하는 그리드 시스템(grid system: 건축이나 도시 계획에서 일정한 모듈에 의한 격자형 패턴에 따라 공간을 구성하는 공법-옮긴이)을 바탕으로 건설되었다. 하지만 도시의 거리는 좁았다. 로마에는 거리의 폭이 3미터여야 한다는 법이 있었는데, 이는 사람 몇 명이 넉넉히 지나다닐 수 있는 너비였지만, 이륜마차 두 대가 통과할 수는 없었을 것이다. 통행이 잦은 주요 도로, 이를테면 로마의 아피아 가도(Appian Way) 같은 도로도 폭이 겨우 4미터 반밖에 되지 않았는데, 마차와 동물과 사람으로 붐비는 이런 도로가 도시 안으로 물자를 실어 나르는 주요 통로였다. 도로는 거의 언제나 스포츠 경기 결승전이 열리는 운동장 같았을 것이다.

로마인의 공중위생 설비는 유명하지만, 하수로는 대개 덮개도 없이 이 좁은 거리 한가운데로 흘렀고, 그 하수로는 이른 아침 눈뜨자마자 사람들이 건물 2층과 3층에서 쏟아 비우는 요강과 양동이 내용물을 포함해 온갖 집안 쓰레기로 넘쳐흘렀다는 게 암울한 현실이었다. 물론 그런 행위는 법으로 금지되어 있었다. 로마는 물론 제국의 다른 도시에서도 악취가 얼마나 심한지 부자들은 여름철이면 질병의 위험과 도시의 고약한 냄새에서 벗어나려고 시골이나 해안의 저택인 빌라(villa)로 피난했다.

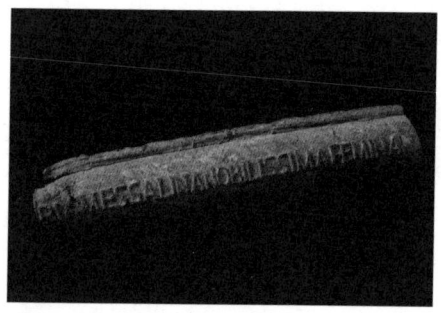

기원후 20-47년 로마의 납 수도관

주택 대다수는 공용 샘이나 우물에서 물을 끌어왔다. 폼페이에는 샘과 우물이 풍부했는데, 물은 도수관을 통해 도시 안으로 끌어와서 주요 도로의 교차지점에 있는 샘들의 연결망으로 분배했다. 이는 음식을 만들 물이나 마실 물, 목욕용 물을 공급받기 위해 대다수 도시 주민들이 수원에서 1,000미터 이내에 살아야 했다는 의미다. 도시에 산다고 해서 다 그 정도로 운이 좋지는 않았다.

이 좁은 거리를 따라 줄지어 선 건물은 모양과 크기가 다양했다. 대부분은 거리의 교차로 사이 부지를 통째로 차지한 구획 단위 건물로, '인술라'(*insula*: 오늘날의 아파트와 비슷한 집단 주택-옮긴이)로 알려져 있다(44쪽을 보라). 로마에서 2세기까지 이 건물은 2층이나 3층 높이에 지나지 않았다. 거리를 마주하고 있는 맨 아래층에는 상점과 술집이 들어섰고, 가게 뒤편의 방과

오스티아의 집합주택 인술라

위층 공간은 크기도 다양하고 품질도 다양한 주거 시설로 쓰였다.

이 건물은 일반적으로 목재와 치장 회반죽으로 지어졌고, 그래서 화재에 아주 취약했다. 건물에는 굴뚝이 없었으며, 많은 가정이 집안 어느 한 방의 나지막한 화로에서 음식을 만들었고, 연기는 출입문과 창문(창문이 있는 경우)을 통해 밖으로 배출했다. 어느 도시에서든 가난한 사람들이 사는 구역, 인구 밀도가 높은 구역에서는 당연히 화재가 자주 일어났다. 아우구스투스는 치세 초에 소방수 길드를 만들어, 밤중에 양동이와 사다리 그리고 조악한 물 펌프(siphon)를 들고 다니며 순찰을 하게 했다. 화재가 발생해 구역 전체를 태워 버리기 전에 물을 뿌려 진압하기 위해서였다. 약 7,000명의 남자들이 이른바 야경꾼으로 고용되어 도시 여러 구역에 기거했다.

이들은 할 수 있는 한 최선을 다했지만, 그렇게 많은 인원으로도 기원후 64년의 로마 대화재를 막을 수는 없었다. 이 화재는 전차 경기장인 키르쿠스 막시무스에서 시작되어 9일 동안 맹렬히 이어지면서 로마의 14개 구역 중 10개 구역에 막대한 피해를 줬고, 그중 세 구역은 완전히 잿더미가 되었다. 화재 후 재건축 때는 불길이 건물에서 건물로 확산하는 것을 막기 위해 거리의 폭을 넓혔다. 파괴적 화재의 피해를 본 도시는 로마만이 아니었다. 동쪽의 안디옥도 로마 치세 400년 동안 실수로 인한 3차례의 대화재로 광범위한 피해를 보았다.

화재 위험 때문에 음식 만들기는 인술라의 큰 문젯거리였으며, 그래서 포도주와 여러 가지 간단한 조리 음식을 파는 거리 모퉁이 술집(포피나[popinae])에서 식사를 해결하는 주민이 많았다. 한 고고학자는 이 술집이 오늘날의 버거킹과 타파스 바(tapas bar: 술과 곁들여 간단히 먹는 소량의 음식을 파는 스페인식 바-옮긴이)를 섞어 놓은 것과 비슷하다고 했다. 많은 사람이 이 술집에 둘러앉아 먹고 마시며 담소를 나누었을 것이다. 여러 면에서 이곳은 우리 시대 도시의 바(bar)와 싼값으로 가벼운 식사를 할 수 있는 식당을 닮았다. 하지만 접시나 우묵한 그릇을 가지고 나와 거리 모퉁이 술집에서 음식을 사서 아파트나 방으로 돌아가 가족들과 함께 식사하는 이들도 많았을 것이다.

도시 한 바퀴

제국의 도시들은 대부분 비슷한 방식으로 배치되었다. 격자형 거리에는 주택과 아파트가 자리 잡았고, 중앙 광장을 중심으로 시청 건물과 신전이 밀집한 구역이 있었고, 이런저런 오락을 즐길 수 있는 구역이 있었다.

폼페이는 여러 면에서 그 시대의 전형적 도시다. 기원후 79년 8월 베수비오 화산 폭발로 폐허가 된 뒤 15세기 동안 속돌(pumice)과 화산재에 묻혀 있던 폼페이는 제국의 영화가 최고조에 이르렀던 시대 도시인들의 삶이 어떠했는지에 관해 고고학자들에게 더할 나위 없는 길잡이가 된다.

폼페이의 중심지는 시민 광장(civic forum)이었는데, 시가지 서쪽 끝 크고 화려한 건물들로 에워싸인 넓은 직사각형 공간이었다. 화산 폭발로 분출물에 잠겨버릴 당시 폼페이가 그렇게 크고 화려했던 한 가지 이유는, 20여 년 전 지진 때문에 큰 피해를 보고 기원후 60년대와 70년대 내내 도시를 재건할 때 새 폼페이가 과거 폼페이의 영화를 능가하는 도시가 되기를 바라는 마음에서 도시 원로들이 돈을 아낌없이 퍼부어 재건했기 때문이다.

그래서 폼페이에는 아름다운 바실리카와 2층짜리 직사각형 건물이 줄지어 들어섰고, 이 건물에는 은행 업무와 사업상의 온갖 거래에 쓰인 법정과 방과 홀, 쿠리아(curia: 시 관원들이 모이는 곳), 기록 사무소, 그리고 육류와 생선, 올리브, 포도주 그 외 그 지역 산물을 파는 공공 시장이 입주해 있었다.

그리고 신전도 있었다. 이들이 섬긴 중요한 두 신은 유피테르와 아폴로였으며, 각각 화려한 복합 신전이 있었다. 유피테르 신전은 로마의 카피톨리누스 언덕에 있는 신전을 모방한 것이었다. 신성한 존재 아우구스투스에게 봉헌된 작지만 중요한 신전도 있었다. 황제 숭배는 1세기에 가장 빠른 속도로 성장한 유사 종교(cult)로 심지어 이탈리아도 예외가 아니었다(8장을 보라). 이시스(Isis)를 비롯해 낯선 이국의 신을 숭배하는 동방 종교도 있었으며, 이들에게 봉헌된 신전과 제단이 있었다.

시의 동쪽 끝에 있는 20,000석 규모의 원형 경기장에서는 검투사들의 결투와 그 외 구경거리를 공연했을 것이며, 극장에서는 5,000명에 달하는 청중을 상대로 아텔라 소극(Atellan farces: 배우들이 가면을 쓰고 공연하는 즉흥 희극. 역사가들은 오스칸어를 쓰는 캄파니아의 마을 아텔라에서 이 이름이 유래했다고 본다. 대본은 오스칸어로 쓰였으며 기원전 391년에 로마에 도입되었다-옮긴이)과 그 외 연극을 제작해서 올렸을 것이다. 지붕이 있는 오데온(odeon)이라는 소극장도 있었는데, 청중과 가까이 호흡할 수 있는 소규모 공연을 위한 공간이었다.

오스티아는 로마 시대 도시 생활이 어떠했는지 통찰할 수 있게 하는 또 하나의 중요한 이탈리아 도시다. '입'(mouth)을 뜻하는 오스티아는 로마에서 22킬로미터 떨어진, 티베르강이 지중해로 흘러 들어가는 해안에 자리 잡고 있다. 오스티아는 자연 그대로의 항구는 아니지만, 강을 거슬러 올라가는 여정의 마지막 지점에서 로마로 향하는 물건들을 부려 놓고 바지선에 싣는 곳 중 하나가 되었다. 또 다른 항구는 나폴리만의 보디올(푸테올리, 오늘날의 포추올리)이었는데, 이곳에 부려진 상품들은 육로로 운송했으며, 이 방식은 비용이 많이 들었고 선박 편보다 속도도 느렸다.

그래서 오스티아는 여러 해에 걸쳐 항구 도시로 개발되었다. 40년대에 클라우디우스 황제가 처음으로, 그리고 2세기 들어 트라야누스가 의미 있게 재건하고 확장한 후 최고의 번영을 구가할 당시 오스티아는 50,000명이 넘는 사람들의 주거지였고 수도 로마로 향하는 상품과 원료를 실은 선박들이 매년 수천 척씩 오갔다.

오스티아에 자연 항구가 없었지만, 클라우디우스는 지름 1,000미터에 이르는 거대한 인공 항구를 만든 뒤 운하망으로 도시와 연결했다. 이 항구에서는 선박들이 비교적 안전하게 짐을 부릴 수 있었다. 도시는 실질적으로 이 새 구조물을 중심으로 작동하면서 매우 빠른 속도로 성장했다.

오스티아라는 곳이 이런 성격의 도시였다는 것은 이곳이 인술라와 창고의 도시였고 빌라 스타일 저택은 별로 없다는 의미였다. 창고 또는 '호레아'(*borrea*)는 항구와 운하를 연결해 주었으며 설계 구조는 기본적으로 두 가지였다. 창고는 중앙의 안마당을 중심으로 지은 정사각형 구조물이거나, 방들이 등을 맞대고 두 줄로 배치된 직사각형 건물이었다. 창고는 상인들이 사용했고, 이들의 책임 아래 상품과 원료가 이 도시를 거쳐 로마로 운반되었다.

'호레아'는 대개 이중 바닥이었는데, 이는 호레아가 원래 곡물 저장고로 지어졌음을 가리킨다. 곡물은 따뜻하고 건조한 환경이어야 저장되는 동안 썩지 않기 때문이다. 로마 인구가 다 먹고 살려면 대량의 곡물이 필요했는데, 이 곡물은 대부분 이집트에서 조달했다. 그런데 겨울철에는 바다에 폭풍우가 일기 때문에 배는 5월과 9월 사이에만 안전하게 운항할 수 있었다. 그래서 5월과 9월 사이에 이집트에서 가져온 곡물을 오스티아의 창고에 저장해 두고 일정한 간격으로 배에 실어 티베르강을 통해 로마로 보냄으로써 계절과 관계없이 공급의 연속성을 확보했다.

어떤 창고는 포도주나 올리브 기름을 저장하기 위해 바닥에 돌 항아리나 통을 만들어 두었다. '돌리아'(*dolia*)라고 하는 이 저장 용기는 용량이 750리터였고, 창고 하나에 굴을 파면 이 용기 100개를 설치할 수 있었는데, 이는 포도주나 올리브 기름을 한 번에 75,000리터 저장할 수 있었다는 뜻이다. 이로써 오스티아를 통해 이뤄지는 교역의 규모를 대략 짐작할 수 있다.

도시 한가운데에는 광장과 극장, 다양한 신전, 그리고 분명 행정용으로 쓰였을 건물들이 있었다. 그중 가장 독특한 구조물로 업체들의 광장(piazza of the corporations)이라는 것이 있었는데, 이중 주랑(double colonnade) 입구가 있고, 3면에 61개의 방이 딸린 건물들이 있었다. 각 건물 앞 바닥에는 건물의 각 방에서 어떤 거래가 이뤄지는지를 보여 주는 흑백 모자이크 장식이 있었다. 모자이크는 선주, 곡물 공급자, 포도주 상인, 그리고 항구를 통해 상품을 들여온 그 외 여러 업체의 존재를 나타낸다.

광장에서는, 원형 경기장과 이탈리아 각지에서 벌어지는 호화로운 쇼를 위해 야생 동물을 수입하는 사람, 엘리트 계층 가정과 농장을 위해 아프리카, 중동, 아시아에서 신규 노동자들을 데리고 온 노예상인 등 이국적인 상인들이 활발히 거래했다.

도시의 밤

낮의 도시는 교역과 정치, 길거리 장사꾼, 시끄럽게 떠드는 철학자와 공연하는 음악가들로 시끌벅적 활기 넘치는 곳이었지만, 밤이 되면 달라졌다. 풍자시인 유베날리스(Juvenalis)는 유언도 남기지 않고 저녁을 먹기 위해 외출하는 것은 심각한 부주의의 죄를 짓는 것이라고 말했다. 시인의 말은 아마 과장이었을 테지만, 일몰 후의 도시는 불량배들이 어슬렁거리다가 밖에 혼자 나온 운 나쁜 사람의 주머니를 터는 위험한 곳이었다. 이런 이유로, 돈 많은 사람들이 만찬(dinner)을 위해 외출할 때는 횃불과 몽둥이를 든 노예를 데리고 다녔다. 밤중에 혼자 길을 가다가 강도를 만났을 때 도와주러 올 수 있는 사람은 순찰 중인 소방수들뿐이었다.

하지만 밤이 그렇게 위험하다 해도 이는 1세기의 불안한 도시 생활의 한 단면에 지나지 않았다. 역사가들은 고대 안디옥을 빈곤하고 위험하고 두렵고 절망적이고 혐오스러운 곳으로 묘사했다. 이들은 비공식적으로 최소한 18개 구역으로 구획된 한 도시를 가리키고 있다. 이 구역은 각각 다른 인종 집단의 근거지였으며 이 집단은 특히 밤이 되면 목숨이 왔다 갔다 할 정도의 폭력을 행사하며 외부인에게서 자신들의 영역을 방어했다. 대개 사소한 오해에서 시작되는 폭동과 소요가 빈번했다.

이 구역의 평범한 사람들이 사는 곳은 불결한 환경의 혼잡한 셋집이었고, 아마도 방 한 칸에서 온 가족이 복닥거렸을 것이다. 아이들은 대개 성인기에 접어들기 전에 부모를 잃었을 테고, 부모는 자녀를 낳아 놓고도 절반 정도는 다 크기도 전에 땅에 묻었을 것이다. 도시는 어떤 유형으로든 보호자가 없으면 쉽사리 폭력이나 착취의 피해자가 될 수 있는 고립의 장소였다.

 가난한 사람들의 삶은 두 가지 결정적 요인 때문에 더 힘들었다. 생계비를 넉넉히 벌 수 있을 만한 일거리가 부족했고, 기본적인 주거 시설의 가격이 비쌌다. 제국의 대다수 도시에서 주거 시설은 드물기도 하고 비싸기도 했다. 로마의 경우, 이곳에 살지 말라고 하는 것과 다름없을 정도로 주거비가 비쌌다. 공동주택 맨 위층, 즉 허술하게 지어진 인술라 3층의 평범한 방 한 칸의 월세가 40데나리온일 수도 있었다. 하루에 1데나리온을 버는 노동자에게 이는 한 달 수입보다 큰 금액이었다. 그것도 이 노동자가 한 달 내내 고용된다고 가정했을 때의 일이다. 그런 주거 건물에서 가장 큰 방, 특히 맨 아래층에 있는 방은 한 달에 무려 625데나리온의 월세를 내야 했을 것이다. 따라서, 방 대부분이 전대(빌린 집을 다시 세놓음)되었을 뿐만 아니라 위험할 정도로 과밀했다는 것도 놀랄 일이 아니다.

 세입자들은 흔히 교대로 잠을 잤다. 밤에 일하는 사람은 낮에 최대한 잠을 많이 잔 뒤 매트를 말아두고 밤에 일하러 나가고, 그러면 낮에 일하는 사람이 들어와 잠을 잤을 것이다.

 도시에는 갓 그곳에 도착해 거처를 구하는 이들이 늘 있었다.

제국의 급속한 팽창이 낳은 한 가지 결과는, 도시가 온갖 부류의 사람들을 끌어모았다는 것이다. 일거리와 시장을 쫓아다니는 상인과 장인, 소작지에서 쫓겨난 뒤 도시에 가면 생활이 좀 나아지리라 생각하는 농민, 도망치거나 해방된 노예, 전쟁과 해적을 피해 나온 난민, 전역한 군인 등, 이런 사람들이 가족을 이끌고 그렇지 않아도 과밀한 도시 지역으로 계속 밀려들었다. 이미 폭발 직전인 환경으로 각자의 언어, 풍습, 음식물, 갈등 해결 방식을 가지고 말이다. 당대의 작가들이, 도시의 가난한 사람들이 칼에 찔리거나 몽둥이로 맞거나 폭동에 휘말릴까 염려하며 걱정스럽게 바라본 것도 무리가 아니다.

어느 나라 말 쓰세요?

바울은 로마의 빈곤 지역 주변에서 모이는 소규모 모임들에 편지를 쓸 때 그리스어를 썼다. 로마에서 예수를 따르는 이들은 거의 다 로마에 갓 도착한 사람들로서, 라틴어를 쓰는 도시에서는 외부인이었기 때문이다. 이 사실은 로마서 16장에서 볼 수 있는데, 로마에 한 번도 방문한 적이 없음에도 바울은 그곳에 사는 친구들과 심지어 가족들에게까지 긴 안부 인사를 전한다. 이 사람들은 기원후 50년대에 여러 가지 이유로 로마로 이주한 뒤 이제 그곳에서 예수를 따르는 소규모 공동체들의 일원이 되어 이 유명한 사도의 편지를 받고 있다.

로마에서 폭동이 자주 일어나자 이들 중 일부는 말썽을 일으키는 자들이라는 이유로 로마에서 추방되고 있었다. 로마 역사가 타키투스와 수에토니우스는 크레스투스(Chrestus)라는 사람의 선동으로 소요가 일어난 뒤 클라우디우스가 일부 유대인을 추방했다고 말한다. 크레스투스는 그리스어 이름 크리스토스(Christos)를 잘못 발음한 게 거의 확실하며, 이 역사가들이 말하는 소요란, 로마의 유대인 구역에서, 나사렛 예수가 이들이 오래 기다려 온 유대인 메시아(그리스도)라고 주장하는 사람들과 이에 동의하지 않는 사람들 사이에서 발생한 소동을 가리킨다.

누가는 이 일에 휘말린 한 부부에 관해 이야기한다. 천막 만드는 일을 하던 브리스길라와 아굴라는 로마에서 추방된 뒤 고린도에서 사업을 다시 펼쳤는데, 이곳은 제국 전역에서 온 이민자들로 가득한 항구 도시였다. 바울은 클라우디우스의 추방령이 있은 지 1년 후인 기원후 50년에 고린도에 도착해서 함께 일할 사람들을 찾다가(바울도 천막 만드는 사람이거나 가죽 장인이었다) 고린도에 이미 가게를 차려 놓고 사업을 하던 이 부부를 알게 되었다(행 18:1-3).

바울은 로마서 끝부분에서 이 부부에게 안부를 전한다. 로마에서의 소요가 가라앉은 뒤(그리고 클라우디우스가 죽은 뒤) 이들 부부는 로마로 돌아가 다시 전과 같은 삶을 이어갈 수 있었던 것이 분명하다. 하지만 아굴라가 현재 튀르키예의 한 지역인 본도(폰투스) 출신이라고 설명된 것으로 보아 이들 부부는 로마에서도 이민자 신분이었던 것이 분명하다. 시간이 흐르면서 점차 로마를 자신들의 집으로 여기게 되었지만 말이다.

기독교 운동이 존재한 다른 도시들의 형편도 거의 비슷했다. 예를 들어 안디옥의 경우, 누가는 이제 막 생겨난 안디옥교회의 지도자들에 관해 말하는데, 이때 이름이 거론된 다섯 사람 중 안디옥 출신은 단 한 명도 없었다. 그 다섯 명 중에 다소 출신 사울이 있다. 바나바는 구브로(키프로스) 출신이었고, 시므온은 별명으로 판단해 볼 때 아마 구스(에티오피아) 출신이었을 것이며, 루기오는 현재의 리비아 출신, 그리고 마나엔은 아마 예루살렘 출신이지만 나중에 로마로 갔을 것이다(행 13:1-3).

벽에 쓰인 글씨

고대 도시들의 특징 중 오늘날 도시인들이 친숙하게 여길 만한 것은 바로 그라피티(graffiti)의 존재다. 더 놀라운 것은, 로마 제국의 그라피티 작가는 돈을 받고 일하는 신분이었다는 것이다. 이 사실을 가장 명확히 알 수 있게 해주는 도시는 폼페이다. 고고학자들은 폼페이시 전역에서 온갖 종류의 그라피티를 발견했다. 매음굴과 여관의 화장실 벽은 물론이고 아이들이 공부하던 교실에서도 그라피티를 볼 수 있는데, 교실의 굽도리 널 바로 위에 가혹하고 인정사정없는 교사들에 관해 휘갈겨 쓴 글로 볼 때 아이들은 이 방에서 교육받기를 싫어했을 것이 분명하다. 그리고 도시 곳곳의 벽에 "사비누스가 여기 있었다"는 문구와 함께 휘갈겨 쓴 글이 잔뜩 적혀 있다.

또 어떤 이들은 돈을 받고 그라피티를 제작한 것으로 보인다. 그라피티는 각종 경기와 오락거리, 정치 집회, 극장에서 열리는 행사를 알리는 고대 도시의 광고판이었다. 폼페이의 그런 그라피티 작가 중에 아이밀리우스 켈레르(Aemilius Celer)라는 사람은 폼페이의 회반죽 벽에 다음과 같은 글을 썼다.

네로 카이사르의 사제 데키무스 루크레티우스 사트리우스 발렌스의 후원을 받는 스무 쌍의 검투사들과, 그의 아들 데키무스 루크레티우스 발렌스의 후원을 받는 열 쌍의 검투사들이 4월 8, 9, 10, 11, 12일에 경기를 벌인다. 추가로 야생 동물 사냥 기회가 제공된다. 행사장에는 차양 설치될 것임. 아이밀리우스 켈레르가 달빛 아래서 혼자 쓰다.

이 작가는 자기 집에 "아이밀리우스 켈레르 여기 살다"라고 간단히 표시를 남겼다. 그는 그 지역 정치에도 관여해서, 시의 갖가지 직분에 후보로 나서는 사람들을 대신해 그라피티를 제작했다. 켈레르는 심지어 자기 작품을 보호하려고 어떤 그라피티 아래 "의도적으로 이 간판을 훼손하는 자는 중병에 걸리기를"이라고 써 놓기도 했다.

안디옥

안디옥은 예수를 따르는 사람들이 처음으로 "그리스도인"(행 11:26)이라 불린 곳으로서, 번잡하고 부산스럽고 국제적이고 활기 넘치고 폭력적인 도시였다. 인구 약 250,000명가량의 이 도시는 팔레스타인과 소아시아 사이의 중요 통상로였기 때문에 잡다한 인종과 문화가 뒤섞인 곳이었다.

안디옥은 기원전 64년 이후 줄곧 로마 도시였고 여러 시장의 세금 징수와 법규를 감독하는 관원들뿐만 아니라 로마 군단의 퇴역 군인들이 정착해 살았다. 1세기까지 이곳은 로마와 알렉산드리아를 뒤이어 제국의 세 번째 도시로 여겨졌다.

이 도시에는 수백 년 동안 유대인 주민들이 있었다. 이곳에 처음 정착한 이들은 평범한 상인이나 분쟁 때문에 고향을 떠나온 사람들이 아니라, 셀레우코스(실루기아) 군대의 퇴역 군인들이었다. 헤롯 대왕은 로마인과 유대인 모두의 삶의 중심지로서 이 도시의 중요성을 증명하기 위해 도시 중심부의 북쪽에서 남쪽으로 4킬로미터에 이르는 주랑식 거리(colonnaded street)를 만들었다.

유대인 집단은 아마 약 50,000명 규모였을 것이며, 다양한 특권을 누리며 살았다. 이들은 안식일을 준수하고 절기를 지킬 수 있었으며 병역을 면제받았다. 그러나 이런 특권 때문에 유대인 집단은 사람들 눈에 아주 잘 띄었고, 1세기 내내 갖가지 폭력적 소동에 휘말렸다.

그중 가장 심각한 사태는 기원후 30년대 말 칼리굴라가 황제였을 때 발생했다. 유대 지역의 상황이 불안정해지면서 불만을 품은 유대인들이 급기야 해안 도시 얌니아에 있던 황제의 제단을 무너뜨렸다. 이방인 시민들이 칼리굴라와 그의 아버지 게르마니쿠스를 특별히 높이 공경하던 안디옥에서는 폭동이 일어나 회당이 불에 탔고 유대인과 이방인 양편 모두 꽤 많은 사람이 죽었다.

이런 긴박한 시기는 첫 그리스도인들이 안디옥에 들어오던 때와 일치한다. 이들은 30년대 중반 예루살렘 교회를 상대로 폭력 사태가 발생하자(행 6:1-8:3) 북쪽으로 피한 평범한 사람들이었다. 이들이 설교할 때 유대인은 물론 이방인도 이 새로운 운동에 마음이 끌렸다(행 11:19-30).

안디옥은 매우 신속하게 초기 그리스도인들의 중심지로 자리 잡았다. "그리스도인"이라는 호칭이 이 도시에서 생겨난 것은 예수를 따르는 이들의 모임에 유대인만 있는 게 아니라 이 도시의 모든 집단 출신이 다 있었기 때문이다. 사도행전 13장 1절에 나열된 교회 지도자들의 면면을 보면 이를 확실히 알 수 있다. 북아프리카의 구레네(키레네) 사람도 있었고, 구스(에티오피아) 사람, 유대 땅 헤롯 안디바의 궁정 출신도 있었고, 다소 출신도 있었고, 구브로(키프로스) 사람도 있었다.

이 덕분에 안디옥은 기독교 운동이 전개되는 주축 도시가 되었다. 예수를 기념하기 위해 모인 그리스도인들이 식사를 할 때 유대인과 이방인이 한 상에서 음식을 먹을 수 있느냐고 논쟁을 벌인 것도 이 도시에서였다. 이 일 때문에 아마도 기원후 48년 무렵 예루살렘에서 중요한 회의가 열리게 되었는데, 이 회의에서 마침내 모든 나라 사람에게 영원히 교회의 문을 개방하기로 했다(갈 2:11-14; 행 15:1-35).

그리고 이 도시에서 최초의 그리스도인 선교사들이 사명을 부여받고 파송되었다(행 13:1-5). 이때까지 복음의 메시지는 일상적인 대화와 우연한 만남을 통해 전해져 왔다. 바울과 바나바가 안디옥 그리스도인들의 파송을 받아, 다른 도시들에 가서 구체적으로 복음을 설교하고 교회를 개척하게 되었다.

여러 계층이 모여 살다

가난한 사람은 번잡한 도시 한가운데 인술라에서 살고 부자는 도심에서 뚝 떨어져 벽으로 둘러싸인 잘 정비된 집에서 사는 등 제국의 도시에는 엄격한 사회적 구별이 있었다고들 생각한다. 그러나 사실은 그렇지 않았다. 부자와 가난한 사람이 종종 한 아파트 블록을 공유하면서 가까이 살았다는 증거가 있다. 영국의 고고학자 앤드루 월리스 해드릴(Andrew Wallace-Hadrill)은 로마의 테르미니(Termini) 지구에 있는 한 '인술라'를 면밀히 연구한 끝에 놀라운 결과를 얻어냈다.

이 연구 결과를 간단히 살펴보기 전에, '인술라'라는 말이 얼마나 다양하게 쓰이는지를 알아둘 필요가 있다. 원래 인술라는 도로가 교차하는 지점에 형성된 구획을 가리키는 말이었던 것 같다. 오늘날 미국인들은 이것을 '블록'(block)이라고 한다. 블록의 크기에 따라 몇몇 사람이 소유권을 가졌을 수 있다. 또한 인술라는 인구통계 자료를 수집하는 사람들이 단일 가구가 거주하는 부동산 단위로 사용하기도 했다. 마지막으로, 그리고 가장 일반적으로 이 말은 건물의 유형, 즉 빌라 스타일 저택(아트리움이나 페리스타일[peristyle: 기둥으로 둘러싸인 안마당-옮긴이]을 갖춘 '도무스'라고도 불리는)과 구별되는 아파트 블록을 가리키는 말로 쓰인다. 이런 유형들은 2장에서 좀 더 논의해 보도록 하자.

월리스 해드릴은 로마, 오스티아, 폼페이의 특정 인술라를 면밀히 조사해 본 결과 가구(households) 숫자보다는 한 집에 얼마나 많은 사람이 살았는지에 관해 이야기하는 편이 낫다고 했다. 좀 더 꼼꼼한 연구 결과, 한때 단일 가족(혹은 가구)의 주거지로 생각되던 곳이 사실은 혈연이나 금전으로 연결된 여러 가정이 모여 살았던 곳으로 밝혀졌기 때문이다(즉, 이들은 인술라를 소유하고 거주하는 가정에 돈을 내고 입주한 세입자들이었다).

테르미니 지구를 자세히 조사한 결과 온갖 건물이 촘촘히 들어서 있고 두 개의 도로를 끼고 있는 좁은 위치에 '도무스'(*domus*: 여러 가구가 사는 인술라와 달리 한 가구만 수용하는 주거 형태-옮긴이), 공중목욕탕, 집회와 연회 혹은 연극 제작에 쓰였을 크고 화려한 홀(혹은 '스콜라'[*schola*])이 있었고, 물건을 만들어 파는 장인들이 거처했을 가게들이 정면으로 두 줄 늘어서 있었고, 음식과 술을 파는 '포피나'(*popinae*) 혹은 '타베르나'(*taberna*)도 있었다는 것이다. 이 구조물에는 각각 2층이 있었고 어쩌면 3층은 세입자용 아파트 구역을 형성했을 수도 있다는 증거가 있다.

이들 건물 전체의 소유자가 어쩌면 한 사람이었을 수도 있는데, 공용 배수로가 있고 벽돌 쌓기 방식에 공통된 특징이 있다는 사실로 입증된다. 또한 이는 부지 전체 건물이 동시에 세워졌음을 시사한다. 간단히 말해, 이 건물들은 다양한 서비스와 주거 유형을 제공하는 투기 목적의 복합 개발 단지인 것 같다.

그러므로 꽤 부유한 사람들이 가난한 이웃들과 볼을 맞대고 살았고, 장인들은 누구의 도움 없이도 부유한 엘리트들(아마 이탈리아 전원 지역의 농지 임대 수입으로 생활하는) 가까이 살며 일했고, 황제의 먼 일가친척은 오스티아를 통해 곡식이나 포도주를 도시로 반입하는 상인들과 가까운 이웃으로 산 것이 거의 확실하다.

이는 로마의 도시들이 서로 다른 사회적 집단이 아주 가까이 사는 잡다한 주택지구의 군집이었음을 시사한다. 초기에 예수를 따른 이들의 사회적 위치 및 이들이 식사와 예배를 위해 어디에서 모였는가 하는 문제를 생각해 볼 때, 위와 같은 사실은 이들이 부자이거나 가난하거나 둘 중 하나였다고 주장하기 힘들어지며, 오히려 그들이 모였던 동네만큼이나 부자와 가난한 사람이 뒤섞인 집단일 가능성이 더 크다는 의미가 된다.

이와 같은 거리에서

초기 기독교 운동은 이처럼 생동감 있고 쾌활한 배경에 뿌리를 내렸다. 제국 전역의 도시 뒷골목에서, 대부분 사회적 스펙트럼의 빈곤한 쪽에 속하는 사람들이 소박한 저녁 식사를 앞에 두고 소규모로 모여서 나사렛 예수에 관해 이야기를 나누고 그분을 예배하며 그분의 가르침과 가치에 삶의 기반을 두고 살아나갔다.

오늘날 튀르키예 지역의 로마 속주인 본도와 비두니아(비티니아) 총독이었던 소 플리니우스(Plinius the Younger)는 이들을 관찰한 뒤 다음과 같이 말했다.

…이들은 정해진 날 동트기 전에 규칙적으로 모여 마치 신에게 하듯 그리스도에게 화답하는 찬송을 부르고, 범죄하지 않고 사기나 도둑질이나 간음을 범하지 않으며 믿음을 저버리지도 않고 맡겨 놓은 돈을 돌려줘야 할 때 이를 거부하지 않기로 자신들끼리 서약했습니다. 그러고 나서 돌아갔다가 나중에 다시 모여 소박하고 해가 없는 음식으로 식사를 하는 것이 이들의 관습이었습니다.

특권층 인물?

로마의 교인들에게 보내는 편지의 마지막 문안 인사에서 바울은 에라스도라는 사람을 언급한다. 바울은 에라스도를 가리켜 이 성(바울이 지금 편지를 쓰는 곳인 고린도)의 '오이코노모스'(*oikonomos*: 개역개정 성경에서는 '재무관'이라고 번역됨-옮긴이)라고 한다. 성경학자들 사이에서는 이 표현이 무슨 의미이고 이 것이 에라스도에 관해 무엇을 말해 주는지 많은 논쟁이 있었다.

이 그리스어는 '청지기'(steward)를 뜻하지만, 바울이 어떤 맥락에서 이 표현을 쓰고 있는지를 생각하면 이는 직위를 가리키는 게 분명하다. 문제는, 고린도가 그리스 땅이기는 하지만 로마 식민지였고 그래서 고린도시의 권력 계급상 직분은 그리스어보다는 라틴어 명칭을 갖고 있었다는 점이다.

최근 고고학자들은 이 지역의 또 다른 로마 식민지 파트라스(Patras)시에서 발견된 명문(inscription)을 연구해 오던 중 '오이코노모스'라는 용어와 가장 유사한 라틴어가 콰이스토르(quaestor, 재무관)라고 판단했다.

이 판단이 옳다면, 에라스도는 진짜 자산가에다가 정치적 영향력이 큰 사람이었을 것이다. 재무관은 그 도시의 관원 중에서 도시의 재정을 위해 돈을 지불하고 받는 일을 책임지는 사람이었다. 그런 직분을 맡으려면 먼저 로마 시민이어야 했고 지역 원로원의 일원(도시 참사회 의원)이어야 했다. 또한 개인적으로 100,000세스테르티우스의 재산이 있어야 한다는 것도 재무관의 자격 요건이었으며, 이 정도 재산이면 도시에서 100대 부자에 속했다.

그래서, 에라스도가 정말 고린도의 재무관이라면 이는 아주 일찍부터 기독교 운동이 사회 고위층 남녀의 관심을 끌고 있었음을 가리킨다. 기독교는 그저 도시 빈민들의 운동이 아니었다. 이런 발견은 그리스도인 모임과 그 지도자들의 성격과 관련 있으며, 모임 구성원들 간의 경제적 관계와도 관련이 있다. 이런 문제들은 7장에서 다뤄 보겠다.

누가 이곳의 책임자인가?

로마의 공공 행정은 다수의 관원이 처리했다. 이 직책은 동료들, 즉 지역 엘리트 계급 구성원이 선출한 사람으로 채워졌으며, 임기는 보통 1년이었다. 이 특별한 사다리 맨 아래 칸에 있는 것이 재무관이었으며, 시의 재정을 책임졌다. 이들은 일하지 않고도 생활이 가능할 만큼 재산을 가진, 적어도 30세 이상의 남자여야 했다.

사다리의 그다음 칸은 조영관(aedile)으로, 주요 도로와 하천 시스템 같은 기간 시설과 시장 거래가 공정하게 작동되도록 하는 일을 책임졌다. 또한 공공 제전(festival)을 조직하고 진행하는 핵심 역할을 했다. 조영관은 나이가 적어도 36세는 되어야 했다. 사다리의 그다음 칸은 법무관(praetor)으로, 나이가 적어도 39세 이상이어야 했고 법정을 감독할 책임이 있었다. 이 계급도의 정상에는 집정관이 있었다. 집정관이 되려면 나이가 적어도 42세 이상이어야 했다. 임기 1년의 선출직이었고 모든 시 행정을 다 감독했다. 로마 제국 전역의 대다수 도시들이 이 방식의 행정 체제를 따랐다.

이런 공직들은 오늘날의 관료체제처럼 유급으로 일하는 자리가 아니었다. 이런 직분자로 선출될 자격을 갖추려면, 먼저 재산이 있어야 했고 맡은 직무를 처리하기 위해 그 돈을 쓸 자세가 되어 있어야 했다. 이것이 바로 제국 곳곳의 조각상과 명문이 공직을 맡았던 사람들의 후함을 높이 기리는 이유다. 시 건물, 신전, 공공 광장을 짓고 또 이 모든 것을 연결하는 포장도로를 만드는 데 필요한 돈은 다 이들이 가진 재원에서 지불했다.

2장

사람들의 주거

이렇게 초기 그리스도인들은 도시에 살았다. 그런데 이들은 어떤 집에 살았을까? 이는 흥미로운 질문이다. 사실 텔레비전을 켜보기만 해도 우리가 사람들의 집에 얼마나 매료되는지 알 수 있다. 하지만 이 질문은 초기 그리스도인들의 세상을 이해하는 데도 꼭 필요하다. 이들이 살던 곳은 이들(대부분)이 일도 하고 예배와 학습을 위해 모이는 곳이기도 했기 때문이다. 그러므로 이들의 물리적 위치를 아는 것은 이들의 일상생활과 사회적 관계를 통찰하는 데 결정적으로 중요하다.

흔히 로마 제국의 소수 부자들만 크고 넓고 모든 설비가 잘 갖춰진 빌라에 살고 가난한 대중은 비좁고 허술하게 지은 아파트 구역에, 그것도 온 가족이 방 한 칸에 구겨 넣어진 듯 살았다고 생각했다. 이런 생각에도 꽤 일리가 있긴 하다. 하지만 이런 단순한 풍경은 고고학자들이 제국 전역, 특히 폼페이와 오스티아, 고린도와 에베소의 주거 공간 유적을 세밀히 연구한 결과와 맞아떨어지지 않는다.

고대 세계의 건축 양식은 매우 제한적이었던 것 같다. 두 가지의 지배적 주택 형태는 일반적으로 '도무스'와 '인술라'였다고 한다. 도무스는 빌라 같은 저택으로, 대개 중심부에 안마당을 두고 이 마당 둘레에 단층이나 2층으로 지었다. 인술라는 아파트 블록으로, 거리와 면한 층에는 대개 상점이 전면에 들어서고, 위층에는 방이 여러 칸인 주거 공간이 있으며, 위층으로 올라갈수록 공간은 더 좁아지고 설비도 기본적인 것만 갖추었다.

이 두 가지 주거 양식을 조금 자세히 검토해 본 다음, 대규모로 발굴된 도시의 유적이 로마 제국의 구체적인 주거 형태에 관해 무엇을 말해 주는지 살펴보기로 하자. 이 연구 결과는 매혹적이기도 하고 놀랍기도 하며, 이 도시들에서 모인 초기 그리스도인 공동체의 본질에 한 줄기 빛을 던져 준다.

로마인에게 집은 자기 성(castle)이었다

폼페이를 찾는 이들은 화산 폭발에도 남아 있는 집을 구경하면서 종종 숨이 턱 막히는 경험을 한다. 집이 아주 잘 보존되어 있기 때문이기도 하고(비록 채색 벽의 빛깔이 다소 바래긴 했지만) 그 집에서의 삶이 상상되기 때문이기도 하다. 집안 설계는 오늘

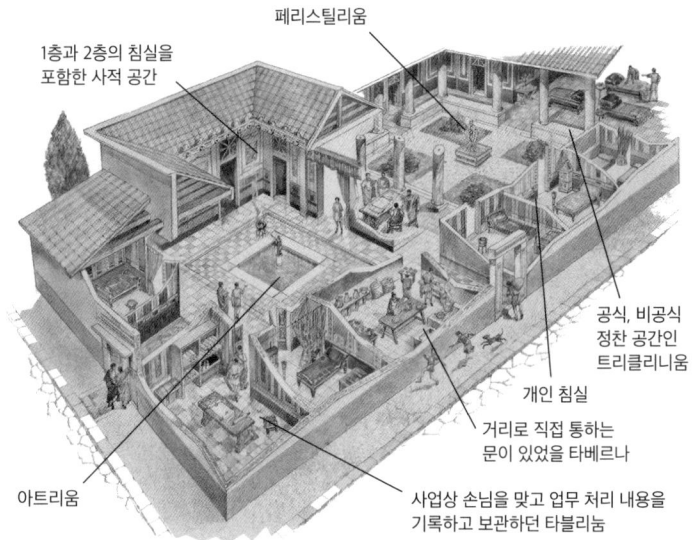

폼페이의 주거 건물 조감도

날의 주택과 매우 비슷하다. 하지만 그 친숙함 뒤에는 잘 사는 사람들의 집안 설계 방식이나 이들이 자랑스러워 했을지도 모르는 편의시설 면에서의 근본적인 차이가 감춰져 있다.

기본 설계는 고대 세계 전역에서 재현되었다. 위 그림은 로마 시대 도무스의 상세한 단면도인데, 아래 설명을 읽을 때는 이 단면도를 참조해야 한다.

거리에서 도무스에 들어가려면 튼튼한 벽돌담에 설치된 이중문을 지나야 했다. 건물 외벽에는 안전과 사생활 보호를 이유로 창문이 거의 없었다. 유리를 구할 수는 있었지만, 부자들의 집에도 널리 쓰이지는 않았기 때문에 창문이 있어도 유리는 없이 벽에 구멍만 뚫려 있었고, 비바람이나 달갑지 않은 행인 등 언짢은 요인들이 언제든 안으로 들어올 수 있었다. 도로에 면한 점포는 주택을 구성하는 데 없어서는 안 되는 부분으로 대개 이 점포들 사이에 출입구가 있었다.

문을 지나면 '베스티불룸'(vestibulum)이라는 좁은 복도가 이어졌다. 이런 주택, 특히 단일 엘리트 가정이 소유해서 사는 주택의 정면 출입문은 동틀 녘에 열려서 해 질 녘에 닫혔다. 이는 원하는 사람 누구든 베스티불룸에 들어갈 수 있다는 의미였다. 이런 이유로 대개 출입문 가까이 있는 작은 칸막이 공간에 집안의 노예 한 사람을 두고 정당한 용무가 있는 사람만 집안으로 들여보내게 했다. 하지만 집을 어떻게 꾸몄는지 그냥 구경하려는 것도 정당한 용무였을 수 있다. 집주인의 취향에 찬탄하는 이들이 많으면 그만큼 주인의 위상이 높아졌던 까닭이다.

베스티불룸에 선 방문객은 집안 중심부를 들여다볼 수 있었을 것이다. 복도 끝에는 '아트리움'(atrium)으로 들어가는 주 출입문인 '파우케스'(fauces)가 있었으며, 아트리움은 열린 마당으로 한가운데에는 우물이나 빗물을 받아 두는 작은 못이 있었고, 1층의 주요 방들은 여기서 시작된다.

넓은 집을 방문한 사람은 아트리움 너머에 마당이 또 하나 있는 것을 보았을 텐데, 보통 이 마당은 기둥들로 에워싸여 있었다. 이 또 하나의 마당은 '페리스틸리움'(peristylium, 영어로는 흔히 페리스타일[peristyle]이라고 한다)으로, 주택 후면의 주랑에 둘러싸인 정원을 가리킨다. 때로 이 정원은 순전히 장식용 공간으로서 가족들이 앉아 있을 수도 있고 일도 할 수 있는 그늘과 기분 좋은 환경을 제공하기도 하지만, 대개는 집주인이 과일이나 올리브, 채소를 키우는 곳이었다.

페리스틸리움은 아마 침실로 쓰였을 방들로 에워싸여 있었는데, 집안에 사는 사람의 숫자에 따라서, 혹은 위층에 가족이 쓸 수 있는 방이 있는지에 따라 이 침실은 가족이 쓰기도 했고 집안의 노예와 하인이 쓰기도 했다. 1층에 있든 2층에 있든 그런 방들은 집안사람 외에는 출입이 금지되는 사적인 공간이었다.

이런 주택의 내부 벽은 그리스와 로마 신화의 장면들을 묘사한 대담한 벽화와 다채로운 색상의 천 벽걸이와 커튼으로 화사하게 장식되었을 것이다. 도기와 조각상도 공간을 장식했을 것이다. 이 모든 풍경이 베스티불룸에 서 있는 방문객에게 다 보였을 텐데, 이는 집주인의 고급 취향과 부(富)로 방문객에게 감명을 주려는 의도였다.

정찬 모임에 오신 것을 환영합니다

아트리움에서 시작되는 방들에서 대다수의 주간 활동이 이뤄졌다. 대부분의 가정에는 식당인 '트리클리니움'(*triclinium*)이 있었다. 이 단어는 "세 개의 긴 소파"(three couches)라는 뜻이며, 이는 트리클리니움이 배치되는 전통적인 방식을 가리킨다.

살림이 넉넉한 로마인 가정의 공식 정찬(formal dinner)은 손님들이 트리클리니움 삼면 벽에 빙 둘러 놓인 긴 소파 하나당 세 사람씩 비스듬히 기대앉아 시작되었다. 이는 손님 아홉 명이 안락하게 식사를 할 수 있었다는 뜻이며, 집안 노예들이 방 한가운데 놓인 작은 식탁 위로 음식을 나르며 시중을 들었다.

물론 형편이 넉넉한 가정에서도 모든 식사를 이런 식으로 했다고는 거의 생각할 수 없다. 아마도 대부분의 식사는 집안 여기저기서, 이를테면 아트리움이나 페리스틸리움의 의자나 벽에 바른 자세로 앉아서 했을 것이다. '심포시아'(symposia)로 알려진 공식 정찬은 매우 부유한 집안을 제외하면 비교적 드문 행사였다. 하지만 그런 식사는 초기 그리스도인들이 예배와 주의 만찬을 거행하기 위해 채택한 모델이었을 수도 있다(4장을 보라).

일을 위해 열려 있는 공간

트리클리니움의 반대편, 아트리움에서 반대 방향으로 시작되는 곳에는 '타블리눔'(tablinum)이라고 하는 또 하나의 중요한 방이 있었다. 타블리눔은 집안의 주 접견실이었다. 이 방은 커튼이나 접이식 나무 칸막이만으로 아트리움이나 페리스틸리움과 분리되어 있어서, 필요할 경우, 예를 들어 연회나 대규모 모임이 있을 때 커튼이나 칸막이를 치워 공간을 넓힐 수 있었을 것이다. 이 방에서 집주인은 피후견인(client)이나 이런저런 유형의 사업 상대 등 손님들을 맞이했다. 이 방에서 주인과 집안 노예들이 가업과 관련된 서류 작업을 했을 수도 있다. 이 방에서 집주인은 자신이 관여하는 정치 업무를 처리하고, 시 관리들을 맞이하고, 시의 행사나 자신이 소속된 길드나 조합의 연회 계획을 세웠을 것이다.

주택에 부속된 거리 전면의 점포가 이 집에 사는 가족이 운영하는 점포일 경우, 타블리눔은 주문서를 작성하고 각종 기록을 확인하는 곳이었을 수도 있다. 여유 있는 가정이라면 점토 서판이나 양피지 두루마리에 쓴 그런 기록을 보관하는 별도의 방이 있었을 수도 있다.

도로에 면한 점포 구역 뒤에는 아마도 주방 역할을 했을 방이 있었다. 이 방은 화로에 불을 피워 냄비와 주전자를 데울 수 있도록 설비된 작은 방이었을 것이다. 비교적 드물게 육류 요리가 제공될 경우, '페리스틸리움'에 있는 외부 화로의 쇠꼬챙이에 꿰어서 구웠을 것이 거의 확실하다. 주방이 작았다는 사실은 주방 안에서 큰 연회를 준비하기가 불가능하다는 의미였다. 하지만 식당이 겨우 아홉 명에서 열두 명까지만 수용할 수 있었기에, 가정에서 제공되는 음식의 규모는 가장 부유한 엘리트들의 가정을 제외하고는 기본적인 수준에 지나지 않았다.

로마식 아파트 생활

도무스에 살지 않는 사람들은 길거리나 동굴이나 시내 가장자리 무덤 사이, 혹은 주택 측면에 기대어 지은 임시변통 판잣집에 살지 않는 한 아파트 건물 혹은 인술라에 살았다. 아파트 혹은 인술라는 표준적인 주거 형태에 미치지 못했으며, 어떤 전형적인 구조를 설명하기는 불가능하다.

어떤 아파트는 그저 거리에 면한 점포 뒤편의 방들에 불과했다. 점포나 술집에서 일하는 사람들에게는 장사하는 공간 뒤에 잠을 자는 곳과 음식을 준비하는 곳이 있었을 것이다. 어떤 이들은 점포 위에 매단 다락방에서 살았는데, 이곳은 겨우 매트만 펼 수 있는 공간이었다.

점포 위 첫 번째 층이나 두 번째 층에 여러 개의 방이 붙어 있는 아파트도 있었다. 여기도 역시 가족이 잠을 자는 방과 음식을 준비하고 먹는 방, 그리고 어쩌면 손님을 접대하는 방이 있었을 것이다. 설비가 좀 더 좋은 인술라에는 가족용 거실이 있었을 것이며, 이 거실에서 다른 모든 방들이 이어졌을 것이고, 이 거실에서 식사를 준비해서 먹었을 것이다. 하지만 그런 아파트에서는 음식을 조리하기 어려웠기 때문에 길모퉁이 포피나에서 음식을 구해서 잠자는 공간 밖이나 그 공간 뒤편에서 먹었을 것이다. 이런 아파트 건물 맨 위층은 가난한 가정 중에서도 가난한 가정이 방 한 칸을 빌려 지극히 기본적인 조건에서 식사하고 잠을 잤다. 이들에게는 가구라고 할 만한 것도 없었을 것이며, 매트 위에서 잠을 자고 음식은 길거리 행상에게서 구해서 맨손으로 먹었을 것이다.

법규상 건물 높이는 15미터로 제한되었기 때문에 제국 초기에 '인술라'의 바닥 공간은 늘 부족하고 귀한 공간이었다. 물론 법규는 빈번히 조롱당했지만 말이다. 바닥 면적이 한정되어 있었던 것은 인술라가 대개 중앙의 마당을 중심으로 지어졌기 때문이다. 이는 가능한 한 많은 방에 빛이 들어오게 하고 공유 설비에 쉽게 접근할 수 있도록 하기 위해서였다. 인술라의 공유 설비는 주로 물인데, 아마 중앙 마당의 우물이나 샘에서 물을 길어 썼을 것이며, 땅을 파서 변소를 만들고 온갖 쓰레기와 배설물을 이 구덩이에 쏟아버렸을 것이다. 비교적 잘 지은 인술라에는 층마다 변소가 있었고 쓰레기 처리를 위한 비탈진 도랑이 있었지만, 1세기에는 이런 설비가 드물었다.

부유한 가정이 소유하고 점유한 도무스는 모자이크 바닥과 벽화, 주거 공간들을 나누는 데 쓰인 고가의 채색 직물 등으로 멋지게 장식되어 있었던 반면, 인술라는 이에 비해 아주 휑했을 것이다. 인술라는 벽돌이나 회반죽 벽토로 지었고 바닥은 진흙이나 벽돌 바닥이었다. 아파트 건물은 목재와 진흙 벽돌로 많이 지어 불안정했고 불에 타기 쉬웠다. 1세기를 지나면서 건축 기준이 점차 높아졌지만, 기독교 시대 첫 100년이 지날 때도 가난한 사람들은 이 시대 초와 마찬가지로 여전히 과밀하고 기준을 밑도는 주거 시설에서 살았다.

도무스 스타일의 집에는 몇 개 방에 난로 형태의 난방 장치가 있었고 목욕탕에서 쓰이는 것 같은 방바닥 아래 난방 장치가 있었지만(72-73쪽을 보라), 인술라에는 어떤 종류의 난방 장치도 없었다. 난로가 없었고 창문에 유리가 없었다는 것은 집이 몹시 춥다는 뜻이었다. 어떤 주민들은 아파트 건물의 공용 구역에 화로를 피우고 이것으로 음식도 만들고 몸을 덥히기도 했다. 밤이면 기름 램프로 불을 밝혔을 것이다. 아무런 안전장치 없는 이런 불은 화재 위험을 높였고, 인술라는 불이 나서 다 타버리는 일이 잦았다.

여러 '인술라'의 열악한 상태는 풍자시인 유베날리스가 다음과 같은 감회로 강조했다.

시원한 프라이네스테나 볼시니이의 녹음 우거진 언덕에 사는 사람은 자기 집이 무너질까 걱정한 적이 있을까? 그러나 여기 우리는 주로 얇은 판석으로 버텨 가는 도시에 산다. 집주인은 낡은 벽을 그렇게 땜질해 놓고, 금방이라도 머리 위로 무너져 내릴 듯한 집에서 편히 자라고 그 집에 사는 수감자들에게 말한다.

유베날리스가 어쩌면 상황을 과장하는 것일 수도 있지만, 1세기 로마에는 건물 붕괴 사고가 빈번했다는 증거가 있다. 다른 도시들에도 비슷한 이야기가 있었을 것이다.

로마에는 도무스 스타일 주택 한 채당 25동의 아파트가 있었다. 4세기의 기록을 보면 아파트 건물 46,602동에 도무스는 1,797채였다. 다른 도시들이 커짐에 따라 이 비율도 아마 똑같았을 것이다. 촌에서 사는 것보다 더 나은 삶을 기대하며 사람들이 도시로 유입되면서 주거 시설에 대한 요구가 늘어나는 것에 부응하려고 아파트 건물이 속속 세워졌다.

인술라에서 거리와 면한 층에는 작은 점포들(타베르나)이 줄줄이 들어서 있었다. 이 점포들은 낮에는 세상을 향해 열려 있고, 밤이 되면 육중한 나무 셔터로 문이 잠겼을 것이다. 점포들은 갖가지 상품을 파는 소매점, 그리고 장인들과 수공업자들이 주문이나 판매용 제품을 만드는 작업장이었을 것이다. 이곳은 온종일 음식과 음료를 파는 포피나가 산재해 있는 시끄럽고 냄새나는 장소였을 것이다.

밤이 되어 점포들이 문을 닫아도 소음은 가라앉지 않고 그저 소음의 종류만 달라졌을 것이다. 어둠이 내리면, 혼잡함 때문에 낮에는 거리 통행이 금지되었던 이륜마차들이 도시로 들어와 물건을 받으러 가기도 하고 배달도 했다. 대다수 도시에서는 밤이 되면 활기차고 시끄러운 또 하나의 세상이 펼쳐졌는데, 상습적으로 등장하는 이들은 술 마시러 나온 젊은 남자들, 손님을 찾는 매춘부들, 만찬 파티에 오가는 사람들이었다. 인술라에 사는 많은 사람도 온종일 일한 뒤 이제 너무 어두워서 일할 수 없게 되어서야 밖으로 나와 물을 긷고 먹을 것을 구하면서 종일 베틀이나 모루나 작업대 위로 구부리고 있던 몸을 펴고 긴장을 풀었을 것이다.

여기서 일도 해요

주택에 관해 생각할 때는 이곳이 사람이 사는 곳일 뿐만 아니라 대다수 사람이 일하는 곳이기도 했다는 점을 유념하는 게 중요하다. 집안 노예들은 한 집을 관리하고 요리사와 하녀와 짐꾼과 정원사 역할을 하는 등 자신이 사는 곳에서 일한 것이 분명하다. 또한 도무스에 사는 이들이 주택 전면의 점포들을 소유하고 관리했다면, 노예만이 아니라 가족 구성원들도 점포에서 일했을 것이 분명하다.

하지만 현대인들이 제삼자에게서 구매하는 많은 것을 고대 세계 사람들은 집에서 직접 만든 것도 사실이다. 예를 들어 대다수 가정에서는 가족들이 입을 옷을 직접 만들었을 것이다. 빌라에 사는 부유한 사람들은 아트리움에 베틀을 설치해 두고 직물을 짜서 장식용으로도 쓰고 옷을 만들고 수선하기도 했을 것이다. 하지만 가난한 이들도 옷은 가족 중 누군가가 집에서 만들었을 것이고, 어쩌면 다음 계절을 날 수 있도록 수선도 했을 것이다.

무언가를 만들어 팔아서 수입을 얻는 가정에서는 모든 제조 과정이 집에서 이뤄졌을 것이다. 예를 들어 빵 굽는 이는 자기 집에서 제분하고 반죽해서 빵을 구웠을 것이며, 이에 필요한 장비는 다 생활공간 주변에 갖춰 두었을 것이다. 마찬가지로, 음식을 만들거나 먹을 때 날마다 쓰는 그릇들을 만들어 생계를 유지하는 가정도 그런 장사를 하는 데 필요한 물레와 가마를 집안에 설치해 두고 물건을 만들어, 자신들이 사는 도무스나 인술라 앞 거리와 면한 타베르나를 통해 이 상품을 팔았을 것이다.

사회에서 가장 가난한 사람들에게, 가족이란 부모와 자녀뿐만 아니라 살아있는 조부모, 삼촌, 숙모, 사촌들, 그리고 그 가족이 소유한 모든 노예가 포함되었으며, 이들은 같은 공간에서 살고 일했을 것이다. 이런 이유로, 이들의 집은 고객이나 원료 공급자가 종일 드나들었고 때로는 저녁때까지도 그러했다는 의미에서 뭇사람에게 열려 있었을 것이다.

복합적 주거 체계

그러나 이조차도 1세기 도시인들의 삶에 관해 모든 것을 다 말해 주지는 않는다. 앞 장에서 우리는 인술라 한 동을 자세히 조사하면 여러 가구가 아주 가까이 붙어서 살았다는 게 드러난다는 것을 알게 되었다. 이는 당시 사람들이 어디서 어떻게 살았는지를 알기 위해서도 중요하며, 신약성경에서 초기 교회들이 구성되는 방식에 관해 우리가 읽는 내용을 이해하는 데도 중요하다.

그래서 예를 들어, 폼페이에 있는 "메난드로스의 인술라"

(*insula* of the Menandros)에서 고고학자들은 물과 배수로 같은 공용 설비를 함께 쓴 다양한 크기와 형태의 개별 세대를 다수 발견했다. 이곳에는 마구간으로 연결된 마당과 거대한 페리스틸리움이 있는 정말 엄청난 도무스 유적이 있다. 그런데 이곳은 형태와 모양이 다양한 주거들로 에워싸여 있다.

방이 하나 혹은 두 개 있었을 수도 있고 거리에 면해 있는 한 작은 집은 석공(stonemason)이 살았던 집으로 보인다. 여기서 멀지 않은, 훨씬 큰 집은 가구 만드는 사람의 집이자 작업장이었다. 유적지 도면의 한쪽 모퉁이에는 포피나가 있었다. 이 유적지에는 다수의 노예가 일했을 목욕탕도 있었으며, 이 노예들이 쓰던 볼품없는 방 한 칸 숙소도 있었다.

어떤 학자들은 주거 설비의 바닥 면적을 계산해 봄으로써 거기 살던 사람들의 사회/경제적 위치를 가늠해 보려고 했다. 계산해 보니 석공은 40제곱미터의 집에 산 반면, 가구 만드는 사람의 집은 약 310제곱미터였으며, 유적지 한가운데 크고 튼튼한 주택은 1,700제곱미터를 깔고 앉아 있었다. 이는 공간을 더 많이 점유할수록 그 사람의 사회적 계급이 높았음을 시사한다.

그런데 문제는 사람들이 얼마나 많은 공간을 소유했느냐가 아니라 이들이 서로 아주 가까이, 같은 길거리에서 서로의 출입문이 바로 옆에 붙어 있을 정도로 가까이 살았다는 사실이다.

사람들이 이렇게 가까이 살게 된 또 한 가지 요인은, 도무스의 주인들이 위층 방들을 종종 다른 가정에 세를 주었기 때문이다. 어떤 사람이 도무스에 살고 있다고 해서 그 사람이 부자라는 의미는 아니었다. 약간의 예외가 있기는 했지만 부동산은 소수의 엘리트들만이 소유했다. 그 외 사람들은 설령 도무스에 산다고 해도 모두 임차인이었다. 다수의 도시인의 경우, 수입에 맞춰 살 수 있는 유일한 길은 살고 있는 집의 일부를 다른 가정에 세를 주는 것이었다. 임차인들은 흔히 집주인과 출입문을 같이 썼지만, 임차인들이 따로 드나들 수 있도록 외부 계단이 추가 설치되었다는 증거가 여러 유적지에 남아 있다.

마지막으로, 부자들이 도시 안의 위치 좋은 인술라에 아파트를 사거나 임차한 것은 이들의 주된 거주지가 교외에 있었기 때문이라는 점을 기억해 둘 만하다. 엘리트 집안들은 로마에, 혹은 자신들의 농지나 주된 거처가 있는 곳에서 가장 가까운 상업 중심지에 근거지가 필요했을 것이다.

이웃 만나기

도시 사람들이 이렇게 서로 근접해서 산 덕분에 초기 그리스도인들은 자신들이 전하는 메시지를 들을 청중을 어디에서나 쉽게 만날 수 있었다. 사람들을 만날 가능성이 가장 높은 장소는 일터와 식사하는 곳이었다. 그런데 대개 일터가 곧 식사하는 곳이었기에, 이는 사람들이 서로를 자주 만난다는 뜻이었다.

사도행전 18장 7절은 바울이 머문 디도 유스도의 집에 관해 말해 준다. 학자들은 이 사람이 가이오로도 알려져 있고 로마서 16장 23절에서 언급된 가이오와 동일 인물이라고 본다. 도시 지역의 초기 신자로서 가이오는 교회의 발전에 의미 있는 역할을 했다. 특히 그가 많은 사람에게 편의를 제공할 수 있을 만큼 큰 집을 소유한 것으로 보이기 때문이다.

이 책 3장에서는 일터에서의 만남이 어떻게 초기 그리스도인들이 제국의 도시들을 통해 자신의 메시지를 전하는 주된 방식이 되었는지를 이야기할 것이다. 하지만 별 상상력을 동원하지 않아도 바울, 아굴라, 브리스길라가 하루 일을 마치고 자신들의 작업장이 있는 인술라 모퉁이의 포피나에서 음식을 사가지고 와서 다른 사람들과 어울려 먹고 마시며 대화를 나누는 광경을 쉽게 떠올릴 수 있다. 천막이나 그 외 가죽 제품을 주문 받으면 이것을 만들어 가지고 주문한 사람의 집을 찾아갔을 것이고, 찾아가서 대화를 나누다 보면 저녁 식사도 함께 하게 되었을 것이며 새 신앙으로 마음이 이끌린 사람들의 집에서 새로운 교회들이 형성되었을 것이다.

그리스도인들은 적어도 200년 동안은 "교회당"이라고 하는 특별한 건물에서 모이지 않았다. 그래서 초기 그리스도인들의 예배 생활은 자신들이 살고 있는 집에서 이뤄졌다. 이는 신자들 무리가 고린도나 에베소나 로마의 비교적 부유한 소수의 그리스도인이 소유한(혹은 임차한) 도무스나, 혹은 무리 중 다수가 사는 인술라 한 곳에서 모였으리라는 의미였다. 몇몇 사람들이 작업장이나 마당에 옹기종기 모여 함께 식사를 하며 서로 예수 이 야기를 하고, 우연히 그 곁을 지나다가 음식에 관심이 끌렸거나 웃음소리와 진지한 대화에 흥미를 느낀 구경꾼에게도 예수 이 야기를 들려주었을 거라고 생각할 수 있다.

목욕 시간

사람들이 로마에 관해 아는 게 한 가지 있다면 그것은 바로 로마인들이 맨 처음으로 공중목욕탕(public bath)을 만들었다는 것이다. 엄격한 의미에서 이는 사실이 아니지만 말이다. 로마인들은 그리스인들에게서 이 목욕탕 아이디어를 얻어서, 목욕탕이 로마 문화와 동의어가 될 정도로 발전시켰다. 어디든 로마 군단이 가는 곳이라면 목욕탕도 함께 갔다.

공중목욕탕이 발전한 한 가지 분명한 이유는, 크든 작든 혹은 부자가 살든 가난한 사람이 살든 대다수 주택에는 목욕 시설이 없었다는 것이다. 그래서 샘이나 대야 물에서 스폰지로 몸을 닦아내는 것 말고 그 이상을 하려면 공중목욕탕에 반드시 가야 했다.

하지만 목욕탕은 몸만 씻는 곳이 아니라 훨씬 더 많은 것을 하는 곳이었다. 목욕탕은 사회의 중심이요, 모여서 친구들을 만나는 곳이었고, 대다수 사람이 사는 아파트의 황량함을 벗어날 수 있는 곳이었다. 어떤 목욕탕에는 운동실, 미용실, 심지어 도서관도 있었다.

에베소

도시 에베소는 가장 유명한 랜드마크인 아르테미스(아데미) 신전을 중심으로 발전했다. 소아시아 최대 도시로 황금시대를 구가하게 되자 에베소는 관광과 순례에 점점 더 의존하게 되었고, 그래서 그리스도인들이 오는 것은 특히 환영받지 못했다.

로마 제국이 서쪽으로 부상하기 전 적어도 천년 동안 에게해로 흘러드는 카이스테르강을 가로지르는 계곡에 정착지가 있었다. 이곳은 오백 년 동안 아르테미스 숭배의 중심지였다.

알렉산드로스의 그리스 제국이 이 도시를 지배하면서 아르테미스 신전 주변에서 벗어나 항구를 중심으로 도시를 재건한 것이 이 도시가 번영하게 된 첫 번째 이유였다. 선박들이 주변 동네와 마을을 위해 이집트에서 곡물을 가져와 내려놓고 소아시아의 작업장에서 생산된 제품과 의류, 염료를 가지고 갔다.

1세기 무렵 이 교역이 내리막길로 접어든 것은 항구가 퇴적물로 막혔기 때문이다. 하지만 에베소의 번영은 쇠퇴하지 않았다. 에베소는 순례객들을 끌어당기는 자석이었고, 금융의 중심지였으며, 두 가지 모두 아르테미스 신전에 의존했다.

세계 7대 불가사의 중 하나로 손꼽히는 이 신전은 에베소 시가지 위 언덕의 127개 대리석 기둥이 떠받치고 있었다. 서쪽으로 지는 해를 바라볼 수 있었던 이 신전에서 다산(多産)의 여신을 기리는 저녁 의례(ritual)가 거행될 때면 수천 명의 추종자들이 모였다. 가깝고 먼 여러 곳에서 온 이 추종자들이 여신에게 경의를 표하는 상품과 장신구를 구매하여 신전 금고를 불룩하게 채워 주고 금융 중심지의 기반을 형성해 주었다.

철학자 디온 크리소스토모스(Dion Chrysostomos)는 왕들도 "안전하기 위해 그곳에 돈을 맡기니, 감히 누구도 그곳의 신성을 모독한 적이 없기 때문"이라고 했다. 이 철학자의 말은 엄밀히 말해 정확하지 않다. 율리우스 카이사르가 이 신전 금고의 돈을 제멋대로 썼고 뒤이어 다른 황제들도 이를 따라했기 때문이다!

로마인들은 에베소를 속주의 수도로 삼았고 그래서 이곳은 법과 정치와 상업 중심지가 되었다. 항구에서 시작된 주랑식 거리 끝에 있는 25,000석 규모의 극장이 에베소의 자랑거리였다. 또한 옥외 시장인 광장(agora)이 있었으며, 이곳은 지역 산물과 생산품을 팔고 사는 중심지였다.

하지만 에베소 번영의 핵심은 아르테미스(혹은 디아나) 숭배였다. 기원전 6세기 이후 건축되고 또 재건축된 아르테미스 신전은 제국 전역에서 사람들을 끌어모은 예배와 마법의 중심으로서, 이들은 이곳에서 여신을 예배하고 마술을 배운 뒤 집으로 돌아가서 여신의 이름으로 관련 조합을 만들었다.

사도 바울은 고린도에서의 장기 체류를 성공적으로 마치고 기원후 52년경 에베소에 처음 도착했다. 누가는 바울이 이곳에 2년 넘게 머물렀다고 말한다. 그 2년 동안 바울은 지역 회당에서 복음을 전했고 두란노라는 멋진 이름을 가진 이의 소유인 공회당에서는 더 오랜 시간 강론을 펼쳤다(행 19:8-10). 바울은 순회 철학자처럼 행동했을 것이며, 바울과 그의 일행도 스스로 생계를 꾸려야 했을 것이므로 하루 일을 마칠 즈음 강론을 시작하곤 했을 것이다.

선교가 성공하자 이 도시의 전통 종교에 충성하는 일로 생계를 유지하던 사람들과 충돌이 빚어졌다. 누가의 말에 따르면, 회심자 중에 전에 마술하던 이들이 있었는데, 새로운 신앙을 발견한 결과로 이들은 전에 보던 책을 다 불태워 버렸다고 한다(행 19:18-19).

또한 누가는 이 새로운 종교 때문에 생계가 위협받는다고 생각한 은장색 데메드리오가 폭동을 선동한 것에 관해서도 이야기한다. 데메드리오는 사람들이 예수를 따르면 아르테미스 여신 숭배를 돕기 위해 자신이 만들어 팔던 기물들을 더는 사지 않으리라 생각했다. 사도행전 19장 23-41절에는 이때 일어난 언쟁이 생생히 기록되어 있다.

교회는 그런 폭풍우를 다 뚫고 나간 것 같다. 에베소가 로마 제국 멸망의 여파로 점차 외면당하기 전 적어도 500년 동안 기독교의 중심지였으니 말이다. 에베소는 이제 세계 최대의 고고학 유적지로 손꼽힌다.

탕은 달궈지고

　로마 목욕탕의 중심에는 온도가 각각 다른 방들이 붙어 있는 공간이 있다. 각 방에 어떤 순서로 들어가야 하는지는 역사가마다 의견이 다르며, 열탕에 먼저 들어갔다가 냉탕으로 들어가야 한다든가 혹은 그 반대여야 한다고 말하는 규정은 아마 없었을 것이다. 뜨거운 물이 있는 방, 즉 '칼리다리움'(*calidarium*)에서는 몸에 물을 끼얹은 다음 피부를 문지르는 도구로 때를 긁어냈을 것이다(올리브 기름을 먼저 피부에 바르기도 했을 것이다). 부자들은 대개 노예에게 이 일을 시켰을 것이다. 어떤 목욕탕은 혼자 온 손님들을 위해 때를 긁어내 주는 사람을(또한 노예를) 고용했으며, 어떤 목욕탕에서는 손님이 직접 해야 했다.
　공중목욕탕은 대개 남탕과 여탕이 구분되어 있었지만 혼욕을 하는 목욕탕도 있었으며, 그래서 어떤 목욕탕은 도덕적으로 불량하다는 세평을 듣기도 했다. 폼페이의 어떤 공중목욕탕에는 띠 모양의 소벽(小壁)을 사이에 두고 커플이나 집단이 성행위를 하는 광경을 보여 주는 탈의실이 있었는데, 그래서 일부 역사가들은 목욕탕이 매음굴 역할도 했다고 추측한다. 그러나 아마도 이는 예외적인 경우였을 것이다.
　목욕탕은 사람들, 주로 어느 정도 여윳돈을 쓸 수 있을 만큼 수입이 있는 사람들(공중목욕탕은 무료이거나 얼마 안 되는 입장료를 받기는 했지만)이 만나서 몸을 씻고 운동도 하고 잡담도 나누고 거래도 하고 정치적 흥정도 하는 곳이었던 것 같다. 작가 세네카는 공중목욕탕 복합 건물 위의 아파트에 살았는데, 그는 그런 곳에 사는 게 그다지 기분 좋은 경험이 아니라는 것을 깨달았다.

마사지사가 철썩 후려치는 소리, 운동하는 사람이 아령 흔들며 끙끙거리는 소리, 수영하는 사람이 물 튀기는 소리, 목욕하면서 노래하는 사람의 고함, 겨드랑이털 제모하는 남자가 캥캥거리는 소리, 소시지와 케이크와 잡다한 물건 파는 사람들이 호객하는 소리…

이 모든 것은 세네카가 바깥 거리의 소음만큼이나 자기 아파트 아래 목욕탕에서 계속 들려오는 소음 때문에 방해를 받았다는 뜻이었다.

혁신이 일어난 곳

목욕탕은 로마 시대 공학의 한 가지 주목할 만한 위업이다. 목욕탕이 급격히 늘어났다는 것은 신선한 물을 도시 안으로 쉼 없이 공급하기 위해 토목 기술자들이 도수관을 만들어야 했을 뿐만 아니라, 그 물을 데우는 시스템을 개발해야 했다는 의미다. 물을 데우기 위해 이들은 방바닥 아래에 '히포카우스툼'(hypocaustum)이라는 가열 설비를 만들었다. 지하실의 아궁이에서 가열된 공기는 타일 더미 위에 올려진 바닥 아래 관

(duct)을 순환하며 바닥을 데웠다. 아궁이에서 가장 가까운 방이 가장 뜨거웠다. 이 가열 시스템이 잘 작동하자 부자들의 주택에도 설치되어 일종의 중앙난방 장치 역할을 했다.

하지만 목욕탕에서 누가 실제로 몸이 깨끗해졌는지는 논쟁의 여지가 있다. 탕의 물은 자주 교체되지 않았고, 물 속의 불순물을 없애 주는 염소 소독도 없었고, 대량의 소변을 포함해 몸에서 나오는 온갖 분비물이 온종일 쌓였을 것이며, 열탕에서 바르는 올리브 기름과 열심히 피부를 긁어낼 때 나오는 각질 등으로 물은 오염되었을 것이다.

목욕이 로마 문화에 얼마나 중요했는지를 감안할 때, 바울이나 다른 초기 그리스도인 누군가가 목욕탕에 갔다는 기록이 전혀 없다는 것은 놀라운 일이다. 초기 그리스도인들의 글 어디에도 그런 언급은 없다. 이는 목욕탕에 가는 것이 식사를 하거나 잠을 자는 것처럼 평범한 일상이어서 굳이 언급할 필요가 없다는 의미이거나, 목욕탕에 가는 것은 다수 그리스도인의 삶의 특징이 아니며 이들은 대체로 가난해서 낮에는 일해야 했고 그래서 목욕을 마음껏 즐길 수 있을 만한 시간적, 금전적 여유가 없었다는 의미다.

고린도에서 길 찾기

로마 제국에서 사람들이 어떤 집에서 어떻게 살았는지에 대한 이해는 초기 그리스도인들의 글에 나타난 몇 가지 특징을 파악하는 데 필수적이다. 이 장을 포함해 뒤에 이어지는 여러 장에서는 초기 교회의 세상을 보여 주는 정확한 그림이, 사도 바울이 기원후 50년대 중반 로마 식민지 고린도의 그리스도인 무리에게 보낸 편지인 고린도전서를 읽는 데 얼마나 도움이 되는지를 살펴볼 것이다.

첫 번째로 주목할 것은, 바울이 신자들 무리를 대접한 다수의 가정에 관해 말한다는 점이다. 고린도에는 교회당이 없었다. 다만 가이오라는 사람이 이따금 자기 집에서 모든 신자들을 반가이 맞아 대접한 것 같기는 하다. 신자들은 보통 고린도를 중심으로 흩어져 있는 다양한 가정에서 모였다.

그중 한두 사람에 관해서는 정보가 있으며, 고린도뿐만 아니라 다른 도시들에서 사람들이 어떻게 살았는지를 연구한 데서 알게 된 것을 바탕으로 그 가정들이 어떤 모습이었을지 하나하나 그림을 그려 볼 수 있다. 안타까운 점은 폼페이, 오스티아, 로마와 달리 고린도의 인술라는 아직 제대로 발굴되지 않았다는 것이다. 하지만 다른 자료를 통해 고린도에 관해 알게 된 것으로 볼 때, 이곳의 주택 유형도 로마의 다른 도시들처럼 아주 잡다했다는 것을 알 수 있다.

그래서 뵈뵈가 살던 고린도의 항구 도시 겐그레아(롬 16:1-2에서 언급된)에는 항구 도시 오스티아와 마찬가지로 인술라와 도무스가 혼재되어 있었을 듯하다. 뵈뵈의 사업은 인술라나 도무스 어느 유형의 주택에서든 운영될 수 있었지만, 타지로 출타도 했고(아마 바울의 편지를 고린도에서 로마로 가지고 갔을 것이다) 항구 도시에 살았다는 사실은 뵈뵈가 해운업에 어떤 식으로든 관여했다는 의미이며, 그러므로 뵈뵈는 1층에 사업장이 있고 그 위에 아파트가 있는 부두 근처의 인술라에 살았을 수도 있다.

로마서 16장 23절에 에라스도와 함께 언급된 가이오는, 아마 100명에서 120명 사이였을 온 교회 사람들을 다 대접할 수 있었다는 사실을 감안할 때 고린도시 어딘가의 도무스에 살았을 것이다. 그 정도 규모의 사람들이, 아무리 큰 방이더라도 아파트의 위층 방 하나에 다 들어갈 수 있었을 것 같지는 않다.

글로에는 고린도전서 1장 11절에서 언급된다. 글로에 집 사람들이 고린도교회에서 벌어지고 있는 일들에 대한 소식을 가지고 에베소의 바울에게 갔고, 이에 바울이 고린도 교인들에게 보내는 편지를 쓴다. 바울을 찾아가는 것이 이들이 에베소에 간 유일한 이유였을 가능성은 거의 없다. 만약 그랬다면 글로에 집은 꽤 잘 사는 집이었을 것이다. 글로에의 집은 모종의 사업을 하고 있었고, 에베소 같은 곳에 간 것도 아마 사업 때문이었을 것이다. 남편이 아니라 글로에의 이름이 언급된 것이 흥미로운데, 이는 글로에가 과부였거나 아니면 결혼한 적이 없는 여성임을 나타내는 것으로, 1세기에는 진기한 일이었다. "글로에의 집"(her people)이라는 표현은 바울을 찾아간 이들이 글로에의 사업을 보조하는 집안 노예들이었다는 의미일 것이다. 글로에가 수작업으로 무언가를 만드는 일을 했다면, 거리 쪽으로 타베르나가 있는 작은 집이나 인술라에 살면서 작업은 1층에서 하고 생활은 위층에서 했을 것이다. 식구는 세 사람 이상이었을 텐데, 왜냐하면 만약 에베소에 적어도 두 사람을 보냈다면 고린도에 머물며 일할 사람이 또 있었을 것이기 때문이다.

글로에는 예배하고 배우고 주의 만찬을 함께 거행하려고 정기적으로 모인 스무 명 남짓 그리스도인들의 모임을 주관했을 것으로 추측된다.

바울이 언급하는 또 한 집안은 스데바나 집안이다(고전 1:16, 16:15-18). 바울은 스데바나가 성 안의 신자들을 섬기는 것 때문에 그를 본받으라고 편지 수신인들에게 말하지만, 우리는 스데바나에 관해 아는 것이 별로 없다. 스데바나에게 집안 사람들이 있었다는 사실은 그가 특별히 부자였다는 뜻이 아니라 다만 그가 혼자 살지 않았다는 뜻이다. 스데바나 역시 손으로 무언가를 만드는 사람으로서 노예나 가족 구성원과 함께 소규모의 제조업을 직접 운영했을 것이다. 그러므로 스데바나도 작은 도무스나 인술라에 살면서 거기 딸린 타베르나에서 사업을 했을 것이다.

고린도에서 우리가 아는 마지막 인물은 아굴라와 브리스길라 부부다. 바울은 고린도에 도착해서 이 부부를 만났다(행 18:1-3). 이 부부는 바울처럼 천막을 만드는 사람들이었으며, 신약성경에서 고린도뿐만 아니라 에베소와 로마에서도 이들을 만나게 되는 것으로 보아 꽤 여러 곳을 돌아다니는 사람들임이 분명하지만, 사도행전에서 누가는 아굴라가 원래 오늘날의 튀르키예 땅에 있는 본도 출신이라고 말한다.

이들은 기원후 49-50년 무렵 고린도에 도착해, 주거 시설이 딸린 작업장을 임대해서 천막 만드는 업자로 살아갈 수 있었을 것이다. 고린도는 이들에게 사업하기 좋은 곳이었다. 2년마다 이스트미아 경기가 이곳에서 열려서, 천막과 차양(awning) 수요가 많았기 때문이다. 로마서 16장 3-5절을 보면, 이들 부부가 로마로 다시 이주한 뒤 바울은 이들 부부와 이들의 집에서 모이는 교회에 인사한다. 아굴라와 브리스길라는 고린도와 에베소에서 그랬던 것처럼 자신들의 작업장이나 아파트에서 그리스도인들의 모임을 주관했을 가능성이 있다.

교회가 인술라 아파트에서 모였다는 것은 누가가 사도행전 20장 7-12절에서 말하는 유두고 이야기에서 분명히 알 수 있다. 바울은 지금 드로아에 있다. 예루살렘을 최종 목적지로 하고 앗소(Assos)행 배를 타기로 한 전날 밤이었다. 바울은 강론 중이고 시간이 이미 꽤 지난 것이 분명했다. 바울이 강론하는 위층 방은 사람들이 창턱에까지 걸터앉을 만큼 발 디딜 공간 없이 가득 들어찼다. 설교가 길어지고 방안을 가득 채운 사람들의 몸이 뿜어내는 열기에다 방을 밝히려고 켜 놓은 기름 램프에서 발생한 열기까지 더해졌다는 것은 곧 가여운 유두고가 창턱에 걸터앉아 졸다가 창밖으로 떨어진다는 의미였다. 누가는 유두고가 3층에서 떨어져 죽었다고 말하는데(물론 바울이 그를 안아 일으켰지만), 아마 인술라의 중앙 마당으로 떨어졌을 것이다. 누가는 모두 달려 내려가 유두고의 상태를 확인한 뒤 다시 위층으로 올라와 떡을 떼었다고 말한다. 즉 함께 식사했다는 것이다.

그러므로 이는 초기 그리스도인들이 드로아 시내 인술라의 평범한 아파트에서 함께 예배하고 배우고 먹을 것을 나누는 광경을 보여 주는 스냅 사진이며, 이는 1세기가 진전됨에 따라 제국 전역에서 점점 흔히 보게 되는 광경이었다.

가재도구

로마 제국의 가정에는 가구가 별로 없었다. 전체 사회의 1-2퍼센트에 불과한 큰 부자(super-rich) 엘리트들의 집을 제외하면, 대다수 주거에는 시설과 설비라고 할 만한 것이 많지 않았을 것이다.

침실에는 매트리스가 깔린 나무 침대가 있었을 수도 있지만, 바닥에 취침용 매트를 깔고 잤을 가능성이 더 크다. 응접실에는 의자 한두 개, 식당에는 소파가 있었을 수 있고, 1층에는 쿠션과 커튼 같은 안락한 비품들이 몇 가지 있었을 것이다.

아트리움에 진열된 도기들은 만찬 손님이 왔을 때 음식을 담아내는 일상용품이었다. 일상용으로 혹은 특별한 날 음식을 담을 때 쓰는 또 다른 도기들은 식사 용구와 함께 상자나 찬장에 보관했는데, 로마인들은 숟가락과 나이프만 썼고 포크는 수 세기 후에야 발명될 터였다.

이는 집안 노예와 하인이 식사를 준비하는 데 필요한 물품을 가지러 아트리움에 자주 들락날락했다는 뜻이다. 주택 자체의 물 공급원이 아트리움에 있기에 물을 긷기 위해서도 아트리움으로 가야 했을 것이다.

로마인들의 주방에는 특별한 설비가 없었고, 부자들의 집도 마찬가지였다. 여러 가지 음식을 조리할 만한 냄비와 팬이 충분하지 않았다. 실제로 폼페이의 주방에서 가장 자주 볼 수 있는 것은 바닥이 불에 그을린 납작한 접시와 작고 얕은 화로이며, 이것으로 볼 때 음식 대부분을 주방에서 조리하기보다는 식탁에서 구워 먹은 것으로 추측한다.

로마인들의 집에 있는 물품들은 대개 일과 관련된 물건이었을 것이다. 그래서 아트리움에는 베틀이나 도공의 물레가 있었을 것이고, 집 뒤편에는 포피나에서 판매할 빵을 굽거나 육류를 요리하는 화덕이 있었을 것이고, 응접실에는 천의 치수를 재고 재단하거나 건조식품의 무게를 재고 포장할 때 쓰는 탁자가 있었을 것이다.

따라서 아트리움은 손님이 드나들고 가족들이 장사를 하고 친구를 만나며 노예들이 집안 식구들 먹을 음식을 장만하고 물을 길으며 쉬지 않고 일하느라 늘 분주한 곳이었을 것이다. 집안에서 이 구역은 전혀 사적인 공간이 아니었다.

물론 인술라에서의 생활은 좀 달랐다. 사람들은 각자의 아파트보다는 중앙 마당에 모여 물을 받고 어쩌면 음식도 준비했을 것이다. 이런 곳의 설비는 도무스보다 훨씬 소박했으며, 가장 흔한 품목은 기름 램프와 식구들이 각자 음식을 먹는 데 필요한 값싼 접시로, 작은 방 하나를 밝히는 데도 램프가 많이 필요했으므로 이곳에는 기름 램프가 많았을 것이다. 가장 가난한 이들이 사는 아파트에는 잠잘 때 쓰는 침구 외에 다른 세간이 전혀 없었을 것이다.

3장

일과

로마 도시의 거리는 분주하고 번잡하고 떠들썩한 곳이었다. 유베날리스는 A라는 곳에서 B라는 곳으로 갈 때의 풍경을 우리에게 조금 맛보여 준다.

아무리 급해도 엉금엉금 갈 수밖에 없다. 앞에는 수많은 사람이 밀어닥쳐 길을 막고, 뒤에는 사람들의 벽이 밀어붙인다. 어떤 이가 팔꿈치로 꾹 찌르고, 어떤 이는 의자 다리로 나를 퍽 치고, 어떤 이는 들보로 내 머리통을 꽝 내려치고, 어떤 이는 포도주 통으로 내 귀를 후려친다. 다리에는 질퍽이는 진흙이 엉겨 붙고, 사방에서 육중한 발들이 다가와 내 발을 짓뭉개고, 한 군인은 군홧발의 징을 내 발바닥까지 찔러 넣었다.

약간의 예술적 자유를 허용해가며 유베날리스는 활기 넘치는 거리의 인파를 생생히 그려낸다. 물건을 사고파는 사람들, 수많은 작은 점포와 음식점 사이를 쉼 없이 오가는 배달꾼, 거리 모퉁이에 홀로 서서 자기 물건을 사라며 손님을 부르는 행상, 엘리트 집안 저택을 부지런히 오가는 심부름꾼, 가마에 앉아 거리 인파를 뚫고 다니는 부잣집 여인, 추종자와 하인을 줄줄이 매달고 다니는 부유한 시 지도자, 걸인, 매춘부, 길거리 예술가 등. 어디를 보든 어딘가로 가려 하고 먹고살 돈을 벌려 하는 사람들을 볼 수 있었다.

농사로 먹고살기

제국 인구의 약 80퍼센트 정도가 농사로 먹고살았다. 풍년이라 해도 겨우 자기 가족이 먹고살 수 있을 만큼만 소출이 나는 소작지에서 소작농으로 근근이 살아가는 이들이 많았다. 귀족 엘리트 집안의 상업 농지에서 노예와 일용 노동자로 사는 이들은 더 많았다.

도시인들 중에도 성문 밖 농지에서 일하는 이들이 꽤 많았다. 이들은 날마다 걸어서 들에 나가 작물을 키워 자기 가족도 먹고살고 (경기가 좋으면) 지역 시장에도 내다 팔았다. 특히 폼페이에서 나오는 증거가 증명하다시피 이들 중에는 웬만큼 잘 사는 이들도 있었으며, 이는 이들이 농사를 지어 직계 가족을 넉넉히 먹여 살렸을 뿐만 아니라 남는 것을 팔아서 농사 도구와 그 외 필요한 물품들은 물론 작은 사치품 몇 가지도 살 수 있을 만큼 돈을 벌 수 있었다는 말이다. 숫자는 얼마 안 되지만 정말 잘 사는 이들도 있었다. 하지만 대다수는 자기 소유가 아닌 땅에서 일하면서 근근이 연명했다.

땅은 대부분 귀족 엘리트 가문, 원로원 의원과 그 외 지배 계급 사람들이 소유했고(5장을 보라), 땅이 이들이 지닌 막대한 부의 바탕을 형성했다. 일하지 않는 것이 귀족들의 이상(ideal)이었다. 실제로 사람들은 손으로 하는 노동을 품격이 떨어지는 일로 여겼다. 손으로 하는 일은 노예들의 몫이었다. 그래서 엘리트 계층 귀족 농부는 자기 영지에서 수익을 최대화하기 위해 돌려짓기와 포도 품종에 관심을 가질 수는 있지만, 그가 쟁기를 들고 직접 경작에 나서는 모습은 절대 볼 수 없었을 것이다.

농사뿐만 아니라 다른 업종에도 귀족들은 직접 관여하지 않았다. 실제로 1세기 황제 칙령인 '렉스 클라우디아'(lex Claudia)는 원로원 의원이나 그의 아들들이 지중해 건너편으로 곡물이나 기타 상품을 실어 나르는 큰 상선(merchant ship)을 소유하는 것을 불법으로 규정했다. 하지만 비교적 적극적인 엘리트 계층 인사들은 자기 집 노예의 이름으로, 혹은 좀 더 일반적으로는 해방 노예(과거에 자기 집 노예였던)의 명의로 사업체를 차림으로써 이 법을 우회해 갔다는 증거가 많다. 이렇게 이들은 한편으로는 귀족층의 나태라는 환상을 유지하면서 사실은 로마를 비롯해 제국내 다른 도시들에 물자를 공급하는 일과 관련된 신흥 교역으로 1세기 내내 더욱 큰 부를 쌓아가고 있었다.

어떤 이는 바울이 데살로니가의 소규모 신자들 무리를 향해 "누구든지 일하기 싫어하거든 먹지도 말게 하라"(살후 3:10)고 말했을 때 어쩌면 이런 사람들을 염두에 두고 한 말이 아닐까 추측한다(이에 관해서는 나중에 더 논의하게 될 것이다).

물론 엘리트 계층이 모두 게으르지는 않았다. 제국의 도시에서 법률가로 일하거나 선출직 관리로 행정 업무를 하는 이들도 많았다. 그런 사람들 중 유베날리스, 세네카, 대 플리니우스 같은 이들은 철학자로서 집필도 하면서 그런 역할을 했다. 하지만 이들은 이런 일에 관해 아무런 보수도 받지 않았다. 그런 신분을 지닌 사람에게 합당하게 이들은 무보수로 봉직했다. 사실 선출직 관리로 일하려면 그 직무를 이행하기 위해 재량껏 돈을 쓸 수 있을 만큼 재산이 많아야 했다.

예를 들어, 한 도시의 곡물 배급 감독직에 있는 사람은 주민들의 수요를 충족시킬 수 있을 만큼의 곡물을 도시로 들여올 책임이 있었으며, 곡물이 부족할 때나 가격이 오를 때도 예외가 아니었다. 그래서 때때로 자기 돈을 들여 외국에서 대량의 곡물을 구매해 와서 자신이 책임지고 있는 도시에서 저렴한 가격으로 팔아야 할 때도 있었다. 아우구스투스 황제가 직접 이런 본을 보였다. 기원전 22년 아우구스투스는 로마시를 위해 그런 역할을 한 뒤 '레스 게스타이'(*Res Gestae*, 자신의 업적 보고서)에서 "나의 돈을 들여 나의 수고로 [곡물 부족 사태에 대한] 불안과 당면한 위험에서 온 도시를 구했다"고 증언했다. 이보다 규모는 작더라도 이런 보고서는 제국 전역의 도시에서 찾아볼 수 있다.

긴 하루가 밝아오다

하지만 대다수 사람은 일을 해야 했으며, 그렇지 않으면 먹고 살 수 없었을 것이다. 지역에 따라 비율이 다르기는 했지만 제국 전체 인구의 약 1/5은 노예였고, 노예는 오로지 일을 시킬 목적으로 주인이 전적으로 소유했다. 그래서 많은 역사가는 로마의 경제를 노예 경제라고 일컫는다.

그리고 농촌 노동력 상당 부분을 노예들이 차지한 것도 틀림없는 사실이다. 죄수들을 사슬로 묶어 이탈리아 로마의 넓은 사유지로 보내 일하게 했다는 많은 고고학적 증거가 있는데, 이 죄수들은 포로로 잡힌 적군이나 이런저런 죄를 지은 중죄인으로, 사슬을 차고 노동을 하는 것이 이들이 받는 징벌이었다.

노예들이 도시 노동력을 구성하는 중요한 부분이기는 했지만, 분주한 거리에서 노동을 제공하고 생계비를 벌고자 하는 자유민들이 훨씬 더 많았다.

대다수 노동자에게 하루 일은 해 뜨기 전에 시작되어 땅거미가 지고도 한참 후까지 이어졌다. 엘리트 계층 집의 노예들은 밖이 아직 어둑어둑할 때 일어나 불을 지피고, 물을 긷고, 마당과 외부 사람들이 드나드는 공간을 청소하고, 음식 준비를 시작하고(아침 식사용 빵을 굽거나 사러 나가는 등), 현관문을 열고 가장 먼저 찾아오는 피후견인을 맞았다(이를 가리켜 '살루타티오'[salutatio]라고 하며, 이에 관해서는 다음 장에서 살펴보겠다). 집안 노예들은 주인 가족을 위해 음식을 만들어 식사 시중을 들고, 이들이 옷 입는 것을 돕고, 심부름하고, 세탁하며, 주인 가족을 가마에 태워 이동하고, 손님을 맞이하고, 손님이 가고 나면 청소를 하고, 그 밖에도 헤아릴 수 없이 많은 일을 하며 온종일 주인 가족의 필요를 채워 주었을 것이다. 아주 부유한 집에는 이런 일을 하는 노예가 엄청나게 많았다.

하루 벌어 하루 먹고 살기

비교적 소박하게 사는 집안도 아침 일찍부터 움직였다. 어쩌면 노예를 한두 명 정도 거느렸을 수도 있는 이런 집은 날이 밝을 무렵부터 하루 일을 준비하면서 가업에 종사하는 자유민 가구였을 것이다. 이들은 먼저 아침 식사를 준비하면서 주방에 불을 지폈을 것이다. 만약 그 집에 목수나 가구상, 도예가, 화가, 조각상 만드는 사람, 보석가공인, 금속장인, 천막 만드는 사람 등과 같은 장인이 거주했다면 집안 작업장은 그날의 작업을 위해 준비되어야 했다. 수공업자 중에는 일하는 곳에서 잠을 자는 이들도 있었으며, 그래서 침구를 치우고 작업 도구를 펼쳐 놓고 그날 작업을 준비했을 것이다. 아침 식사는 직접 만들어 먹거나 동네 포피나에서 사 왔을 것이다.

하루 일이 끝날 무렵, 해가 진다는 것은 이제 변변한 조명도 없는(기름 램프는 작업장 조명으로는 적절치 않았다) 작업장이 너무 어두워 일을 제대로 할 수 없다는 의미였으며, 그래서 이런 수공업자들은 이제 작업 도구를 정리하고, 온종일 만든 물건들을 고객에게 배달하거나, 심부름꾼(자녀나 노예)을 보내 다음 날 일거리를 주문받아오게 했을 것이다.

한편, 엘리트 계층 가정에서는 트리니클리움에서 만찬이 한창 진행 중이었다. 만찬은 오후 중에 식사 모임으로 시작되어 네다섯 시간가량 계속되다가 여흥 시간으로 이어졌다. 그런 여흥 시간에는 아마 떠돌이 음악가, 무용수, 마술사 등을 한두 시간 정도 고용하여 식후 오락을 즐겼을 것이다. 어쩌면 음란한 공연을 즐겼을 수도 있다. 만찬이 진행되는 순서에 따라 밤이 이슥할 때까지 노예들이 음식과 포도주를 들고 오갔을 것이다. 만찬을 마친 손님들은 저마다 주인과 여주인을 호위하려고 횃불과 몽둥이를(종종 가마까지) 들고 온 사람들(대개는 노예나 충성스러운 해방 노예)을 만나 시내를 가로질러 집으로 돌아갔다.

나를 위해 기도를 좀 해주시오

신전과 제단은 온종일 예배자들에게 공개되어 있었다. 8장에서 설명하겠지만, 종교는 제국의 도시들 어디에나 산재해 있었다. 사제로 고용되어 제사를 집례하고 예배하러 오는 사람들에게서 제물을 받는 사람들도 있었다. 사제로 고용된다는 것은 흔히 의례를 집행하고 그 대가로 식사와 잠자리를 제공받는다는 의미였다. 이들은 도시의 고위 종교 지도자 역할을 맡은 엘리트 집안 구성원들을 보조하는 역할을 했다.

신전은 온갖 점술가, 예언자, 점쟁이들의 본거지이기도 했으며, 미래를 알고 싶어 하는 사람들, 거래나 여행을 앞두고 길조가 있다고 확신을 구하는 사람들, 경쟁자나 자신을 차버린 연인에게 저주를 기원하는 사람들이 이들에게 점을 치고 값을 치렀다. 어떤 점쟁이들은 이 술집에서 저 술집으로 부지런히 돌아다니면서, 신전 붙박이 점쟁이들보다 싼 값으로 점을 쳐주었다.

근력으로 고용되는 사람들

로마 제국 도시의 노동자들 중에는 글을 읽고 쓸 수 있어서 부잣집이나 사업체에서 사무원, 서기, 심지어 교사로 일하는 등 다양한 방면에 기술을 가진 이들이 있었던 한편, 대다수 사람은 잠재적 고용주에게 오직 근력만을 제공할 수 있을 뿐이었다.

하지만 이런 사람들에 대한 수요가 상당했다. 1세기 내내 수도뿐만 아니라 제국의 도시 전역에서 건축 붐이 일었다. 그리고 건축 현장에는 무슨 일이든 가리지 않는 수많은 일손이 필요했다. 엄청나게 많은 남자들이 손으로 거대한 건물의 터를 파고, 짐마차와 바지선에서 많은 양의 건축용 모래와 자갈, 벽돌, 대리석, 석재를 현장으로 운반하고, 건물터에서 시멘트와 콘크리트를 섞는 일을 했다. 한 건축 프로젝트에서는 클라우디우스 황제가 칠 년 동안 30,000명의 남자들을 땅 파는 인부로 고용했다.

물론 건축 일이 늘 있지는 않았다. 이런 임시 노동자들은 먹을 것과 잠잘 곳을 구할 수 있을 만큼 임금을 받았겠지만, 날씨가 안 좋거나 일하다 다치거나 특정 건축 공사가 끝나면 어쩔 수 없이 빈둥거려야 하는 경우가 종종 있었다.

오스티아, 보디올, 겐그레아, 그리고 그 외 다른 곳의 부두에서 화물을 내려 짐마차와 바지선에 옮겨 싣고 계속 운송하려면 반드시 육체노동자가 필요했다. 배에서 화물을 내려 나귀가 끄는 짐마차에 옮겨 싣고, 혹은 손으로 직접 들고 최종 목적지까지 가려면 많은 노동력이 필요할 터였다. 하지만 대형 무역선은 늦은 봄부터 초가을까지만 운항했기에 이런 일은 계절을 탔다. 겨울철에는 수많은 부두 노동자와 짐꾼이 허리띠를 졸라매야 했을 것이다.

부두 사정과 달리 도시 안에는 작업장에서 만든 물건에서부터 대저택에 쓸 조각상에 이르기까지, 빵 굽는 집에서 주문한 밀가루에서부터 옷 만드는 집에서 필요한 천에 이르기까지, 하려고만 한다면 물건 나르는 일을 얼마든지 구할 수 있었다. 대체로 운송업은 낮에 근력으로 일하는 육체노동자와 밤에 나귀가 끄는 짐마차로 이루어졌다(혼잡 때문에 낮에는 거리에 짐마차의 통행을 금지하는 도시들이 많았다).

도시의 먹이사슬 맨 아래에는 늘 양동이를 들고 다니며 다른 모든 사람의 뒤처리를 하는 사람이 있어야 했다. 시에서 이런 이들을 고용하기도 했고, 자발적으로 배설물을 모아 근처의 소작농과 채소 재배인에게 거름으로 판매하는 이들도 있었다.

노동자는 일주일 내내 일해야 했다. 로마 제국에서 유대인 외에는 일주일 중 하루를 쉬는 이들이 없었으며, 유대인은 토요일을 전혀 일을 하지 않고 쉬는 안식일로 지켰다. 유대인은 이 점에서 독특했는데, 이 관습은 도시의 가장 가난한 유대인들에게 더 심한 부담이 되었을 것이다. 대다수 노동자는 겨우 하루 벌어 하루 먹고 사는 처지인 만큼, 안식일이라고 일을 하지 않으면 그날 하루는 먹을 게 없었을 테니 말이다.

생업 전선에 나선 여성들

신약성경에 언급된 다수의 인물은 수공업자나 상인으로서, 번잡하고 복잡한 도시 생활에서 몸과 영혼을 차분히 유지하려고 애쓰며 살았다. 루디아는 로마령 소아시아의 두아디라(오늘날의 튀르키예) 출신으로, 자주 장수로 묘사되어 있다. 사도행전 16장 14-15절의 기록에 따르면 바울은 빌립보에서 루디아를 만난다. 루디아는 여러 가지 이유에서 흥미로운 인물인데, 첫째는 남자들의 세상 가운데 있는 여자라는 점이다.

부자 중의 부자가 아닌 한 여자들은 다 일을 해야 했는데, 일반적으로 여자들은 집에서 일했다. 어느 집이든 누군가는 허드렛일을 해야 했는데, 여자들이 바로 이 일을 했다. 그래서 고대 로마 도시에서는 오늘날 세상 사람들과 마찬가지로 여자들이 음식을 만들고, 옷을 짓고 수선하며, 청소하고, 아이들을 돌보는 광경을 볼 수 있었다. 여러 면에서 가정이 곧 로마 시대 여성들이 정체성을 찾아야 하는 곳이었으며, 가장인 남편에게 복속된 존재로서(이에 관해서는 6장에서 살펴보겠다) 아내는 가정 안에서 어느 정도 힘과 자율권을 지녔다.

의류를 만들어 판매하는 것이 주 수입원인 가정에서 여자들은 실을 잣고 옷감을 짜고 바느질을 하고 염색을 해서 옷으로 만드는 과정을 감독하는 중요한 역할을 했다. 여러 면에서 이는 가계를 위해 수입을 창출하는 방식으로 여자들의 집안일이 연장된 것이었을 뿐이다.

여자들의 또 다른 역할로는 산파, 유모, 근처에 사는 엘리트 집안 여성의 개인 시종 등이 있었으며, 이 역시 가정 안에서 자녀를 키우고 가사를 돌보는 일의 연장이었다.

어떤 여성들은 가수와 무용수, 술집 종업원, 기타 예능인으로 생계를 이어갔다. 이런 직업은 극도로 지위가 낮은 직업으로 여겨졌으며, 그래서 이런 일에 종사하는 여성은 돈을 내고, 심지어 돈을 내지 않고 성관계를 해도 되는 여자로 여겨졌다. 실제로,

술집에서 일하는 여성(대개 술집 주인의 노예)들은 간음으로 고소당하는 일을 면할 수 있었다. 이런 여자들에게는 순결을 기대할 수 없다는 전제가 있었기 때문이다.

자산가 여성

하지만 아우구스투스 치세 초부터 장터에 나와 남편과 나란히 일하거나 심지어 자기 책임 아래 다양한 상업 활동을 하는 여성들이 점점 늘어났다.

빌립보의 루디아도 그런 여성이었다. 사도행전 16장에 기록된 누가의 설명을 보면 루디아는 한 집안을 거느린 독신 여성이었던 것이 분명하다. 이는 루디아가 과부이고 남편은 가업을 이끌고 빌립보로 왔다가 사망했다는 의미이거나(1세기에는 드문 일이 아니었다), 아니면 빌립보라는 중요한 교역 도시에 사업 기지를 만들기 위해 집에서 보낸 두아디라 자주 상인의 비혼 딸이었다는 의미다. 전자일 가능성이 더 크다.

의류업은 1세기에 급속한 발전을 누렸다. 의류 수요가 많았고, 질 좋은 의류는 값이 비쌌다. 그래서 의류 제조와 매매에 관여하는 이들은 생계를 넉넉히 꾸려갈 수 있었다. 옷을 만드는 것이 원래 가사에 속하는 일이었기에 많은 여성이 의류 제조업에 종사했다. 실을 뽑고, 직물을 짜고, 바느질하고, 완성된 의상으로 만들어내는 제조 과정이 모두 평범한 가정에서 몇 안 되는 사람들, 대개 노예들을 써서 이뤄졌다.

루디아의 사업은 고가 의류 사업에 중요한 원료를 공급하는 것이었다. 자주 염료 판매업이 수지맞는 장사였던 것은 자주색이 고위층의 의복 색깔이었기 때문이다. 자주 염료 중에서도 가장 질 좋은 염료는 제조와 배급을 황실에서 독점하기도 했다. 하지만 어지간한 품질의 제품만 취급해도 자주 염료 장사는 넉넉히 먹고살 수 있었다.

자주색 옷을 입는 행위는 엄격히 통제되었지만, 제국에서 누구든 주목받고 싶어 하는 사람은 옷차림에 자주색이 살짝 보이게 했던 것이 분명하다. 특히 집안 식당 가구의 경우, 안락의자에 자주색 모포를 걸쳐 놓거나 벽걸이와 커튼을 자주색으로 해서, 눈에 띄고자 하는 그 열망이 만찬 손님에게 각인될 수 있었다.

두아디라는 염색 산업의 중심지였고 특히 질 좋은 자주 염료의 주요 공급지였다. 그곳이 바로 루디아의 출신지였으며, 거기서 루디아는 장사를 배워서 사업체를 세웠거나 혹은 죽은 남편이나 아버지에게서 물려받았을 수도 있다.

루디아가 빌립보에 와서 계속 머물렀는지, 아니면 볼 일이 있거나 특별히 중요한 주문을 감독하기 위해 잠시 있었던 건지, 혹은 빌립보에 왔다가 장사가 될 만한 다른 곳을 찾아 떠났는지는 알 수 없다. 우리가 아는 것은, 바울이 빌립보를 방문한 것을 누가가 사도행전 16장에 기록하고 있는데, 이 방문이 있은 지 몇 년 후 바울이 빌립보 교회에 쓴 편지에는 루디아가 언급되지 않는다는 것이다. 어쩌면 이즈음 루디아가 두아디라로 돌아갔거나 다른 도시로 이동했을 수도 있다. 세상을 떠났을 가능성도 충분히 있을 수 있다. 1세기 사람들의 삶은 불확실하고 짧았기 때문이다.

하지만 바울이 빌립보에 도착했을 당시 루디아는 서너 명의 손님(바울, 디모데, 실라, 그리고 누가 자신: 행 16:15)이 묵어갈 만한 집을 꾸릴 수 있을 만큼 사업을 잘 해내고 있었으며, 이 집은 바울의 설교의 열매로 형성된 작은 교회의 중심이 되었다(행 16:40).

여기서 우리는 자녀와 어쩌면 연로한 부모, 그리고 사업과 관련된 노예 또는 피고용인으로 구성되었을 집안을 이끌고 상인으로 살고 있는 한 독신 여성의 사례를 본다. 하지만 이 여성이 큰 집에 살았다거나 아주 큰 부자였다는 증거는 없다. 이 여성은 아마 일 잘하고, 충분히 안락하게 살며, 사람들에게 환대를 베풀 수 있을 만큼 사업에서 충분한 수익을 내고 있었을 것이다.

장소를 가리지 않는 기술

아굴라와 브리스길라는 수공업자로서, 자신들을 필요로 하는 곳이라면 어디든 기술을 가지고 갈 수 있었다. 이 두 사람은 사도행전 18장 1-3절에서 만날 수 있다. 때는 기원후 50년경, 종교적 의견이 달라 소요가 발생한다는 이유로 클라우디우스 황제가 로마의 유대인 공동체 지도자들을 추방함에 따라 아굴라와 브리스길라도 로마를 떠나야 했다.

앞에서 보았다시피, 로마 역사가 타키투스와 수에토니우스 두 사람 모두 기원후 49년의 이 소요를 크레스투스(Chrestus)라는 자가 선동했다고 말하며, 이 이름은 그리스어 크리스토스(Christos)를 라틴어로 잘못 옮긴 것이 거의 확실하다. 유대인 사회의 이 불화는 예수를 유대인들의 메시아로 믿는 사람들과 그렇지 않은 사람들 사이의 불화였다. 사도행전의 기사를 보면, 바울과 그의 동료들이 설교 때문에 회당에서 자주 곤경에 빠졌던 만큼, 이러한 상황이 벌어질 가능성이 아주 크다는 것을 알 수 있다. 클라우디우스는 양측의 주모자들을 다 추방한 것으로 보이는데, 이때 아굴라와 브리스길라는 로마 기독교 운동의 지도자였다. 추방당한 두 사람은 고린도로 왔고, 이곳에는 아마 이들의 기술에 대한 수요가 있었을 것이다.

이 부부는 천막 만드는 사람들이었다. 성경에서 천막 만드는 사람이라고 번역된 그리스어는 가죽으로 무언가를 만드는 사람을 뜻한다. 천막은 가죽으로 만들었기 때문이다. 그래서 아굴라와 그의 아내는 천막, 더위를 가리는 차양, 가방, 가림막, 군단의 갑옷을 포함한 가죽 의류(군인들의 가죽 갑옷은 아마 군대에 소속된 가죽 노동자가 만들었을 테지만), 심지어 샌들까지(신발 만들기를 전문으로 하는 사람으로 말하자면 신발 장인을 추천했겠지만) 온갖 가죽 제품을 다 만들 수 있었을 것이다.

바울이 두 사람을 만났을 때 이들은 아마 고린도에 점포를 빌려 놓은 상태였을 것이다. 특정한 직종에 있는 사람들이 한 도시의 같은 지역에 모이는 것은 흔한 일이었다. 그래서 고린도에 도착해, 먹고 살며 집세를 낼 돈을 벌어야 했을 때 바울은 가죽 노동자들이 모여서 장사하는 거리를 찾아갔다. 아굴라와 브리스길라를 만난 바울은 이들과 함께 가게를 차렸다.

우리는 이 부부를 신약성경에서 세 곳, 즉 고린도와 에베소 그리고 마침내 로마에서 보게 되는데, 이는 1세기에 그 정도로 이동해 다니는 것은 어쩌면 그다지 진기한 일이 아니었음을 시사한다. 고린도와 에베소는 천막, 차양, 가방, 동물 안장 같은 가죽 제품에 대한 수요가 아주 많은, 북적거리는 도시였다. 게다가 고린도는 2년마다 열리는 이스트미아 경기를 주최하는 곳이어서 이때가 되면 제국 전역에서 선수들이 경기하러 왔고, 선수들뿐만 아니라 경기를 구경하려고 수많은 사람이 몰려들었기에 이들이 머물 천막과 한낮의 더위를 피하게 해줄 차양이 많이 필요했을 것이다.

아굴라와 브리스길라는 이곳저곳을 돌아다닐 수 있었던 것 같은데, 이는 이들이 가난하지 않았음을 암시한다. 또한 어느 곳에 머물든 이들은 신자들의 모임을 반가이 맞아들여 대접했던 것 같다. 바울이 에베소에 머물면서 고린도교회에 편지를 쓸 때, 아굴라와 브리스길라도 자신들의 집에서 교회를 대접했으며(고전 16:19), 바울이 로마에 있는 교회들에 편지를 쓸 때는 이들도 로마로 돌아가 또 다른 신자들 무리를 자기 집에 맞아들였다(롬 16:3-5). 이런 기록을 보면, 소규모 신자들의 모임을 넉넉히 환대할 수 있을 정도의 숙소를 빌릴 수 있을 만큼 재력이 넉넉했던 한 부부의 모습을 볼 수 있다.

선박 권력자

해상 무역은 로마 제국의 생명줄이었다. 1세기로 거슬러 올라가 지중해에서의 난파 사고 숫자를 보면 해상 무역이 얼마나 붐을 이루었는지 확실히 알 수 있다. 선박들은 온갖 화물을 싣고 북아프리카와 그리스, 로마를 잇는 대양을 오고갔으며, 특히 곡물과 그 외 식량을 수도 로마로 실어 날랐다.

선박을 소유하거나, 항해 자금을 대거나, 이 나라에서 저 나라로 상품을 운송하는 것을 관리하는 등 많은 사람이 이 사업으로 생계를 넉넉히 꾸려갔다. 현금을 보유한 사람들은 조합을 결성해서 특정한 운송 자금을 대고, 제국의 먼 변방에서 로마로 생필품과 사치품을 실어온 뒤 여기서 얻는 수익을 나누어 가졌다. 물론 선박이 침몰하거나 해적의 손에 들어가면 모든 걸 다 잃는 것이기에 이들은 위험도 나눠 가졌다. 이런 이유로, 해상 운송 자금을 대는 데서 나오는 이득은 상당했다.

로마로 들어가야 할 곡물, 올리브 기름, 포도주의 연간 수요량을 실어 나르려면 1,700척의 선박이 필요했을 것이다. 봄부터 가을까지의 항해 시즌에 그 외의 물품을 교역하는 데는 선박이 그보다 두 배는 되어야 했다. 이렇게 많은 선박을 운항하려면 수천 명의 선원은 말할 것도 없고 선주도 많았으며, 대형 갤리선에서는 노예를 쓰는 것도 허용되었다.

이 교역에서 중요한 기항지 한 곳이 고린도였다. 아드리아해의 레카이움항과 에게해의 겐그레아항 두 항구가 있는데다가 고린도 땅 자체가 제국을 동에서 서로 가로지르는 교역로 상에 위치했다는 점 덕분에 고린도는 상업의 중심축이 되었다.

고린도의 항구 도시 겐그레아 출신 뵈뵈도 이 사업에 관여했을 수 있다. 뵈뵈가 바울의 편지를 로마로 가지고 갔고, 어쩌면 편지 내용을 설명해 주었을 수도 있다는 사실은 뵈뵈가 아무 제약 없이 이동해 다닐 수 있었음을 시사한다.

뵈뵈가 겐그레아를 근거지로 교회를 후원했다는 것은 뵈뵈가 해상 무역을 통해 부를 쌓았으리라는 점을 시사한다. 뵈뵈가 로마 제국 최고 부유층에 속하지는 않았겠지만, 바울이 뵈뵈를 바울 자신을 포함해 많은 사람의 후원자로 묘사한다는 사실은 뵈뵈에게 상당한 잉여 소득이 있었으며 아마도 바울보다 사회적 신분이 더 높았을 수도 있다는 점을 암시한다(이것이 무슨 의미인지는 5장에서 살펴보겠다).

연장을 들고 어디든 가다

그리고 이제 바울이 있었다. 우리는 바울을 오늘날의 목회자나 선교사 같은 직업 종교인, 전임 사역자로 생각하는 경향이 있다. 하지만 그렇지 않았다. 친구 아굴라와 브리스길라처럼 바울도 천막 만드는 사람, 혹은 가죽 노동자였다. 그리고 이 부부처럼 바울도 스스로 일해서 먹고 살았다.

사도행전의 기록에 따르면 바울은 고린도와 데살로니가에서 일했으며, 이렇게 일을 하는 것이 바울의 관행이었음을 의심할 이유가 전혀 없다. 그러므로 바울은 어디를 가든 일할 수 있는 작업장을 찾아내고 물건을 만들어 생계를 이어나갔다.

하지만 바울 정도의 사회적 위치에 있는 사람이 이런 식으로 살아간다는 것은 약간 유별나기는 했다. 바울은 자신이 제국 전역의 여러 도시에 세운 교회로부터 후원을 받음으로써 생계를 해결할 수도 있었다. 바울은 고린도전서 9장에서 이에 관해 충분히 이야기한 뒤 자신은 후원을 받지 않기로 했다고 강조한다. 일부 순회 철학자들은(당대의 많은 사람이 바울도 이런 부류일 것으로 생각했다) 어떤 도시를 찾아가든 그곳 부유한 집안의 후원을 받아 생활했다.

더 중요한 점은, 앞 장에서 살펴보았다시피 사회적 엘리트 계층은 육체노동을 천시했고, 그래서 그런 일에 종사하는 사람이 가르치는 새로운 종교에는 그다지 구미가 당기지 않았으리라는 것이다. 바울은 이를 인식하고 있었으며, 어떤 이들은 일을 해서 생계를 이어가야 한다는 사실을 바울이 약간 유감스러워 했다고 암시했다. 그러나 고린도에는 바울에게 언제라도 재정 후원을 하고자 하는 가정들이 있었다는 것을 고린도전·후서에서 분명히 알 수 있는데, 그럼에도 바울이 천막을 만들어 생계를 해결하기로 했다는 사실은 그가 육체노동을 단순히 어떤 목적에 이르는 수단으로만 여기지 않았음을 시사한다.

일하기와 먹기

위의 소제목을 보면 데살로니가후서 3장 10절을 다시 떠올리게 된다. 로마 제국의 대다수 사람에게 이 금언은 너무도 자명한 이치였다. 음식을 먹으려면 하루 일을 하고 그에 따르는 대가를 받는 것이 필수적이었다. 그러나 앞으로 5장에서 보게 되다시피, 바울은 부유한 후원자의 피후견인으로 살아가는 방식을 결코 교묘히 빈정대지 않는다. 바울의 이상은, 일할 수 있는 사람은 모두 일하고, 그래서 정말로 도움이 필요한 이들에게 자선을 베푸는 사람이 되는 것이었다. 그것이 바로 바울이 열심히 육체노동을 하면서 사는 자신의 삶을 자신이 세운 교회 사람들이 따라야 할 모범으로 제시하는 이유이다.

노예의 삶

기독교회가 태어날 당시 로마 제국에 노예가 얼마나 되었는지 확실한 숫자를 알기는 어렵다. 총인구 6,000만 명 중 노예는 어림잡아 1,000만 명에서 1,200만 명, 혹은 전체의 16퍼센트에서 20퍼센트 사이였을 거라고 추산하는 게 최선이다. 이는 거리에서 만나는 사람 대여섯 명 중 한 명은 노예였으리라는 의미다.

물론 노예 인구가 제국 전역에 고루 퍼져 있지는 않았다. 이집트는 노예 인구 비율이 아주 낮았던 반면 로마의 노예 인구는 아마 전체 주민의 1/3을 차지해서, 인구 백만 명당 35만 명이 노예였다.

노예의 운명이 행복한 운명이 아니었다는 것은 말할 필요도 없다. 노예는 주인의 소유물로서, 여러 도구 중 하나로 취급되었다. 실제로 로마의 학자 바로(Varro)는 농사에 관한 보고서에서 쟁기를 "말 못 하는 농기구"로, 노예는 "말할 줄 아는 농기구"로 언급했다.

일반적으로 말해서, 시골 지역 노예들의 삶은 도시 지역 노예들이 마주하는 삶보다 상당히 더 모질었다. 이들은 종종 쇠사슬로 함께 엮인 채 혹독한 노동에 시달렸고, 밤이면 흔히 수갑이 채워진 상태로 감옥보다 나을 것 없는 건물에서 지냈다. 이런 노예들 다수는 로마의 잦은 정복 전쟁에서 포로로 잡힌 사람들이거나, 도망쳤다가 잡혀 주인에게 징벌을 받는 도시 노예들이었다. 남녀의 접촉이 별로 없었으므로 이 시골 지역에서 태어난 노예는 거의 없었다.

도시에서는 어떤 집의 노예인지, 그리고 어느 수준의 기술을 가졌는지에 따라 노예들의 삶이 천차만별이었다. 글을 읽고 쓰는 수준이 높은 노예는 교사, 점원, 회계원 직종에 투입되어 주인을 대신해 책임 있는 일을 할 수 있었다. 제국의 행정 업무는 상당 부분 노예들의 손에서 이루어졌다. 로마 전역의 가정과 제국 전체에 흩어진 여러 식민지에서 수백 명의 노예가 다양한 사무직종에서 일했을 것이다.

로마서 16장 10-11절에서 언급되는 아리스도불로와 나깃수의 집이 바로 그런 곳이었을 것이 거의 확실하다. 각자의 주인이 죽자 두 사람 모두 황실로 끌려갔다. 바울이 하는 말로 볼 때 두 사람 모두 예수를 따르는 이들이었고, 다양한 능력을 갖추고 황실 행정직에서 일한 것이 분명하다.

아테네

1세기 무렵의 아테네는 황금기가 지난 도시였다. 아테네는 한 중요한 제국의 중심이었던 곳이다. 하지만 이 무렵엔 쇠해가고 있었다. 인구는 약 75,000명으로 줄어들었고, 아우구스투스가 권력을 잡게 된 내전에서 패자 편에 섰던 탓에 정치적 변방이 되고 말았다. 그러나 여전히 아테네는 세련된 문화의 중심으로 여겨졌다. 엘리트 계층 로마인들은 어릴 때부터 그리스어를 배웠으며, 대개 그리스어를 할 줄 아는 유모에게서 배웠다. 이들은 그리스식(Greek way)을 심히 좋아했고, 제국의 입장에서 유럽 대 일주에 해당하는 아테네 여행을 통해 호메로스와 플라톤, 아리스토텔레스와 고전 드라마에 흠뻑 빠졌다.

알렉산드로스 제국은 이제 로마의 지배를 받는 세상에 그리스 문화와 언어를 전했었다. 이것이 바로 초기 그리스도인들이 그리스어로 글을 쓴 이유다. 그리스어는 제국의 동쪽 끝에 사는 대다수 시민이 학교, 장터, 법정, 그리고 정치 권력의 중심에서 일상적으로 쓰는 언어였다.

또한 아테네는 여전히 학문의 중심이었다. 아테네는 인생의 깊은 문제들에 대한 해답을 찾는 학도들과 사람들을 끌어당기는 철학 학파와 수사학이 있는 대학 도시였다. 또한 여러 신으로 가득한 도시이기도 했다. 권력의 정점에 있던 시절 아테네는 그리스인들이 누구와 무엇을 공식적으로 예배할 수 있는지에 관해 결정이 내려지는 곳이었다. 아테네에는 심지어 신들의 주장을 심사할 책임을 지는 심의회도 있었다. 이 회의는 아레오파고스(아레오바고)라는 이름으로 알려져 있었으며, 우리는 이 심의회를 사도행전 17장에서 만나게 되는데, 사도 바울이 이 아레오파고스 앞에서 자신을 변론하게 된다.

기원후 50년경 바울이 아테네에 도착했을 때, 다수의 새로운 신이 새 주인인 로마인들의 토가에 매달려서 들어와 있었다. 이 시대에 가장 빠르게 성장한 종교인 황제 숭배는 몇몇 주요 도시 건물의 건축 양식을 바꿔 놓을 정도로 위력이 있었다. 특히 그리스 모든 신의 우두머리인 제우스의 주랑 현관은 황실과 여신 로마(Roma)의 신전과 조화되도록 다시 설계되었다.

아레오파고스는 이 도시의 유명한 랜드마크인 판테온과 아크로폴리스 맞은편 마르스 힐(Mars Hill)에서 모였다. 전성기의 아레오파고스는 강력한 모임이었다. 철학자 소크라테스도 이 아레오파고스 앞에 나와 자신이 왜 낯선 신들을 이 도시에 소개하려고 하는지 설명해야 했다. 그 시절 아레오파고스는 살리기도 하고 죽이기도 하는 권세가 있었다.

사도행전 17장 16-34을 보면, 바울이 아레오파고스 앞에 나와 변론을 하게 된 것은 바울이 장터에서 연설하는 것을 어떤 철학자들이 듣고 그가 이 도시에 이방 신들을 전하려 한다고 생각했기 때문이다. 사실이 그렇다면 바울은 아레오파고스의 허가를 받아야 했다.

실제로 바울은 청중을 향해 말했다. 자신은 이방 신을 소개하는 것이 전혀 아니라고 말이다. 그보다 바울은 이 도시 사람들이 이름도 모르면서 오랜 세월 섬겨 온 한 신에게 초점을 맞추었다. 바울은 알지 못하는 신에게 바쳐진 제단을 보았다고 말했고(아마 한 신상이 복원되었는데 그게 원래 어떤 신을 기리는 상이었는지를 알려 주는 이름은 유실되었을 것이다), 이 신이 자신의 사자(messenger) 예수를 통해 자신을 알렸으며, 이 예수께서 죽은 자 가운데서 다시 살아나셨고 언젠가 세상을 심판하실 것이라고 말했다.

자유를 사다

사람들은 갖가지 이유로 노예가 되었고 대부분은 가능한 한 빨리 자유를 찾고 싶어 했다. 로마의 노예제도는 아주 유연했다. 일을 열심히 하고 고분고분한 노예는 일정 기간이 지나면 자유를 찾을 수 있었다.

자유를 찾는 한 가지 방법은, 주인이 자신을 살 때 치른 금액, 혹은 자신을 노예 시장에 내다 팔 경우 받을 수 있는 금액이 될 때까지 노예 수당 '페쿨리움'(peculium)을 모아 두는 것이었다. 노예가 페쿨리움을 받는 것은 전적으로 주인이나 여주인의 변덕에 달린 일이었다(그것도 대개는 남자 노예에게만 주었지만). 수당은 노예의 힘을 빌려서 만들었거나 시장에 내다 판 상품의 값어치에 대한 아주 소액의 수수료였을 수도 있고, 노예가 집안사람 말고 외부인에게 제공한 서비스, 예를 들어 그 집안에서 노예를 교사로 두고 모종의 교육 시설을 운영하고서 받은 수업료에 대한 소액의 급료였을 수도 있다.

이런 급료는 처신을 잘하고 열심히 일하라고 노예에게 주는 격려금 역할을 했다. 어떤 의미에서 이는 노동 생산성을 높이기 위한 장려금이었다. 급료를 받는 노예는 어떤 말썽도 일으키지 않고 착실하게 일하고, 그리하여 주인에게 자신의 가치를 최대로 높일 가능성이 컸다.

또한 이는 엘리트 집안 사람들이 반역하는 노예들에게 잠자리에서 몰살당할 수도 있다는 두려움을 줄이는 데도 도움이 되었다. 도시의 소수 부유한 지배층에 비해 노예들의 숫자는 엄청났고, 이들은 로마에 대항해 반역을 일으킨 노예 스파르타쿠스 이야기를 다 알고 있었다. 그래서 적으나마 급료를 주면 노예들이 자유를 손에 넣으려 반역하기보다는 자유를 위해 일을 열심히 할 것이라고 생각했다.

하지만 불순종이나 무능력, 게으름이나 도망질에 대한 처벌은 가혹했다. 만찬 때 음식을 나르다가 유리그릇을 떨어뜨린다거나 하는 비교적 사소한 잘못에도 노예들은 그 자리에서 죽임당할 수 있었다. 노예들은 주인이 소유한 시골의 사유지로 추방당한 뒤 그곳에서 모진 대접을 받을 수도 있었다.

엘리트 계층 집안은 대개 노예 규모가 엄청났다. 2세기 초 본도와 비두니아 총독이었던 소 플리니우스의 사유지와 도시의 빌라에서 일하는 노예는 4,116명에 달했다. 이런 면에서 소 플리니우스는 유별난 예가 아니었다. 다만 그는 노예들을 전반적으로 아주 잘 대해 주기로 유명했다.

교회로서의 일터

일터는 선교를 위한 자연스러운 출발점이었다. 데살로니가 교회는 이에 관한 좋은 사례로 보인다. 데살로니가 교회는 단일한 회중이었고, 가정에서 모인 것 같지는 않다. 실제로 이 교회가 자발적 조합(voluntary association)처럼 기능했고(5장을 보라) 신자들의 일터이기도 하고 일부 신자들에게는 주거지이기도 했던 곳에 기반을 두고 있었다는 확실한 증거가 있다.

이에 대한 증거는 바울이 기원후 52년이나 53년, 데살로니가에 교회를 세우고 그곳을 떠나온 지 얼마 안 되어 한 달에서 6주 동안 보낸 두 통의 편지에서 이 신생 교회를 향해 했던 말에서 찾아볼 수 있다.

사도행전은 바울이 야손과 함께 머물렀다고 말하는데(17:5하), 야손은 아마 바울과 같은 직종에 종사하는 사람이었을 것이다. 바울은 야손의 작업장에서 일하면서 일꾼들과 손님들에게 말씀을 전했다. 바울이 말씀을 전하자 이 새 동료 몇 사람이 믿었다. 바울은 "밤낮으로"(살전 2:9) 이 작업장에 있었다고 말하는데, 추측건대 이들이 일하는 곳에서 먹고 잤기 때문인 것 같다. 그러므로 이들은 모종의 교감을 나눌 기회가 많았을 것이고, 이런 기회를 빌려 바울은 기독교 신앙에 관해 이야기해 줄 수 있었을 것이다.

바울이 이런 방식으로 교회를 세웠다고 하면, 그가 자기 자신을 아버지(2:11) 같다고 한 말이 설명된다. 즉, 이는 주인 없는 이 사람들이 바울 일행에 의해 즉석에서 "가족"이 되었음을 시사한다.

바울이 떠나면 그가 남기고 간 신자들이 일터에서 자발적 조합을 형성했고, 모임을 이끌 사람도 자신들 가운데서 뽑았다. 이것이 바로 바울의 통상적 관행이었다. 이 신생 기독교 공동체의 지도자에 관해서는 데살로니가전서에서 단 한 번 언급되는데, 매우 모호하고 여러 가지 해석이 가능하다(5:12-14).

우리의 관점에서 흥미로운 점은 바울이 이 모임을 교회로 묘사한다는 것이다. 바울은 언제 어디서든 일단의 그리스도인들이 기독교 신앙 안에서 함께 모여 서로를 지지하고 양육하면 바로 거기서 교회가 생겨난다고 보는 것 같다.

그렇게 보면 한 가지 흥미로운 의문이 제기된다. 이 모임은 언제 교회로 모였는가? 아마 이들은 일주일의 첫날 모였겠지만, 이를 증명해 줄 만한 소중하고 작은 증거가 있다. 사도행전(20:7)에서는 이들이 일요일에 모였다고 단 한 번 언급하지만, 그것이 통상적이고 규칙적인 관행이었는지는 확신할 수 없다(고전 16:2도 보라, 비록 이것이 모임이 아니라 단독 행위를 암시하기는 하지만).

어쨌든, 앞에서 살펴본 것처럼 누구에게도 쉬는 날은 없었고, 그래서 일요일도 그저 정상적으로 일하는 날이었다. 일용 노동자들, 즉 교대 근무로 한 데나리온을 버는 이들은 할 수 있는 한 매일 일해야 했다. 그래서 교회는 모일 수 있는 날 모였을 가능성이 커 보인다. 아마 하루 일을 시작하기 전이나 마친 후, 이른 아침이나 저녁 늦게 식사를 하면서 모였을 것이다. 바울은 어느 한 날이 다른 날보다 더 중요하다고 생각하지 않은 듯하다. 그래서 골로새 교인들에게도 누구든 이와 달리 말하는 사람은 믿지 말라고 말한다(골 2:16-17). 모일 때 이들은 함께 식사하고, 자신들의 새 신앙에 관해 더 많은 것을 학습했을 것이다(그리스도인들의 모임에 관한 더 깊이 있는 연구를 위해서는 6장을 보라).

바울의 관점에서 일터와 관련해 핵심적인 것은 일터가 사람들을 만나 복음을 전할 기회를 제공한다는 것이었다. 가정이 초기 교회의 성장에 결정적 역할을 했다는 점은 나중에 살펴보겠다. 하지만 일터 역시 그런 역할을 했다. 실제로 데살로니가에서는 일터가 곧 이들이 모이는 가정이기도 했다.

바울이 사람들을 만난 것은 일을 통해서였다. 고객들이 천막을 주문하려고 바울의 작업장으로 왔을 것이고, 바울은 주문받은 차양의 치수를 재거나 완성된 물건을 전해 주기 위해 주문자의 집을 찾아갈 수 있었다. 작업대를 사이에 두고 고객과 바울 사이에 대화가 오가고, 천막을 산 고객이 자기 집에 와서 함께 식사나 한번 하자고 바울을 초대하는 광경을 상상해 볼 수 있다. 그렇게 해서 고객은 곧 그리스도인이 되어갔고, 바울의 작업장 주변 거리에서 작은 교회들이 형성되어 갔다.

계산은 내 앞으로

노예가 도망치면 주인은 돌아오라고 적힌 표지판을 세워 놓곤 했다. 오늘날 사람들이 자기가 키우던 동물이 사라지면 이를 찾는 표지판을 세워 놓는 것처럼 말이다. 주인에게 잡힌 노예는 도둑질 죄로 벌을 받았다. 주인에게서 도망침으로써 자기 노동의 가치를 주인에게서 빼앗았기 때문이다.

바울이 기원후 50년대 말 오네시모라는 노예와 관련해 그의 주인 빌레몬에게 보내는 편지에서 한 말은 위의 사실에 착안한 것일지도 모른다. 바울은 오네시모가 무언가 빚진 것이 있으면 그 빚을 자기 앞으로 돌리라고 친구 빌레몬에게 말한다(몬 18절). 바울의 처지에서 이는 아주 과감한 제안이다. 오네시모가 도망쳐 나온 지 여러 날 되었다면 그 며칠간 노동의 값어치는 데나리온으로 꽤 큰 액수였을 것이기 때문이다(한 데나리온이 보통 일용 노동자의 하루 품삯이었다).

물론 바울은 빌레몬이 정말 빚을 받으러 올 것이라 예상하지는 않는다. 그보다 바울은 오네시모가 그리스도인이 되었고 그래서 이제는 빌레몬의 "형제"이므로 이 노예에게 벌이 아니라 자유를 주는 걸 고려해야 한다고 점잖게 지적하고 있는 것 같다. 이는 대담한 요청이고 로마의 관행에 반하는 것으로, 절차상 불법일 수도 있었다.

하지만 바울은 그런 요청을 하고 있으며, 전승에 따르면 빌레몬이 바울의 요청에 응했다고 한다. 오네시모가 나중에 1세기 교회의 지도자가 되었고 바울의 편지를 안전하게 보관하기 위해 편지 모음집을 만든 첫 사람들 중 하나가 되었기 때문이다. 이것이 사실이라면 오네시모는 "유익하다"라는 뜻을 지닌 자기 이름에 정말로 걸맞은 삶을 살았다고 할 수 있다.

오네시모는 도망친 것이 아니라 바울이 옥에 갇혀 있는 동안 그에게 도움이 되라고 빌레몬이 보냈을 가능성도 있다. 오네시모가 그렇게 유익한 사람임이 바울에게 입증되었고 바울은 자신이 곧 풀려날 것이라고 확신했기에, 오네시모를 노예 신분에서 풀어 놓아 주어서 자신의 순회 전도팀에 합류할 수 있게 해주기를 빌레몬에게 요청한다는 것이다.

이런 이해를 바탕으로 하면 빌레몬서 18절은, 오네시모가 그간 쌓아둔 페쿨리움이 있다면 이를 그가 이용할 수 있게 해주어야 한다고 빌레몬에게 요청하는 말이 된다. 그렇게 되면 여기서 말하는 잘못은 오네시모가 빌레몬을 예상보다 오래 떠나 있었음을 넌지시 가리키는 것일 수 있다. 결국 바울의 말은 이것이 그 노예의 잘못 못지않게 바울 자신의 잘못이기도 하다는 뜻이다.

빌레몬서가 정확히 어떤 정황에서 기록되었든, 빌레몬이 오네시모를 노예 신분에서 풀어 주고 그리스도 안에서 형제로 받아 주었으면 하는 것이 바울의 간절한 소원이라는 것만은 분명하다.

4장

빵과 서커스

로마 제국의 도시 사람들은 일하지 않을 때는 먹거나 놀거나, 혹은 두 가지를 다 했다. 이들은 '콜레기아'(*collegia*)라고 하는 모임, 혹은 같은 직종에 종사하거나 철학적 성향이 같은 사람들끼리 모이는 단체에서 서로 어울려서 먹거나 놀았다. 이런 활동에는 종교적 정취가 다분해서 신전에서 모이기도 했고, 어떤 신에게 음식을 바치고 그 신의 이름으로 그 음식을 먹는 일에 초점을 맞추기도 했다.

대다수 사람이 매일 먹는 음식은 곡물, 묽은 죽, 물, 값싼 포도주 등 아주 기본적이고 보잘것없었으며 여기에 이따금 채소, 생선, 그리고 아주 드물게 육류가 추가되었다. 때때로 콜레기아에서 진짜 연회다운 연회를 제공하기도 했고 이들은 1년 내내 여러 가지 오락을 즐길 수 있었는데, 대개는 그 도시의 부유한 주민이 공짜로 베푸는 것들이었다.

로마 엘리트들은 눈이 휘둥그레질 만한 별미를 즐겼다. 즐겨 먹던 것 중에는 속을 채운 겨울잠쥐(dormouse)가 있었고, 다진 고기에 향신료를 넣어 채운 어린 양의 자궁도 있었다. 어떤 이들은 암퇘지 젖통(젖이 나오는 부분) 요리까지 내놓기도 했는데, 돼지고기는 유대 지역을 제외한 제국 전역에서 매우 인기 있는 고기였다. 그러나 부유한 사람들의 집에서도 일상적인 음식은 대체로 평범한 수준에 불과했다.

일용할 양식

아침 식사로는 대다수 로마인이 빵을 먹었다. 가난한 사람 중에서도 더 가난한 이들은 싸구려 곡물이나 렌틸콩(렌즈콩, 오늘날 여러 아시아 국가에서 먹는 달[dahl]콩 비슷한)으로 만든 묽은 죽을 먹었을 것이다. 비교적 부유한 집안에서도 아침 식사는 그다지 중시하지 않아서 대부분은 빵과 견과류 정도를 먹었고 여기에 약간의 치즈를 곁들였을 수 있다.

부유한 집에서는 점심 식사도 가볍게 했다. 주 식사는 오후 늦게 시작되어 저녁때까지 이어지는 만찬 때 하는 경향이 있었기 때문이다. 온종일 일해야 그나마 먹고살 수 있었던 대다수 수공업자와 그 외 사람들에게 점심 식사는 아침에 남은 음식을 서둘러 먹어치우는 것에 지나지 않았고, 그나마도 못 먹는 이들이 많았을 것이다.

가난한 사람들과 그저 그런 형편의 사람들이 집에서 준비해서 먹는 음식은 찬 음식이었을 것이다. 인술라에 살거나 작업장 위층에 사는 사람들은 대개 집에서 음식을 만들 수 있는 도구가 없었다. 그래서 집에서는 빵, 치즈, 가루 반죽으로 만든 과자, 견과류, 말린 과일, 그리고 생채소 정도를 준비해 두었다가 소비했을 것이다. 뜨거운 음식이라고는 채소와 렌틸콩 혹은 곡물로 만든 스튜와 어쩌면 생선 스튜가 대부분이었을 텐데, 이런 음식은 동네 선술집이나 식당에서 사서 그곳에서 먹거나 아니면 집으로 가져와서 식구들과 나눠 먹었을 것이다. 이렇게 하는 것이 집에서 음식을 만들기 위해 화덕이나 화로 연료를 사는 것보다 저렴하고 훨씬 덜 위험했다.

음식과 포도주를 마주하고 나누는 대화

신약성경을 많이 읽어 들어가지 않아도 곧 식사 장면을 만날 수 있다. 예수께서는 친구와 적 가리지 않고 자주 어울려 음식을 먹는 모습으로 그려지며, 초기 교회의 삶을 요약적으로 진술하는 말에는 서로의 집에서 빵을 떼고 함께 먹는 광경이 자주 언급된다.

모여서 음식 먹기는 제국의 도시 곳곳에서 볼 수 있는 평범한 광경이었다. 하루 일을 마치고 친구들과 모여 그날 있었던 일 이야기를 나누면서 함께 먹고 마시는 것보다 더 유쾌한 게 무엇이겠는가? 게다가 방식도 여러 가지였다. 가장 분명한 방식은 하루 끝에 선술집에서 모이는 것이었다. 폼페이 유적 발굴 과정에서는 사람들이 마시고, 먹고, 주사위 놀이하는 광경이 벽에 그려져 있는 술집 등 아마도 위와 같은 모임이 있었을 의미 있는 장소들이 다수 발견되었다.

그리고 함께 발견된 음식 가격 목록을 보면, 이렇게 먹고 마시고 노는 게 사치스러운 오락이 아니었던 것으로 보인다. 값싼 포도주는 1/4 세스테르티우스(sestertius, 1세스테르티우스는 노동자의 하루치 평균 임금인 1데나리온의 1/4 가치였다)면 살 수 있었을 것이고, 기본 스튜 한 접시도 비슷한 가격이었을 것이다.

그런 술집은 사람들이 일과를 마치고 쉬면서 먹고 마시고 친구를 만나는 곳이었음이 분명하다. 벽화에 등장하는 횟수로 판단해 볼 때 푼돈을 걸고 하는 주사위 놀이도 자주 즐기는 오락이었을 것이다.

조합

하지만 사람들이, 그것도 아주 평범한 노동 계층 사람들이 공식적으로 만나 음식을 함께 먹는 방식이 있었다. 그것은 콜레기아 또는 조합을 통해 이루어졌다. 이에 관해서는 제국 곳곳에서 발견되는 돌에 새겨진 명문을 통해 많은 것을 알 수 있다. 이 명문들은 도시마다 그런 모임이 있었다고 말해 주며, 이 모임을 관리하는 준칙에 관해 상세히 말해 주는 명문들이 많다.

조합은 공통의 이해를 가진 사람들의 클럽(또는 동호회)이었다. 대부분 일과 관련되었거나 특정 종교에 부속된 모임이었다. 조합에서는 구성원이 죽으면 제대로 장례를 치러 줄 것을 보장했다(이 같은 원칙은 2세기에 들어서 인기 절정에 이르렀지만). 하지만 다른 이유 없이 친구들끼리 모여 식사를 나누기 위해 존재한 듯한 클럽도 있었다. 그래서 폼페이에는 '심야의 술꾼들'(Late-Night Drinkers)이라는 클럽도 있었다. 특이한 예는 아니었다. 같은 이름을 가진 사람들끼리 만든 콜레기아도 제국 곳곳에서 등장한다.

몇몇 조합은 중요한 지역 신, 좀 더 그럴 법하게는 신격화된 황실 구성원을 기리기 위해 황제의 승인을 받고 만들었다는 점에서 공식적 성격을 가졌다. 하지만 대다수 조합은 비공식 모임이었고, 당국의 주기적인 모임 금지령에 따를 수밖에 없었으며, 당국은 이 모임들이 자신들의 손에서 벗어나 반역을 도모하는 곳이 될까 두려워했다. 콜레기아, 특히 개인 가정에서 모이는 콜레기아를 불법화하는 다양한 황제 칙령이 아우구스투스 치세 때부터 계속 내려졌다. 하지만 이런 칙령이 콜레기아를 새로 만들려는 사람들의 열정을 꺾어 놓지는 못한 것 같다. 트라야누스 황제가 본도와 비두니아를 다스리는 자신의 신하 플리니우스와 주고받은 편지를 보면, 플리니우스가 자신의 관할 아래 있는 한 도시에서 소방수들이 자발적 조합을 만들려고 하는데 이를 허가해야 하느냐고 황제에게 묻는다. 따지고 보면 아우구스투스도 자신의 치세 때 로마에서 그런 공동체가 결성되는 것을 친히 권장했었다. 트라야누스의 답변은 명료하다. 그러면서도 그는 그런 공동체들이 출발은 순수해도 늘 폭동의 공간이 된다고 말한다.

모임의 규칙

신전이나 클럽 회관에서 모이는 조합 모임이든 혹은 어떤 부유한 사람의 도무스에서 열리는 만찬 모임이든, 공식적인 식사를 위해 함께 모일 때는 모두가 따라야 할 사회적 예절, 심지어 규칙이 있었다.

그래서, 여신 디아나와 신격화된 인물 안토니우스를 기리기 위해서 결성된 공동체에 관한 이탈리아 라누비움의 한 명문을 보면, 연회는 '마기스테르 케나룸'(*magister cenarum*, [master of dinner])이라는 클럽 관계자가 때때로 소집한다고 간략히 말한다. 이 관계자의 역할은 연회에 참석하는 모든 손님에게 포도주, 빵, 정어리 요리가 넉넉히 돌아갈 수 있도록 확인하고 준비해 두는 것이었다. 또한 그는 식당이 제대로 준비되었는지, 손님들 식사 시중드는 하인들이 잘 대기하고 있는지 확인할 책임도 있었다. 이 모든 비용이 이 관계자의 주머니에서 나오게 되어 있는지 아니면 이런 특별한 잔치를 위해 셈을 쳐러 주는 부유한 후원자가 있었는지는 확실하지 않다. 마기스테르가 이 조합의 후원자를 겸하지 않는 한 후자의 가능성이 더 크다.

명문은 만찬 손님들이 어떻게 행동해야 하는지도 계속 말해 준다. 특히, "평화와 고요"라는 일반적 훈계 외에도 조합 구성원들이 음식을 앞에 두고 일 이야기를 하는 것은 명백히 금지되었다. 일 이야기는 연회에 앞선 업무 모임 때에 하는 것으로 정해져 있었다.

바람직하지 못한 행동을 했을 때는 벌금을 내야 했다. 만찬 손님이 트리클리니움의 소파 자기 자리에서 벗어나 옆 사람에게 폐를 끼치면 그 손님에게는 4세스테르티우스의 벌금이 부과되었다. 다른 손님에게 욕을 하거나 소동을 피우는 사람은 12세스테르티우스의 벌금을 내야 했다. 클럽 관계자를 모욕하면 벌금이 20세스테르티우스였다. 이렇게 꽤 큰 액수의 벌금을 정해 놓은 것은 사람들이 최선을 다해 점잖게 행동하게 만들기 위해서였을 것이다.

그러나 폼페이 술집들의 벽화를 보면 술집 주인의 최선의 노력에도 불구하고 그런 예법이 지켜지지 않았음을 알 수 있다! 그림은 사람들이 싸우고 법석대는 광경을 보여 주며, 그림 밑에는 공공장소에서 말다툼이나 추잡한 행동을 하면 쫓겨날 것이라고 손님들에게 알리는 문구가 쓰여 있다.

느긋이 즐기는 정찬

신전에서 모이는 조합 모임에서부터 엘리트 집안의 정찬에 이르기까지, 공식적인 식사 모임은 아주 일정한 패턴을 따랐다. 모임은 전반부와 후반부로 뚜렷이 나뉘었다. '데이프논'(*deipnon*, 저녁 식사를 뜻하는 그리스어)이라고 알려진 전반부는 그 이름이 시사하듯 손님들이 트리클리니움에서 비스듬히 누운 자세로 즐기는 공식적인 식사였다. 대규모 연회에서는 손님들이 도무스의 방 여러 군데에 이날을 위해 특별히 준비된 소파에 앉았거나, (특히 여성 손님이나 비교적 나이 어린 가족 구성원은) 아트리움과 페리스타일 주변에 놓인 의자와 벤치에 자리를 잡았을 것이다 (날씨가 좋을 경우).

노예들은 쟁반을 들고 다니며 손님들에게 음식을 내놓았고, 소파에 비스듬히 기댄 손님들은 손가락으로 음식을 집어 먹었을 것이다. 로마인들은 포크를 발명하지 않았다. 그래서 이들은 수프나 스튜는 숟가락으로 먹었지만 육류와 생선, 채소 요리는 노예들이 잘라 주거나 손님들이 직접 잘라서 손가락으로 먹었다. 식사 중 틈틈이 손님들의 손을 닦아 주려고 대기하는 노예들도 있었을 것이다.

공식 연회의 후반부는 심포지엄(symposium)으로 알려져 있었다. 이시간에는 오락이나 활발한 철학 토론이 있었을 것이고, 어쩌면 두 가지가 뒤섞인 시간이었을 수도 있다. 심포지엄의 시작은 대개 포도주와 물 항아리가 등장하는 것이 신호였고(로마인들은 물 타지 않은 포도주를 마시는 경우가 드물었다) 신들과 그 집안의 후견인(patron)과 연회 주최자를 위한 공식 건배 제안으로 이어졌다.

그날 연회에 여흥 순서가 있으면, 건배가 끝나고 피리 부는 여인과 각색 무용수들과 흥을 돋우는 이들이 방으로 들어왔을 것이다. 이런 심포지엄은 때로 질펀하고 난잡한 잔치가 되어서, 손님들은 연회 주최자가 대령해 둔 여자들을 끼고 포도주에 진탕 취하기도 했다.

최신 사상

하지만 심포지엄은 흔히 최신 사상을 검토하고 논쟁하는 자리였다. 때로 연회 주최자가 어떤 고상한 주제에 관한 토론을 이끌 만한 순회 철학자나 교사를 그 자리에 초청하기도 했다. 그런 심포지엄에도 여흥 시간이 자주 있었을 테지만, 실력 좋은 음악가의 연주회나 시 낭송회 형식이었을 것이며, 탁월한 연극의 장면들을 실연해 보이기도 했다.

심포지엄에는 예외 없이 노래가 있었던 것 같다. 일반적으로, 그 연회가 어떤 신의 이름으로 열렸다면 최소한 그 신을 찬양하는 찬송 시간이 있었을 것이다. 연회장에 피리 부는 여인이 있다면 보통 이는 모두가 노래 부르는 시간이 곧 있을 거라는 의미였다. 익숙한 곡조의 자주 부르는 노래가 있었겠지만, 연회 주최자나 손님 중 선택된 사람이 이 곡조에 가사를 붙여 첫 줄을 부르면 다른 손님이 두 번째 줄을 재치 있는 가사로 이어받아 불러야 했다.

로마 작가 플루타르코스(Plutarchus)는 심포지엄에서 그렇게 노래하는 것에 호의적이지 않았는데, 왜냐하면 이는 대개 사람들이 포도주를 더 많이 마시고 더 무질서하고 소란스러워져서 통제 불능이 된다는 의미였기 때문이다. 하지만 플루타르코스는 '스콜리아'(scolia)라고 하는 그런 노래들이 숭고한 목적을 위한 것임을, 즉 흔히 독창으로 신을 향해 부르면서 만찬 손님들이 생각해 보아야 할 도덕적 교훈을 제시하는 노래라는 것을 알고 있었다. 플루타르코스는 손님들에게 수금을 건네주며 누구든 이를 연주할 수 있는 사람이 받아서 연주하며 노래하는 심포지엄에 관해 이야기하기도 했다.

하지만 플루타르코스에게 중요한 것은 대화였다. 대화를 하면 확실히 손님들이 맑은 정신으로 집중하기 때문이다. 플루타르코스는 역사, 철학, 시사, 종교 사상 등 사회에서 용감하거나 친절한 행동, 자선, 인도적 행위에 대한 열정을 갖게 해줄 만한 어떤 주제든 선택할 수 있다고 말했다. 그리고 그런 생각을 하다 보면 손님들이 대책 없이 만취하는 것을 막아 줄 것이라고도 했다.

예수를 기억하기 위한 모임

바울이 고린도전서 11장에서 주의 만찬을 기념하기 위한 고린도 교인들의 모임을 설명할 때 염두에 둔 것은 일종의 심포지엄일 가능성이 크다. 제국 전역의 그리스도인들은 온갖 상황에서도 함께 모여서 음식을 먹었고, 그러면서 예배했을 것 같다. 그리스도인의 모임에 관해 현재까지 전해지는 최초의 독자적 설명 한 가지는 (앞에서 인용한 것처럼) 기원후 115년경 플리니우스가 트라야누스 황제에게 보낸 편지에서 전하는 이야기다.

…이들은 정해진 날 동트기 전에 규칙적으로 모여 마친 신에게 하듯 그리스도에게 화답하는 찬송을 부르고, 죄를 범하지 않고 사기나 도둑질이나 간음을 범하지 않으며 믿음을 저버리지도 않고 맡겨 놓은 돈을 돌려줘야 할 때 이를 거부하지 않기로 자신들끼리 서약했습니다. 그러고 나서 돌아갔다가 나중에 다시 모여 소박하고 해가 없는 음식으로 식사를 하는 것이 이들의 관례였습니다.

이 기록으로 볼 때 온갖 부류의 그 그리스도인들이 모여서 함께 식사하고 자기들의 하나님 앞에서 고상한 일들에 관해 이야기하고, 찬송을 한두 곡 부르고, 서로 간의 교제에 전념한 것이 분명하다(이 편지 곳곳에 나타나다시피, 이 정보는 플리니우스가 증거를 캐내기 위해 고문한 노예 두 사람의 증언을 바탕으로 한다). 달리 말해 이들은 심포지엄을 가진 것이다.

이제 거의 확실한 것은, 첫 그리스도인들은 대부분 부유한 이들이 아니었으므로(이 문제에 관해서는 7장에서 검토해 보겠다) 초기 교회는 다양한 장소에서 모였고 이들의 "잔치"는 아주 소박했으리라는 것이다. 그리고 또 한 가지 분명해 보이는 것은, 언제 모이든 이들 모임의 모형은 심포지엄이었으며, 이런 모임은 제국 내 어디에서 살든 어릴 때부터 이들에게 다소간 친숙했으리라는 것이다. 비록 대개는 심포지엄을 직접 경험한 적이 없거나 드물었을지라도 말이다.

에베소서를 쓸 때 바울은 아마 우리가 플루타르코스에게서 방금 확인한 그런 종류의 생각을 염두에 두었을 것이다. 에베소서 5장 18-20절에서 바울은 포도주에 취하는 것보다 성령 충만한 것이 낫다고 말한다. 바울은, 성령의 영감을 받아 성령 체험으로 이어지는 기독교의 가르침이 지나치게 술 취하는 것보다 훨씬 낫다고 생각한 게 분명하다. 바울의 이 말을 처음 들은 사람들은 자신들의 빈번한 심포지엄 경험 때문에 이 말이 무슨 뜻인지 즉각 알아들었을 것이 거의 확실하다(이것이 고린도전서 11-14장에 어떻게 적용되는지는 144쪽의 '그리스도인의 심포지엄'을 보라).

대 유혈 축제

참석 손님들이 모두 술 취하지는 않았다는 가정 아래, 심포지엄은 품격 있고 조용하고 세련된 행사였을지도 모르지만, 로마인들의 대다수 오락은 전혀 그렇지 않았다. 모든 주요 도시의 원형 경기장에서는 상상을 초월하는 유혈(gore) 장면을 관객들에게 많이 보여 주었다. 로마의 콜로세움 개관을 축하하는 100일간의 행사 때는 환호하는 5만 명의 구경꾼을 즐겁게 해주려고 수천 명의 사람과 수천 마리의 짐승이 죽음을 맞았다.

투기장의 오락 행사에는 여러 가지 형식이 있었다. 검투 경기에서는 직업 검투사, 유죄 판결받은 범죄자, 노예들이 서로 죽을 때까지 싸웠다. 동물 쇼에서는 색다른 동물들을 관중 앞에서 사냥해서 죽였다. 범죄자와 사회적 일탈자들(이따금 그리스도인들을 포함해)을 야생 동물에게 던져 주기도 했다.

수 세기 동안 이런 게임이 도시 생활의 특색을 이루긴 했지만, 이런 게임이 〈벤허〉나 〈글래디에이터〉 같은 할리우드 블록버스터 영화에서 볼 수 있는 그런 형식을 갖춘 것은 제국이 시작될 때부터였다. 1세기에는 제국 전역에서 모험심 강한 귀족들이 자기 돈을 들여 호화로운 쇼를 개최한 뒤 대중을 초청해 게임도 즐기고 무료로 함께 제공하는 음식도 즐기게 했다.

로마에서 황제가 무대에 올린 게임에 동원된 인원을 보면 입이 딱 벌어질 정도다. 기원후 52년 클라우디우스는 로마 근처 호수에서 해전(naval battle)을 공연했다. 양측의 해군은 19,000명의 징집병으로 구성되었고, 근위대원들이 양측의 배를 발사 무기로 포격하는 임무를 맡았다. 끝까지 살아남은 병사는 싸움을 시작했을 때 인원의 절반도 안 되었는데, 이들은 죽음은 면했다. 하지만 트라야누스 황제가 현재의 루마니아 땅을 정복한 기념으로 무대에 올린 쇼에 동원된 11,000마리의 짐승은 그 정도로 운이 좋지 못했다. 123일 동안 계속된 그 행사에서는 9,138명의 검투사들이 싸우다 죽었고 사나운 짐승의 먹이가 된 범죄자의 수는 이루 헤아릴 수도 없었다.

로마 주민들은 이국적이고 색다른 동물에 열광했다. 그래서 무역업자들과 황제의 대리인들이 세상을 샅샅이 뒤져 사자, 호랑이, 영양, 코끼리, 심지어 악어까지 들여왔다. 이 동물들은 동물원에서 구경거리가 되는 게 아니라 제국의 원형 경기장에서 사람을 사냥하거나 사람에게 사냥당하는 일에 투입되었다. 오래 사는 동물은 많지 않았다. 살육 쇼는 영화 〈글래디에이터〉로 유명한 코모두스 황제 때 절정에 이르렀는데, 그는 오전의 단 한 차례 쇼에서 100마리의 사자와 곰을 죽였다.

아프로디시아스 (Aphrodisias)

로마의 권세는 로마 군단 및 해상 지배력에서 볼 수 있었다. 하지만 초대형 쇼에서는 그보다 더한 권세가 드러났다. 제국 로마는 제국 자체에 관해 신화를 창조했고, 이 신화는 일할 때, 여흥을 즐길 때, 특히 신을 예배할 때 사람들의 상상력을 사로잡았다.

이 점은 로마 세계 전역의 유적지에서 분명히 확인할 수 있다. 하지만 이런 면에서 현대의 튀르키예 지역인 아프로디시아스에서 발굴된 복합 신전만 한 곳은 어디에도 없다.

세바스테이온(Sebasteion)은 장엄한 건축물들로, 일부는 예배공간, 일부는 제국의 드라마(soap opera) 무대 같은 역할을 하며, 그리스와 로마 신화에서 가져온 이미지의 돌 부조(relief)를 이용해 로마 제국이 융성한 사연을 전하고 있다. 그리스 신 아프로디테와 황실에 봉헌된 두 신전 사이 길고 좁은 안뜰의 북쪽과 남쪽에는 45개의 판벽(panel)이 있다(세바스타이오스는 아우구스투스를 그리스어로 번역한 것).

그곳에는 클라우디우스가 브리튼족(Britons)을 정복하는 광경을 묘사한 부조가 있다. 클라우디우스는 그리스의 영웅 혹은 신으로 묘사되며, 패배한 아마존으로 묘사된 브리타니아 형상 위에 벌거벗은 채 의기양양하게 서 있다. 그의 손에는 브리타니아가 자신의 지배에 복종하지 않으면 치명타를 날릴 자세로 창이 쥐어져 있었을 것이다(수백 년이 지나는 사이 창은 유실되었지만).

또 다른 부조에서 클라우디우스는 또 한 번 그리스의 영웅으로 묘사되며, 가랑이를 벌리고 바다와 육지 위에 서서, 자연의 위력까지 제압하는 절대적 우월성을 나타내는 선물을 땅과 대양에서 받고 있다.

또 다른 판벽에는 네로가 아르메니아를 물리치는 그리스 신의 모습으로 새겨져 있다. 또 다른 판벽에는 황제가 오른쪽의 여인과 나란히 서 있는데, 이 여인은 아마도 원로원 의원이나 로마 시민을 상징하며, 황제에게 월계관 같은 관을 씌워 주려는 모습이다.

황제의 왼쪽에는 괴로운 표정의 한 여인이 무릎을 꿇고 앉아 판벽 밖 구경꾼 쪽을 바라보고 있다. 이는 로마 제국의 완전한 지배를 나타내는 이미지로서, 여인은 로마의 주장에 아무리 저항해 봤자 소용없다고 말하는 것처럼 보인다.

이 복합 신전 건물은 이 지역 사람들이 지역의 조각 양식을 이용해 지었으며 지역의 엘리트 가문 두 곳이 건축 자금을 댔다. 그래서 이 건물은 마지못한 주민들이 억지로 지은 게 아니었다. 그보다 이 건물은 로마가 적어도 제국 전역의 상류층을 납득시키는 능력을 보여 주는 기념물이었다. 즉, 로마가 유일한 선택지이며 제국 권력에 편승하는 것이 번영의 길이라는 것이다.

하지만 이 복합 건물은 평범한 시민들이 지역의 여신을 예배하러 오는 곳으로 이용되었다. 이제야 한 장면에 등장한 이 여신은 아프로디시아스와 로마의 도시들이 밀접하게 연결된 것처럼 이 여신의 운명도 아이네이아스의 운명과 연결된 것으로 묘사된다(아이네이아스는 호메로스의 『일리아스』에 나오는 트로이의 영웅으로, 로마 신화에서 아이네이아스는 황제의 한 전형으로 나타난다. 베르길리우스는 아우구스투스의 부상[rise]을 기념하여 쓴 자신의 시 〈아이네이스〉에서 아이네이아스를 주인공으로 삼았다). 시민들은 이곳의 제단으로 나올 때마다 지역 신 및 황실로 의인화된 로마의 막강한 권력을 경배했다.

황제의 권력 과시하기

각종 대회는 황제와 귀족이 자신의 권력을 과시할 기회였고, 그래서 대회를 계기로 제국의 사회적 서열이 모든 사람에게 아주 확실하게 드러났다.

황제(지방의 경우 자기 돈을 들여 대회를 연 유력한 귀족)는 경기장이 가장 잘 내려다보이는 호화로운 칸막이 좌석에 자리 잡았다. 황제 주변의 특별 좌석에는 짙고 옅은 자주색 토가로 치장하고 으스대는 원로원 의원들과 기사들이 착석했다. 군인들 좌석은 일반인과 떨어진 곳에 따로 마련되었다. 평범한 로마 시민은 일요일에 입는 가장 좋은 옷에 해당하는 흰색 토가를 입어야 했다. 결혼한 남자는 독신자들과 떨어져 앉아야 했고, 독신자들은 열여섯 살 미만 남자아이들과 구별되어 앉아야 했으며, 이 남자아이들은 따로 구별된 구역에 교사와 함께 모여 앉아야 했다. 사제와 베스타 신녀(vestal virgin, 이들은 공동체의 종교에서 맡은 특별한 역할 덕분에 존경해야 할 사람들로 대접받았다)들은 경기장 맨 앞줄 가까이에 좌석이 따로 마련되었다. 여자들과 흔히 회색 옷을 입는(가진 옷이라고는 그것뿐이므로) 몹시 가난한 이들은 계단식 좌석 맨 꼭대기, 경기장에서 가장 먼 곳에 앉았다.

이런 구경거리는 원래 그 사회가 어떤 식으로 규제되는지를 보여 주기 위해 계획되었다. 모두 공짜로 이런 구경거리를 즐겼지만, 자신들의 사회적 서열에 조금이라도 의구심을 품는 이는 아무도 없었다(5장을 보라). 또한 저 아래 경기장에서 수백여 명이 죽어가는 것을 구경하면서 이들은 접착제처럼 제국을 하나로 묶어 주는 것, 즉 황제와 그의 군대가 지배하는 통치 질서의 절대 권력을 전혀 의심하지 않았다. 무대에서 공연되는 엄청난 전투 광경을 목격할 때마다 관중들은, 로마가 로마인 이유는 지구상에서 작동한 가장 무자비하고 강력한 군사 기구이기 때문이라는 사실을 떠올릴 수밖에 없었다.

또한 이들은 로마의 사법 질서가 작동하는 광경도 목격했다. 경기장으로 줄줄이 끌려 들어온 범죄자들은 온갖 죄목으로 공개 처형되고 있었다. 이런 오락은, 제국에서 잘못을 저지르면 곧 죽음에 이르게 하는 권력을 마주할 것이라는 메시지를 던졌다.

1세기의 유명인사들

하지만 군중들이 경기장으로 몰려든 것은 단순히 두려움에서도 아니었고 경기장 입장이 무료였기 때문도 아니다. 이들이 경기장에 온 것은 좋아서였다. 검투사는 로마 세계에서 가장 유명인사(celeb)에 가까운 사람들이었다. 검투사들을 그린 그림이 공공 주랑 현관 벽을 장식했고, 시장에서는 이들을 그린 판화를 판매했다. 작은 모형, 램프, 조각상, 검투사의 싸움 광경이 그려진 만찬용 접시 등, 좋아하는 투기장 전사를 찬양하는 물건에 대한 팬들의 요구를 전 업계가 나서서 충족시켰다. 심지어 폼페이에서 발견된 아기의 젖병도 검투사 이미지로 장식되어 있었다.

폼페이의 원형 경기장에서는 검투사들의 경기와 동물 사냥 쇼를 정기적으로 무대에 올렸는데, 이곳의 벽에서 발견된 어떤 낙서는 검투사들이 얼마나 인기 있었는지를 증명한다. "켈라두스, 세 번의 승리자요 세 번 왕관을 쓴 자여, 어린 처녀의 가슴이 뛰게 하는 자로다." 로마의 신부들은 싸움에 패하여 죽은 검투사의 피에 담근 창으로 머리 가르마를 타고 싶어 했다고 한다.

로마 역사가 타키투스는 검투사들이 온 주민들에게 어떤 지배력을 가졌는지를 다음과 같은 말로 요약했다. "강의실에 들어가면 젊은이들이 무슨 이야기를 하던가? 검투사 이야기 말고는 없지 않던가?"

경주장에서의 하루

제국에서 모험적 경기로 유명인사가 되는 또 한 가지 길은 전차 모는 기수가 되는 것이었다. 물론 큰 성공을 거두려면 로마에 가서 전차 경기가 열리는 키르쿠스 막시무스에서 경쟁해야 했다. 이집트의 알렉산드리아에도 전차 경주장이 있었지만, 그 외 다른 곳에서는 도시 외곽의 황무지에 경주용 코스를 표시해 놓고 경기를 벌였을 것 같다.

전차 경주는 이탈리아, 특히 로마에서 꽤 실속 있는 사업이어서, 사람들은 조합이나 단체를 결성해 장비와 말을 사고 노예나 뜻 있는 해방 노예들(전차 기수 중에는 퇴역 군인이 많았다)을 훈련시켜 경기에 내보냈다. 전차 경주를 두고 온 도시가 파벌(faction)로 나뉘어 저마다 특정 팀을 응원하고 경주 결과를 두고 많은 돈을 걸고 내기를 하기도 했다.

전차를 몰려면 엄청난 기술이 필요했지만, 전차 경주가 모두 훌륭하고 깨끗한 운동 경기는 아니었다. 전차 기수들은 코너를 돌 때 상대 기수를 경주로에서 밀어내려고 했고, 그 결과 매번 부딪칠 때마다 기수들은 끔찍한 부상을 당했고 많이들 죽기도 했다. 하지만 승리했을 때는 엄청난 돈을 벌 수 있었다. 도미티아누스 황제가 주최한 대회에서 경기를 잘 해낸 한 기수는 단 한 시간 만에 금 열다섯 덩이를 상금으로 받았다. 유베날리스는 전차 경기에서 최고 자리에 오른 기수는 법정의 변호사보다 백배나 많은 돈을 벌 수 있다고 계산했다. 물론 전차를 만들고 장식하기, 말들을 먹이고 깨끗이 관리해서 단장시키기, 기수의 의상 만들기 등은 모두 도시 뒷골목의 수공업자들에게 일거리를 만들어 주었다.

연극은 중요해

물론 사람들이 서로를 칼로 베어 죽이는 광경을 보지 않아도 되는 저녁 외출도 있었다. 모든 도시에는 극장이 있었고 그곳에서는 생기 넘치는 극장 문화가 제공되었다.

전체 공연이 아닌 경향이 있었지만 그래도 그리스 비극을 관람할 수 있었다. 그보다 훨씬 더 인기 있는 것은 외설적 단막 소극(farce) 〈아텔라나와 미무스〉(*atellana* and *mimus*)였다. 연애와 간음이라는 주제, 저속한 유머와 지나친 풍자로 이 연극은 고단한 일상에서 벗어나고 싶어 하는 노동자 대중에게 호소했다.

여유있는 계층은 판토마임(pantomime)을 훨씬 더 많이 즐겼을 것이다. 판토마임은 대개 비극적 주제로 가득한 형식이었다. 합창대가 노래하면 배우나 무용수 한 사람이 노래 가사의 의미를 해석해서 의상을 갈아입어 가며 각각 다른 부분을 연이어 연기했다. 순회 연기자나 연기 훈련을 받은 집안 노예들이 공연하는 판토마임은 엘리트 계층 집안의 연회 때 심포지엄의 가장 인기 있는 순서이기도 했다.

연극에 관계된 일은 일반적으로 멸시의 대상이었다. 배우와 무용수는 사회적 지위가 낮았고 흔히 부유한 집안의 노예들이 이런 일을 했다. 하지만 연기자가 연기를 잘 해내면 극장에서 이익을 거둘 수 있었다. 그래서 도시를 순회하면서 극장과 개인의 집에서 공연하는 극단들이 있었다.

건강한 삶을 위한 달리기

바울의 편지를 보면 육상경기와 투기장에서 벌어지는 경기에 대한 언급이 여기저기 등장한다. 고린도교회에 보낸 첫 번째 편지에서 유명한 예를 찾아볼 수 있는데, 여기서 바울은 달리는 이들이 모두 경쟁하는 경주에 관해, 상 즉 승리자의 관을 얻기 위해 절제력을 발휘하는 운동선수에 관해 말한다(고전 9:24-27).

이는 우연히 하는 말이 아닐 것이다. 고린도는 2년에 한 번씩 열리는 큰 대회인 이스트미아 경기가 열리는 곳이었고, 바울도 아마 고린도에 머무는 동안 선수들과 관중에게 천막과 차양을 만들어 공급하는 사람으로 이 대회와 연관을 맺었을 것이다.

운동 경기는 제국 전역에서, 특히 제국 동쪽 그리스와 소아시아에서 중요하게 여겨졌다. 출세한 운동선수는 주로 퇴역 군인들로서, 운동이 직업인 이들은 강도 높게 훈련하고 세심히 계획된 규정식을 먹었다. 어느 곳에서든 사람들은 건강한 삶을 위한 달리기와 강건한 훈련의 미덕을 칭송했다.

운동 경기는 여러 가지 낯익은 종목으로 구성되었다. 달리기는 180미터 경기에서부터 마라톤에 이르기까지 종목이 다양했다. 때로는 운동 경기와 군사 훈련의 연결고리를 강화하려고 갑옷과 투구 차림에 무기를 들고 달리기도 했다. 던지기 종목, 특히 원반던지기와 창던지기, 도약 경기, 복싱, 레슬링, 그리고 '팡크라티온'(*pankration*)이라고 하는 무시무시한 종목도 있었다. 복싱과 레슬링은 링에서 싸우지 않았고 선수 중 한 명이 기절하거나 지쳐 쓰러질 때까지 경기가 계속되긴 했지만 그래도 규칙이 있었는데, 팡크라티온은 아무런 제재가 없는 싸움이었다. 물어뜯거나 눈을 찌르는 행동만 금지되었다. 경기는 물이 질퍽한 땅에서 진행되어서 일종의 진흙 축제가 되었고, 흔히 경쟁자 한 명이 죽거나 중상을 입어 더는 싸울 수 없게 될 때 종료되었다.

체육관에서 진행되는 실내 스포츠와 마찬가지로, 모두 남성뿐인 선수들은 벌거벗고 싸웠으며, 이런 이유로 서쪽 로마의 많은 보수주의자들이 못마땅해했는데, 로마를 포함해 제국의 이 지역에서 운동 경기가 더디 유행한 이유는 이로써 설명될 수 있을 것이다. 하지만 기원후 37년과 39년에는 칼리굴라 황제가 경기를 개최했고, 기원후 44년에는 클라우디우스가, 그리고 기원후 60년에는 네로가 개최했다. 정규 경기는 도미티아누스 치세인 기원후 80년대가 되어서야 시작되었다.

풍성한 비유의 원천

이런 경기들이 고린도전서 9장의 명료한 배경이 되어 주기는 하지만, 운동 경기에 대한 언급은 바울 서신 대다수에서 볼 수 있다. "경기하다", "힘쓰다", "구경거리", "상" 같은 말은 다 경기장에 기원을 두는 단어들이다.

바울이 경기장에서 빌리는 가장 놀라운 비유 한 가지는 고린도전서에서 볼 수 있는데, 여기서 바울은 에베소에서 맹수와 싸웠다는 이야기를 한다(고전 15:32). 바울이 실제로 맹수와 싸웠을 리는 없다. 정말로 그랬다면 살아남지 못했을 테니 말이다! 이는 바울이 세상을 돌아다니며 복음을 전할 때 자신을 공격하는 이들에 맞서 경쟁했다는 것을 풍성하고도 설득력 있게 묘사하는 말이다.

화평의 메시지

유혈이 낭자하고 두렵고 폭력이 난무하는 경기장 풍경 때문에 제국 전역에 무정하고 잔인한 문화가 생겨났을 가능성도 있다. 생명은 값싸게 여겨졌고 폭력은 폭력으로 대응되었다. 징벌은 잔인하고 신속했으며, 사람들은 자기 이익만 추구하는 경향이 있어서 경쟁자가 가시 돋친 말이라도 할라치면 곧 주먹이나 칼날이 날아가기 일쑤였다.

초기 기독교의 메시지는 이 메시지가 기반을 둔 잔혹한 사건을 깎아내리지 않는다는 점에서 주목할 만하다. 즉 그리스도의 십자가를 말이다. 십자가형은 장시간 진행되는 유독 잔인한 처형 형태로, 로마인들은 이런 처형 방법을 이용해 자신들에게 절대 권력이 있다는 주장을 강화했다. 바울은 십자가가 믿음의 핵심에 있다고 역설하면서, 십자가를 묘사할 때 종종 십자가의 엄연한 현실성을 강조하는 방식을 쓴다. 예를 들어, 고린도전서 1장 18절-2장 5절에서 바울은 "십자가에 못 박힌 그리스도"라는 표현을 두 번 써서, 하나님의 능력과 지혜는 고도로 세련된 자들의 강의실이 아니라 그분의 아들의 깨지고 부서진 몸에서 찾을 수 있다는 점을 강조한다.

땅에서 진행되어서 일종의 진흙 축제가 되었고, 흔히 경쟁자 한 명이 죽거나 중상을 입어 더는 싸울 수 없게 될 때 종료되었다.

체육관에서 진행되는 실내 스포츠와 마찬가지로, 모두 남성뿐인 선수들은 벌거벗고 싸웠으며, 이런 이유로 서쪽 로마의 많은 보수주의자들이 못마땅해했는데, 로마를 포함해 제국의 이 지역에서 운동 경기가 더디 유행한 이유는 이로써 설명될 수 있을 것이다. 하지만 기원후 37년과 39년에는 칼리굴라 황제가 경기를 개최했고, 기원후 44년에는 클라우디우스가, 그리고 기원후 60년에는 네로가 개최했다. 정규 경기는 도미티아누스 치세인 기원후 80년대가 되어서야 시작되었다.

풍성한 비유의 원천

이런 경기들이 고린도전서 9장의 명료한 배경이 되어 주기는 하지만, 운동 경기에 대한 언급은 바울 서신 대다수에서 볼 수 있다. "경기하다", "힘쓰다", "구경거리", "상" 같은 말은 다 경기장에 기원을 두는 단어들이다.

바울이 경기장에서 빌리는 가장 놀라운 비유 한 가지는 고린도전서에서 볼 수 있는데, 여기서 바울은 에베소에서 맹수와 싸웠다는 이야기를 한다(고전 15:32). 바울이 실제로 맹수와 싸웠을 리는 없다. 정말로 그랬다면 살아남지 못했을 테니 말이다! 이는 바울이 세상을 돌아다니며 복음을 전할 때 자신을 공격하는 이들에 맞서 경쟁했다는 것을 풍성하고도 설득력 있게 묘사하는 말이다.

화평의 메시지

유혈이 낭자하고 두렵고 폭력이 난무하는 경기장 풍경 때문에 제국 전역에 무정하고 잔인한 문화가 생겨났을 가능성도 있다. 생명은 값싸게 여겨졌고 폭력은 폭력으로 대응되었다. 징벌은 잔인하고 신속했으며, 사람들은 자기 이익만 추구하는 경향이 있어서 경쟁자가 가시 돋친 말이라도 할라치면 곧 주먹이나 칼날이 날아가기 일쑤였다.

초기 기독교의 메시지는 이 메시지가 기반을 둔 잔혹한 사건을 깎아내리지 않는다는 점에서 주목할 만하다. 즉 그리스도의 십자가를 말이다. 십자가형은 장시간 진행되는 유독 잔인한 처형 형태로, 로마인들은 이런 처형 방법을 이용해 자신들에게 절대 권력이 있다는 주장을 강화했다. 바울은 십자가가 믿음의 핵심에 있다고 역설하면서, 십자가를 묘사할 때 종종 십자가의 엄연한 현실성을 강조하는 방식을 쓴다. 예를 들어, 고린도전서 1장 18절-2장 5절에서 바울은 "십자가에 못 박힌 그리스도"라는 표현을 두 번 써서, 하나님의 능력과 지혜는 고도로 세련된 자들의 강의실이 아니라 그분의 아들의 깨지고 부서진 몸에서 찾을 수 있다는 점을 강조한다.

하지만 그리스도인은 폭력을 쓰는 사람들이 아니었다. 신약성경에서 적대 상황을 마주하는 법에 관해 말할 때마다 강조점은 온유하기, 화평을 추구하기, 선으로 악을 이기기에 있다. 그리스도인에게 능력이란 그리스도께서 그러셨던 것처럼 고난의 길에서 찾아야 하는 것이었다.

식량, 기근, 자선

식량은 고대 세계에서 부단히 골치 아픈 문제였다. 많은 사람이 최저 생활 수준이나 그 이하에서 살았고, 이는 곧 몸과 영혼을 유지할 식량을 사기 위해 날마다 일해야 했다는 뜻이다. 식량 생산은 날씨, 전쟁, 서투른 농사 기술 때문에 차질이 많이 생기는 일이었다. 절대 기근은 드물었지만, 식량 부족과 높은 가격은 언제나 흔한 일이었다.

로마 제국 어디에서나 식량 공급은 불안정했다. 늘어나는 인구를 계속 먹이려면 수백만 톤의 곡물을 제국의 빵 바구니인 이집트에서 로마로 배에 실어 와야 했다. 지역의 농사로는 점점 늘어나는 도시의 인구 밀집지 식량 수요를 다 채워 줄 수 없었기에 도시들은 모두 비슷비슷하게 수입에 의존했다.

고린도 전 지역이 기원후 50년대 내내 식량 부족으로 어려움을 당했다는 많은 증거가 있다. 이 십여 년 동안 곡물 수급 관리직(쿠라토르 안노나이[curator annonae])은 디니푸스라는 사람이 세 번이나 역임했다. 이 직분은 도시의 곡물 수급에 문제가 있을 때만 필요했다. 이는 아주 존경받는 직분으로, 고린도 근처에서 2년에 한 번씩 열리는 이스트미아 대회 조직을 공식적으로 책임지는 대회장과 맞먹는 직분이었을 수 있다.

로마 제국의 모든 직분과 마찬가지로 곡물 수급 관리직 역시 상당한 부를 가진 사람이 맡았는데, 왜냐하면 자기 재산을 써서 곡물 시장을 관리하고 심지어 조작해서 가장 가난한 사람들까지도 곡물이나 곡물로 만든 빵을 계속 살 수 있게 해주는 게 이 사람의 역할이었기 때문이다. 간단히 말해, 곡물 수급 관리자는 곡물을 구할 수만 있다면 가격이 얼마든 사서, 그 도시의 유력한 시민들이 생각하기에 이 정도면 감당할 만하다고 하는 가격에 팔았다. 이 사람이 오랜 세월 동안 그 도시에 이렇게 큰 은덕을 끼친 것을 명문들이 증언하는 것도 당연한 일이다.

이런 관리들은 아우구스투스 치세 초기 이래로 수도 로마에 존재해 왔다. 실제로 이 관리는 권력을 공고히 하면서 곡물 수급을 관리하여 일용할 양식이 누구의 손에서 나오는지 수도의 평범한 사람들이 다 알게 했다. 기원후 6년부터 곡물 수급부 장관(프라이펙투스 안노나이[*praefectus annonae*])이라는 상설직이 생겨서 기사 계급(원로원 계급 바로 아래 계급으로, 상당한 부와 지위를 가졌다. 5장을 보라) 출신이 이 직을 맡았다.

대중을 행복하게 하기

프라이펙투스의 한 가지 역할은 권한이 있는 사람들이 정기적으로 곡물을 배급받도록 보장하는 것이었다. 누구나 다 이 호의를 누리지는 못했다. 예를 들어 아주 가난한 사람들은 누구보다도 이 호의가 필요했을 텐데, 이 사람들은 이 선물을 받지 못했다. 아주 가난한 사람은 "투표권"이 없었기 때문이다. 하지만 어지간한 평민은 정부의 지지율에 관해 발언권이 있었고, 잘 먹고 잘사는 평민은 현상을 유지하는 쪽으로 표를 던지는 경향이 있었다. 그래서 이들은 표를 주고 대신 곡물 배급을 받았다.

식량 부족이 어떤 결과를 낳는지는 너무도 쉽게 예측할 수 있다. 그래서 당국에서 서민에게 확실히 보장하고자 한 것은, 배불리 먹게 해주겠다는 것이었다. 2세기 에베소의 한 명문에는 이렇게 쓰여 있다. "따라서 이따금 대중이 무질서와 폭동에 빠져드는 일이 생긴다." 로마의 역사가 세네카는 기원후 40-41년의 로마에 관해 이렇게 말한다. "우리는 포위 공격 중에 사람들이 당할 수 있는 가장 나쁜 일로 위협을 받았다. 바로 식량 부족이다." 티베리우스 치세 때 동쪽의 도시 아스펜두스(Aspendus)에서는 식량 부족 사태로 폭도들이 지역 관원을 죽일 뻔했으나, 일부 투기꾼 때문에 이런 사태가 벌어져 주민들이 고통당하는 것이라고 관원이 이들을 설득해서 간신히 죽음을 면했다. 대신 폭도들은 관원이 혼자 가서 투기꾼의 재산을 강탈해 오게 했다!

1세기 갈라디아에서 곡물 수급이 어려워지자 총독은 비시디아 안디옥의 모든 주민에게 명령을 내려 집안에 곡물을 얼마나 많이 갖고 있는지 밝히 게 했으며, 사재기는 중벌로 다스리겠다고 역설하면서 곡물 가격은 한 말(*modius*)에 1데나리온이 넘지 않도록 규정했다. 이 엄중한 조치가 요한계시록에서 요한이 환상 중에 "한 데나리온에 밀 한 되요"(계 6:6)라는 말씀을 듣게 되는 배경일 수도 있다.

위기? 무슨 위기?

이런 식량 부족 현상이 고린도전서 7장 26절에서 바울이 "임박한 환난으로 말미암아"라는 눈길 끄는 표현을 쓴 배경이었을 수도 있다. 바울이 상세히 설명하지는 않지만, 결혼한다거나 자녀를 낳아 인구를 늘리는 게 지혜로운 행동인지 아닌지 하는 문맥으로 볼 때 바울은 아주 현실적인 경제적 어려움을 마주하고 있는 공동체에 목회적 조언을 주고 있는 것으로 보인다.

바울은 기근이나 그런 일들이 세상 종말의 전조일지 모른다는 태도를 보인다. 확실히 일부 그리스도인은 그게 사실이라고 생각했다. 하지만 바울은 엄청나게 현실적이다. 7장에서 바울은 자녀를 더 잉태하는 것을 막으려고 성관계를 삼가는 것은 권할 만하지 않다고 암시한다. 당사자들이 더 기다릴 수 없으면 결혼을 진행해야겠지만, 그 전에 먼저 결혼의 실현 가능성에 관해 생각해 봐야 하지 않겠느냐고 바울은 말한다.

그리고 나중에 바울은 신자들이 공동 식사를 위해 모여 성찬을 거행할 때 무슨 일이 생기는지 이야기하면서, 가진 사람은 가지지 못한 사람과 함께 나누어야 한다고 말하는데, 이때도 똑같은 문제를 염두에 두고 이 말을 했을 가능성이 아주 크다.

고린도전서 11장 17-34절에는 두 그룹의 신자들이 대조된다. 한 그룹은 먹을 것과 마실 것이 풍성해서 해 질 무렵까지 넉넉히 마시고 취할 정도다(해 질 무렵이면 일하러 나갔던 가난한 사람들이 식사를 위해 등장할 시간이다). 반면에 또 한 그룹은 아무것도 없다. 이들은 공동 식사 자리에 먹을 것을 전혀 가져올 수 없다. 바울의 조언은 "가진 사람"은 "가지지 못한 사람"이 도착할 때까지 기다리라는 것인데, 이렇게 하면 이 식사 자리에 어떤 음식이 있든 모든 손님이 함께 나눌 수 있으리라는 것이 이 조언에 담긴 의미다(물론 바울이 명확히 그렇게 말하지는 않는데, 아마 편지에서 그런 말을 하는 게 적절치 않다고 생각했기 때문일 수 있고, 고린도에 곧 도착하면 그때 좀 더 상세히 이 문제에 관해 이야기할 작정이었을 것이다[11:34]).

어딘가 다가가서 앉을 곳

초기 교회는 제국 전역의 가정에서 모였다. 초기 교회 처음 250년 동안에는 모임을 목적으로 지은 교회당 건물은 전혀 없었다. 그래서 고린도의 소수 신자들, 아마 스물다섯 명이나 서른 명쯤이었을 이 신자들은 고린도시 전역의 여러 가정에서 모였다. 글로에(고전 1:11), 스데바나(16:15-17), 그리고 이주하기 전의 아굴라와 브리스길라가 저마다 자신의 집을 모임 장소로 개방했다.

하지만 모임이 어디에서 있었는지에 관해 약간의 논쟁이 있다. 어떤 역사가들의 주장에 따르면, 고린도교회에는 재력이 넉넉한 이들이 있었고 이들은 이삼십 명 정도가 모일 만한 공간을 여러 개 갖춘 도무스 스타일의 집을 소유하고 있었다고 한다. 또 어떤 역사가들은 고린도 신자들 대다수가 아굴라와 브리스길라처럼 수공업자여서 인술라에 살았거나 임대한 작업장 뒤편이나 위층에 있는 방에 살았을 거라고 한다.

신자들의 모임이 도시의 여러 장소와 여러 주거 유형에서 있었으리라고 상상하지 못할 이유가 없다. 로마서 16장 23절을 보면 가이오가 고린도에 집을 가지고 있었고 고린도시 전역의 교회들에서 오는 모든 신자를 맞아들였다는 것을 알 수 있다. 하지만 이렇게 지나가듯 언급되는 내용만으로는 가이오가 자기 집으로 신자 모임 전체를 한 번 맞아들인 건지 아니면 신자들을 정기적으로 식사에 초대해서 후히 대접하는 사람이었지만 전체가 아니라 아주 소수에게만 그렇게 했는지는 확신할 수 없다.

집주인이 준비한 음식이었을까, 각자 가져온 음식이었을까?

이런 모임들에 관해 생각할 때 제기되는 두 번째 의문이 있다. 신자들이 모여서 나누는 식사는 집주인이 모든 음식을 다 제공하는 식사였을까, 아니면 참석자들이 각자 음식을 가져와서 나누는 식사였을까?

완전히 확신할 수 있는 것 한 가지는, 모일 때 신자들은 식사를 함께했다는 것이다. 바울이 고린도전서 11장에서 말하는 주의 만찬은 오늘날의 대다수 교회에서 하는 것처럼 조그마한 빵 한 조각과 포도주 한 모금을 나누는 게 아니었다. 이는 실제 식사였고, 이 식사가 진행되는 동안 누군가가 참석자들에게 다음과 같이 일깨워 주었다. 예수께서 친구들과 더불어 빵과 포도주를 드셨으며, 빵은 예수의 몸을 상징하고 포도주는 예수의 피를 상징하므로 앞으로 식사를 할 때마다 예수를 기억하며 똑같이 하라고 말씀하셨다고 말이다.

고린도전서 11장에서 참작된 초기 그리스도인들의 경제적 형편을 보면, 이들이 심포지엄을 위해 모이는 날 어떤 이들은 몹시 가난해서 함께 나눌 만한 음식을 하나도 가져올 수 없었던 반면 또 어떤 이들은 빵 두 덩어리를 사 올 수 있을 정도의 돈이 있었던 것 같다.

고린도전서 11장 20-22절은 어떤 이들은 빈손으로 저녁 식사 장소에 도착했는데 어떤 이들은 충분히 여유가 있으면서도 바

울이 가르친 대로 나눔을 실천하지 않았음을 암시한다. 이 부분
에 쓰인 표현을 보면 집주인이 모든 음식을 제공한다기보다 참
석자들이 각자 음식을 가져오는 모임이었음을 시사한다. 이 모
임에 관해서는 5장에서 좀 더 상세히 알아보기로 하자.

그리스도인의 심포지엄?

바울이 고린도에 보내는 첫 번째 편지에서 가장 까다로운 부분
은 11-14장에 등장한다. 이 부분은 예배 때의 여성들 문제, 공동
식사 때 어떻게 처신해야 하는가 하는 문제, 그리고 영적 은사라
고 하는 어떤 것의 전 영역을 붙잡고 씨름한다. 영적 은사라는 주
제에 관해 바울은 이웃 사람들이 신자들의 모임을 지나다가 보고
정신 나간 사람들이라고 말하는 일이 없도록 하는 게 좋다고 말
한다(고전 14:23)!

바울이 지금 신자들이 식사를 위해서나 가르침과 배움의 시간을
위해 모일 때 무슨 일이 생기는지에 관해 말하고 있다는 것을 알
면 위에서 한 말을 이해하기가 훨씬 쉬워진다. 이 단락에서 바울
이 하는 말은 모두 식사 상황에서 일어나는 일에 관한 말이다.

그렇다면, 이 모임은 심포지엄인가? 초기 그리스도인들은 심포
지엄을 자신들의 모임의 모형으로 삼았을 가능성이 아주 커 보인
다. 분명 그러했으리라는 데에는 두 가지 이유가 있다.

첫째, 집에서 이웃들과 함께 하는 만찬이든 조합에서 모이는 공
식 정찬이든, 연회를 위해 사람들이 함께 모일 때는 예외 없이 심

포지엄의 형식을 취했다는 점이다. 이는 만찬이 끝나면 체계적인 대화 시간이나 여흥 시간이 뒤따랐다는 말이다. 심포지엄이 대화의 형식을 취할 경우, 대개 주최자나 초대된 연설자가 이 시간을 소개하면서 모두가 참여할 수 있게 했다.

둘째, 초기 그리스도인들이 모일 때 이들은 복음서에 기록된 대로 주의 만찬의 핵심 요소인 빵과 포도주를 함께 나눔으로써 예수를 늘 기억했던 것 같다는 점이다(예를 들어 막 14:12-16을 보라. 여기 기록된 사건은 그 자체가 심포지엄의 모든 외형을 다 갖추고 있다).

5장

세상에서의 위치

로마 제국 사람들은 자기 위치를 알았다. 이들은 자기가 사회적 서열의 어디쯤 속하는지 알고 있었으며, 이들에게는 그 위치를 유지하는 것도 중요했고 자기보다 서열이 높은 사람과 좋은 관계를 유지하고 열심히 일함으로써 자기 위치를 높여가는 것도 중요했다.

사회적 위계가 어떻게 배치되어 있었는지 대략 아주 명쾌하게 그려 보일 수 있기는 해도, 사회 집단 내부 및 집단 간 등급 차이 때문에 로마 도시들의 세계는 그 교묘함과 복잡성 면에서 대단히 흥미로운 곳이 된다.

분할선

로마 세계에서 사회적 지위는 다수의 요인에 달려 있었다. 사람들 사이의 기본적 구별은 단순했다. 노예인가, 자유민인가? 제국 인구의 16-20퍼센트는 노예였다. 물론 이탈리아와 로마 자체에서는 노예 비율이 전체 인구의 1/3에 달했다. 노예에게는 아무런 권리도 없었다. 이들은 재산을 소유할 수도 없었고, 합법적으로 결혼도 할 수 없었고, 그래서 합법적 자녀를 둘 수도 없었다. 간단히 말해 노예는 주인의 재산이었다.

제국의 다수를 차지하고 있던 자유민은 두 진영으로, 즉 로마 시민과 비 로마 시민으로 나뉘었으며, (로마를 제외하면) 비 로마 시민(페레그리니[peregrini]로 알려진)이 로마 시민보다 대략 10배 많았다. 로마에서는 대다수 사람이 로마 시민이었지만, 속주에서는 지역 엘리트 계층과 그 외 소수만이 시민이라는 특권을 부여받았다.

이런 일반적 법칙에서 예외는 제국 전역에 세워진 일련의 로마 식민지였다. 신약성경에서 언급된 빌립보, 고린도, 비시디아 안디옥 같은 도시들은 팽창주의를 지향하는 로마가 영향력을 확장하고 교역로를 보호하며 로마 군단에서 퇴역한 이들의 정착지를 마련하려는 기대로 터를 닦거나 되살린 곳이었다. 어느 지역에 있든 로마 식민지는 로마법이 집행되고 로마 방식의 통치 형태가 작동하는 로마의 근교로 취급되었다. 이는 식민지의 상당수 인구, 아마 전체의 1/3에 달하는 인구가 로마 시민이라는 의미였다.

이어서 귀족과 평민 사이의 구별이 있었다. 여기서 쟁점은 오랫동안 로마 시민이었다고 주장하는 사람들 및 이들을 지탱한 부와 권력, 그리고 그 외 모든 사람 사이의 구별이었다. 전자 집단은 원로원, 기사, 참사회 의원(decurion)들로 이뤄졌고, 후자 집단은 근근이 하루하루 살아가는 다수의 평범한 사람들로 구성되었다(152-154쪽을 보라).

모두가 제 위치에

특권 계층의 최상위에는 행정 담당 귀족으로 이뤄진 두 집단이 있었다. 첫째 집단은 원로원 계층으로, 아우구스투스는 원로원 정원을 600명 정도로 제한했으며, 출생과 혈통 그리고 재산 정도를 근거로 원로원 자체에서 선출했다. 원로원 의원은 120만 세스테르티우스 이상의 재산(주로 토지와 소유물)이 있어야 했는데, 이는 일용 노동자 평균 수입의 약 1,200배에 달하는 금액이었다.

원로원 의원(senator)이라는 호칭이 암시하다시피, 이들은 로마시와 로마 제국을 다스리기 위해 로마의 원로원에서 모이는 조직체의 일원이었다. 원로원은 격주로 모여서 상속, 공공질서, 도로 건설, 기타 공공사업 같은 다양한 문제를 주제로 토론하고 법을 만들 의무를 졌다. 하지만 이 땅에서 실제 권력은 황실의 손에 있었다.

또 하나의 귀족 집단은 기사(equestrian) 계층으로, 이들이 이렇게 불리는 것은 이 계급에 속한 이들에게는 공금으로 말 한 필을 받을 자격이 있었기 때문이다. 또한 기사 계급이 되려면 40만 세스테르티우스의 자산이 있어야 했던 만큼, 이들은 매우 부유했다. 기사 계급은 수의 제한이 없었기 때문에 제국 전역에서 부유하고 야심에 찬 지방민과 해방 노예들이 이 계급에 합류할 수 있었다. 사회적 신분이 우위에 있는 사람이 초청을 하거나, 군대나 지방 행정에서 능력을 입증하는 것이 그 방법이었다.

원로원 의원은 넓은 자주색 줄무늬 토가를 입을 수 있었던 반면 기사 계급은 폭이 좁은 자주색 끈 착용과 금반지가 허용되었다. 로마 제국에서 어떤 옷을 입느냐는 그 사람의 사회적 신분에 따라 결정되었다.

사회적 서열상 세 번째로 권세 있는 사람들이 있었다. 참사회 의원으로 알려진 이들은 지방 도시의 엘리트 계층으로, 폼페이와 고린도, 에베소와 알렉산드리아의 시 의회를 운영하는 사람들이었다. 이들은 출신 배경이 다양했다. 사업체를 운영하는 집안 출신으로 이제 지방에서 제국의 행정을 맡게 된 지역 지주도 있었고, 기사 계급이 되고 싶어 하는 집안 출신으로서 신분 상승에 대한 희망을 품고 지방에서 경험을 쌓고 있는 부유하고 문벌 좋은 사람도 있었다.

이들의 부는 이들이 높은 지위를 누린다는 의미였고, 이런 신분 덕분에 이들은 특별한 시 행사 때 공공 비용으로 식사를 할 수 있다든가 하는 특권을 누렸다. 하지만 엘리트 계층 사람들이 늘 그렇듯 이들 또한 공공건물 건축 자금을 대고 대회와 갖가지 구경거리 행사를 마련함으로써 도시의 가치를 높이는 일에 자기 재산을 써야 했다. 공공건물을 짓거나 행사를 마련하는 것은 흔히 속주를 로마화하는 계획의 한 부분이었으며, 참사회가 이런 일의 핵심이었다.

제국의 출세 사다리

1세기 무렵 제국이 확장되어가면서 정부의 규모도 이와 보조를 맞춰 점점 커짐에 따라 원로원 의원이나 기사 계급으로 출세하는 길 비슷한 것이 등장하기 시작했다. '쿠르수스 호노룸'(*cursus honorum*)은 정부 관직의 승진 순서로서, 한 젊은이는 이 순서를 밟아 고위직, 어쩌면 원로원으로까지 승진할 수 있었다. 흔히 행정직(magistracy)으로 일컬어지는 이 일련의 관직은 제국의 어느 곳 어느 수준에서든 행정 업무가 원활히 진행될 것을 보장했다.

신약성경을 읽다 보면 로마의 다양한 관원들이 이 사다리의 다양한 단계에서 임무를 수행하고 있는 것을 보게 된다. 사도행전 18장에는 갈리오가 등장하는데, 제국의 이 지휘 계통을 따라

떠오르고 있는 중요 인물이다. 로마서 16장 23절에서는 고린도시 재무관 에라스도를 볼 수 있는데, 출세의 사다리에서 갈리오보다는 낮은 단계에 있는 사람으로, 제국의 노예나 해방 노예지만 지방 정부에서 좀 강한 영향력을 지닌 사람이었을지 모른다. 물론 복음서에는 본디오 빌라도가 등장하며, 기사 계급 사람으로서 유대 총독을 맡은 로마의 관원이었다.

도움을 구합니다

귀족이 아닌 시민은 모두 평민이었다. 하지만 평민 사이에도 서열이 있었다. 로마에서 곡물 분배는 "공식"(official) 평민(아우구스투스 치세 때 약 20만 명이었던)에게만 허가되었다. 이 중간 계층 사람들은 이런 수급자 명단에 오름으로써 사회적 지위는 높아졌지만, 생계유지를 위해 대부분은 여전히 노동자로 일해야 했다.

대다수 사람은 후견인과 피후견인이라는 복잡한 관계망을 통해 다른 이들과 연결되어 있었다. 노예는 주인의 소유였지만 해방 노예도 법에 따라 전 주인에게 여전히 구속받았으며, 비교적 신분이 낮은 자유민은 출세를 위해 자기보다 부유하고 신분이 높은 사람을 자발적으로 추종했다.

가장 단순하게 볼 때 이는 평범한 상거래처럼 보일 수도 있다. 예를 들어, 엘리트 계층 가정은 항상 근처의 빵 굽는 사람 집에

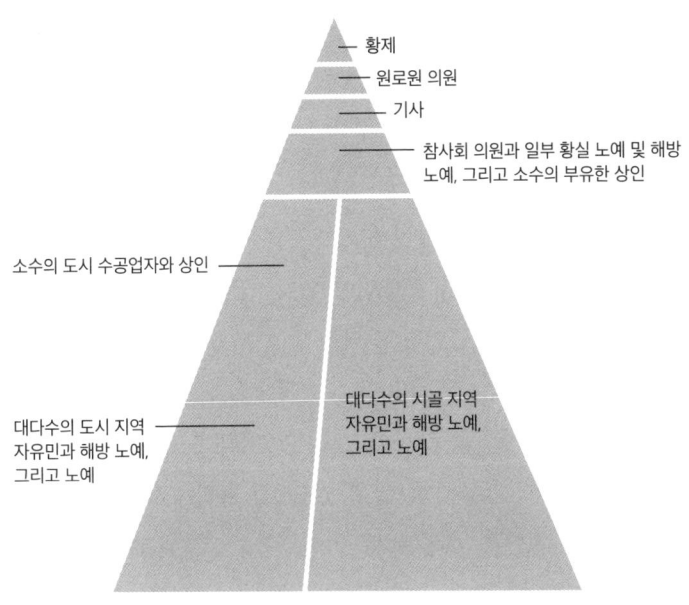

로마의 사회적 피라미드

가서 빵을 산다. 그런데 빵 굽는 집안사람들은 이 엘리트 집안이 전차 경주나 동네 광장에서 연설에 참여하거나 하면 늘 이 집안을 응원하기 위해 나선다. 물건을 구매한다는 것은 곧 충성심을 사는 것이고, 충성심을 보이면 반드시 또 물건을 사준다.

이런 의존 관계는 로마인들의 삶 곳곳에서 볼 수 있다. 황제는 이 후견 피라미드의 정점에 있었다. 황제의 후원이 없으면, 지극히 유능하고 야심만만하고 문벌 좋은 원로원 의원이라도 고위직을 유지할 수 없었다. 하지만 제국이 원활하게 운영될 것을 보장하기 위해서는 황제에게도 그런 피후견인이 필요했다. 원로원 의원들도 연줄이 그리 많지 않은 동료에게 후견인이 되어 주었다.

그리고 이런 관계가 사회적 서열에 따라 아래로 줄줄이 이어졌기에, 모두들 자기보다 조금이라도 높은 지위에 있는 누군가가 자신에게 고개를 끄덕여 주기를 기대했다. 그리고 이런 식으로 해서 사회적 서열의 꽁무니에 있는 사람들도 권력과 권한을 가진 사람들에게 조금이라도 다가갈 수 있었다. 피후견인은 후견인이 실제적으로, 금전적으로, 그리고 때로는 법적으로도 지원해 주기를 기대했을 것이다. 그리고 그 대가로 후견인은 존경과 지지를, 그리고 중요한 일이 있을 때 나타나서 의지가 되어 주는 추종자 집단을 기대했다.

물론 이 체제를 뒤엎는 것은 어느 편에도 이익이 되지 않았다. 이 사회적 계급제도의 정당성에 의문을 제기하는 사람은 거의 없었다. 그렇게 했다가는 장차 자신은 물론 자기 집안의 신분이 상승하는 데 해가 될 터였으니 말이다.

중요한 건 부분을 보는 것

로마 사회에서 명예를 얻거나 잃는 것의 핵심 밑바탕에는 이런 후원 체계가 자리 잡고 있었다.

로마 세계에서 명예는 결코 부차적 가치가 아니어서, 예를 들어 부나 행복 못지않게 중요했다. 명예는 주축이 되는 일차적 가치였다. 또한 명예는 개인과 개인의 집안이 속한 사회적 집단의 의견에 전적으로 달려 있었다.

명예는 공동체 안에서, 동료들 사이에서 한 개인이 체감하는 가치였다. 명예란 문제의 그 개인이 같은 계층 사람들이 동의하고 인정하는 사회적 가치를 지닌다는 주장이었다. 수치는 그 명예에 걸맞지 않다고 여겨지는 행실 때문에 동료 집단이 그 개인이나 그 사람의 집안에서 명예를 거둬갈 때 발생했다.

그러므로 로마 세계의 엘리트 계층에서 명예는 진리나 부보다 훨씬 더 높게 평가되었다. 사실 부는 공적 명예를 획득하는 데 쓰는 도구일 뿐으로, 명예야말로 금고 속 현금보다 훨씬 더 소중한 어떤 것이었다. 그래서 부를 쌓기만 하는 사람은 명예롭지 못했던 반면, 신전이나 도로 혹은 공중목욕탕 같은 멋진 건축물을 짓는 데 자기 재산을 아낌없이 쏟아부은 사람은 대중을 위해 자선을 베푼 사람으로 큰 명예를 얻었다. 명예는 한 마디로 그 사람의 사회적 평판이 공개적으로 인정되는 것이었다.

로마 세계에서 사람들은 두어 가지 방법으로 명예를 얻었다. 즉, 태어날 때부터 명예를 안고 태어나거나, 아니면 자신의 어떤 행위 덕분에 명예를 받는다. 학자들은 명예를 얻는 이 두 가지 방식을 가리켜 출생에 의한(ascribed) 방식과 획득에 의한(acquired) 방식이라고 한다.

출생에 의한 명예는 본인의 업적으로 얻는 게 아니라 그 사람이 태어난 집안으로부터 직접 받는다. 원로원 의원들에게 명예가 있는 것은 이들이 명예를 가지고 태어났기 때문이다. 고대 문헌에서 왜 가계도나 조상들 간의 관련성을 상세히 설명하는 데 시종 초점을 맞추는지는 이로써 설명된다. 또한 왜 1세기 원로원에서는, 수많은 '신흥 부자'가 원로원 계급에 오르면서 로마인의 혈통이 희석되는 문제를 두고 끊임없이 논쟁했는지도 설명해 준다.

반면 획득된 명예는 사회적 지위와 신분을 위한 경쟁을 통해서 얻었다. 개인의 가정이나 가까운 친구 집단 밖에서 발생하는 모든 사회적 접촉은 명예에 대한 도전, 더 많은 명예를 얻을 수 있는 기회, 또는 대중 앞에서 졸렬하게 행동하거나 일을 제대로 수행하지 못함으로써 명예를 잃을 가능성을 뜻했다.

예를 들어, 모욕을 당하거나 고소를 당하는 것은 분명 그 사람의 명예에 대한 도전이었지만, 선물을 준다거나 만찬 초대를 수락한다거나 공공장소에서 토론을 벌인다거나 가난한 사람들에게 물질적 도움을 준다거나 시장에서 상품을 사고판다거나 결혼을 주선한다거나 하는, 일상에서 행하는 적극적 행위는 명예를 높일 수도 있고 잃을 수도 있는 풍성한 기회를 제공하기도 했다.

이는 로마 세계에서 사회적 동료 집단에게 인정받고 칭찬받는 것이 그 사람의 사회적 서열이 결정되는 데 핵심적 요소였다는 의미다. 집단은 개인보다 중요했다.

갈리오

L. 유니우스 갈리오(L. Junius Gallio)는 기원후 51년 7월부터 52년 6월까지 아가야 지역 총독이었다. 갈리오는 누가가 기록한 바울의 고린도 시절(사도행전 18:12-17)에 등장하고, 그리하여 신약성경 연대기에서 중요한 고정점(fixed point)을 제공하여, 신약성경에서 중요한 조연 역할을 한다.

갈리오가 태어났을 때의 이름은 L. 안나이우스 노바투스(L. Annaeus Novatus)로, 대 세네카의 아들이며, 유명한 스토아 철학자인 소 세네카의 형이었다. 그러나 그는 대 세네카의 친구이자 유력한 원로원 의원이었던 L. 유니우스 갈리오에게 입양되었고, 그 후 이름을 L. 유니우스 갈리오 안나이우스로 바꾸었다. 이 새 후원자 덕분에 갈리오는 황실을 섬기는 고위직 사다리를 신속히 통과하면서 권세 있는 친구들을 사귄 것 같다.

델피에서 발견된 한 명문은 갈리오의 이력에 관해 중요한 정보를 준다. 명문은 갈리오가 그 지역 관리로 있을 때 클라우디우스 황제가 시(市) 원로들에게 쓴 편지였다. 클라우디우스는 자신의 이 관리를 가리켜 "나의 친구이자 총독"이라고 했는데, 이는 갈리오가 정말 고위직 사람들을 친구로 두는 복이 있었음을 암시한다.

이 명문이 그렇게 중요한 이유는, 갈리오의 임기에 관해 아주 정확한 날짜 정보를 주기 때문이다. 명문은 이렇게 시작한다. "티베리우스 클라우디우스 카이사르 아우구스투스 게르마니쿠스, 호민관 12년 차요, 스물여섯 차례 황제로 선언된, 조국의 아버지가 문안하니…"이는 이 편지를 기원후 52년 봄에 보냈다는 뜻이며, 갈리오는 이미 총독이었고 1년 임기가 7월부터 이듬해 6월까지였으므로 기원후 51년 7월부터 52년 6월까지 그 자리에 있었던 것이 거의 확실하다.

제국의 최강 권력자들과 어깨를 부딪치며 산 많은 사람이 그렇듯 갈리오의 인생도 다소 위태위태했다. 클라우디우스는 기원후 54년, 나중에 그의 뒤를 이어 황제가 된 네로의 손에 죽음을 맞은 것이 거의 확실한데, 갈리오는 클라우디우스의 죽음 후에도 살아남아 네로 정부에서 계속 고위직에 있었다.

하지만 갈리오는 미치광이 네로의 통치를 버텨내지 못했다. 아버지의 이름을 따라 세네카라 불리는 갈리오의 동생은 기원후 65년 네로를 죽이려는 음모를 꾸몄다가 원로원 앞에서 심문을 당할 위기에 몰리자 자살하는 편을 택했다. 타키투스의 『연대기』에 따르면, 동생이 연루된 이 음모 이후의 과열된 분위기에서 생명의 위협을 느낀 갈리오는 기원후 66년 혹은 67년 결국 자기 손으로 목숨을 끊었다.

하지만 갈리오가 고린도에 총독으로 등장한 덕분에 우리는 바울의 여정과 관련된 날짜를 좀 더 정확하게 추정할 수 있다. 우리가 알기로 이 천막 만드는 선교사는 고린도에 18개월 동안 머물렀다(행 18:11). 바울의 존재와 가르침에 넌더리가 난 회당 구성원들은 새 총독 부임을 기회 삼아 바울을 고소하기로 했다.

이는 사도행전 18장 12-17절에 기록된 사건이 기원후 51년 여름에 일어났음을 암시한다. 이 소송에서 호의적 판결을 받았기에 바울은 갈리오의 나머지 임기 동안 고린도에 머물다가 기원후 52년 여름이나 초가을, 유대인 대적자들이 벌이는 소송에 갈리오만큼 무관심하지 않을 수도 있는 새 총독이 부임할 때 고린도를 떠나기로 마음먹었으리라고 합리적으로 추론할 수 있다.

이는 바울이 고린도에 18개월 동안 머물렀다면 아마 기원후 50년에 고린도에 도착했음을 의미한다. 이렇게 계산하면 누가가 상세히 말해 주는 다른 내용 즉, 고린도에 도착한 바울이 브리스길라와 아굴라를 만났고, 이 부부는 클라우디우스가 로마에서 유대인들을 추방한 탓에 로마에서 빠져나와 최근 고린도에 도착했다는 내용과 딱 들어맞는다(행 18:1).

좌석 배치의 의도를 읽기

노련한 정치가이자 사회 관찰자인 소 플리니우스는 최근에 참석했던 한 연회에 관해 친구에게 편지를 써 보냈다. 연회 주최자는 각 참석자에게 음식을 동등하게 분배하지 않았다고 한다.

최고의 요리는 주최자 자신과 자신이 고른 극소수 손님 앞에 놓였고, 그 외 손님들 앞에는 값싼 지스러기 음식이 놓였습니다. 주최자는 포도주마저도 작디작은 병들에 담아와 세 부류로 나눠 놓았는데, 이는 손님들에게 선택의 기회를 주려는 생각에서가 아니라 손님들이 자기에게 주어진 포도주병을 거절할 수 없게 하려는 것이었습니다. 포도주병 한 무더기는 주최자 자신과 우리를 위해 준비한 것이었고, 두 번째 병들은 비교적 중요성이 덜한 친구들(주최자의 친구들은 모두 등급이 나뉘어 있었습니다)에게, 그리고 세 번째 포도주병들은 주최자와 우리의 해방 노예들에게 돌아갔습니다.

플리니우스는 자신은 그런 대접이 탐탁지 않았다는 점을 분명히 한다. 하지만 이는 매우 흔한 일이었다. 트리클리니움의 소파에도 등급이 있어서, 가장 좋은 자리는 손님 명단에 있는 사람 중 가장 명성 높다고 생각되는 사람에게 주어졌다.

자신은 식탁에서의 평등을 믿는다고 플리니우스는 친구에게 말한다. 그러면서도 그는 신분이 낮은 사람과 한 상에 앉았을 경우, 메뉴는 그 사람들 중심으로 정해져서 모두가 그 음식을 함께 나누어야 하며 이는 일종의 최소 공통분모에 맞춘 음식물 장만 정책이라는 의미임을 분명히 한다.

어디든 공개적으로 가는 곳은 그 사람의 신분을 과시할 기회였다. 원형 경기장 좌석은 사회적 계급에 따라 등급이 매겨졌으며, 어떤 유형의 의복은 일정한 서열의 사람들만 입을 수 있는 옷으로 한정되었다. 넓이가 각각 다른 자주색 줄무늬는 원로원 의원과 기사 계급을 나타냈지만, 토가 자체는 시민과 비 시민을 구별했으며 시민만이 토가를 입을 수 있었다. 아우구스투스는 적절한 공개 행사 때에는 '토가'(그리고 이에 상응하는 옷으로, 시민과 결혼한 여성이 입을 수 있었던 '스톨라'[stola])를 입도록 법제화했다.

아우구스투스는 시민들이 로마의 광장은 물론 제국 전역의 다른 도시에 있는 광장에 들어갈 때면 반드시 토가를 입어야 한다고 주장했다. 또한 극장에 갈 때나 종교 제전에 참석할 때도 토가를 입어야 한다고 했다. 투기장에서 대형 공식 경기가 벌어질 때 시민들은 제대로 의상을 갖춰 입고 자신에게 정해진 구역에 앉아야 했을 것이 분명하다. 아우구스투스 자신은 편하게 있다가 예기치 않게 공식 업무가 생겨서 갑자기 토가를 입어야 할 경우를 대비해 늘 토가 한 벌을 가까이 두었다.

플리니우스가 편지에서 언급하는 만찬 손님들은 모두 사회적 신분이 똑같은 사람들이었는데(그 자리에 있던 해방 노예들은 별개로 하고), 그런데도 만찬 주최자는 이들을 차별했다. 이렇게 엄격하게 구별된 사회적 계층 안에서도 다시 서열이 나뉘는 경우가 종종 있었다.

타고난 신분

노예가 자유를 얻으면 로마 시민이 되는 게 일반적이었다. 그러나 고위직을 얻거나 군대에 들어가는 길은 막혀 있었다. 하지만 상류 계층 사람에게 입양되면 해방 노예도 참사회원이나 기사 계급으로 신분이 상승하는 길을 닦을 수 있었다. 심지어 그렇게 입양된 해방 노예의 후손이 원로원 의원이 되는 것도 가능했다.

황실 노예와 황실 소속이었다가 해방된 노예는 계급에 따르는 직함과 특권은 없었지만 황제에게 접근이 허락되는 위치였기에 원로원 의원도 누리지 못하는 영향력이 있었다. 플리니우스는 그런 명예로운 해방 노예 한 사람에게 주목하게 하는데, 플리니우스가 하는 말을 들어보면 그가 이런 일을 어떻게 생각하는지 의심의 여지 없이 알게 된다.

이 글을 읽으면 농담으로(아니 놀랄 만한 일이지만 결국은 농담이라고) 생각하실 테지요, 눈으로 봐야 믿을 수 있다고 말입니다. 얼마 전 티부르로 가는 길이었습니다. 로마를 벗어난 지 1.5킬로미터가 안 되는 지점에서 팔라스에게 헌정하는 기념비를 봤는데, 명문에 이렇게 적혀 있더군요. "후견인을 충성스럽게 섬긴 보답으로 원로원은 그에게 집정관 휘장과 1,500만 세스테르티우스를 주기로 했지만, 그는 휘장만 받아들이는 게 적절하다고 생각했다."

팔라스는 클라우디우스 황제의 재정 비서로 일한 해방 노예였다. 플리니우스는 편지 뒷부분에서 팔라스를 가리켜 "더럽고 비열한 자"라고 하는데, 그가 노예 출신이기 때문에 이런 말을 하는 것이 틀림없으며, 이런 일에 관해서는 비웃어 주는 게 더 낫다고 덧붙인다. "그렇지 않으면 이런 사람들은 자기가 정말 무슨 공적을 세웠다고 생각할 겁니다." 다른 편지에서 플리니우스는 팔라스가 돈을 거절한 것은 완전히 비열한 짓이었다고 주장한다. 이렇게 명예는 사실 보는 사람의 눈에 달려 있다.

행군 명령을 받고

로마 제국은 그 중심에 군사 독재가 있었다. 제국은 율리우스 카이사르가 암살됐을 때 발발한 내전에서 승리한 데서 탄생했다. 내전의 최후 승자요 율리우스의 양자(養子)로 출발해서 무소불위의 권력을 지닌 아우구스투스로 등장한 옥타비아누스가 승리한 것은 군대 덕분이었다.

옥타비아누스는 그 신세를 갚았다. 강력한 황제의 명령에 따라 세계 최초의 상비군이 탄생했기 때문이다. 제국 초기 이 군대의 규모는 25만 명에 이르렀고, 그중 2/3는 국경에서 평화를 유지하거나 북유럽에서 확장 전쟁을 치르는 데 필요하지 않은 인원이었다.

그래서 군대는 질서 유지를 위해 대기 중이었다. 제국의 주요 도시에 이 군대가 존재하는 것만으로도 황제의 칙서가 집행되는 효과가 보장되었다. 최초로 정규군이 4,500명 규모의 근위대 형식으로 로마에 주둔했다. 근위대는 당연히 1세기 내내 권력의 중심인 정예군이 되어, 그 땅의 최고직위에 오르는 사람에게 영향을 끼쳤다. 점점 더 미쳐가는 칼리굴라를 제거하고 그 후 클라우디우스를 억지로 황위에 오르게 한 것이 그 한 예다.

이에 대한 대가로 군단에는 명예가 주어졌다. 이들은 제국의 극장과 관객석에서 특별 좌석에 앉을 수 있었고 퇴역하면 제국이 개척한 여러 식민지에서 땅과 명예를 하사받아 정착했다.

병사는 20년 복무했는데, 아우구스투스가 기원후 5년에 복무 기간을 16년에서 20년으로 늘렸다. 병사는 법적으로 결혼할 자격이 없었기 때문에 사실혼이 많이 발생했는데, 이런 커플들의 자녀가 군에 많이 입대하는 경향이 있었다. 법률상 혼인 관계가 아닌 남녀 사이에서 태어난 자녀는 민간인으로 사는 삶에 별 전망이 없었기 때문이다. 그래서 군단 생활은 일종의 세습 재산이어서, 여러 세대에 걸쳐 아들들이 아버지를 따라 군복을 입었다.

군단의 표준 급료는 1세기 내내 1년에 900세스테르티우스였고, 복무를 마칠 때 현금이나 토지로 1,200세스테르티우스의 퇴직금을 받았다. 퇴역 군인은 전직 장교였던 사람들이 기회를 줄 수 있는 곳으로 이주하는 경향이 있었다. 기사 계급과 참사회 회원인 이 사람들의 피후견인이 되어 이들을 섬기면 좋은 길이 열릴 수 있었기 때문이다.

클럽에서 봅시다

퇴역 군인들이 만나서 음식도 같이 먹고 추억도 나누는 조합이 있었다. 하지만 군 복무 경험이 있어야 이런 클럽에 가입할 수 있는 것은 아니었다. 앞에서 보았다시피, 아우구스투스가 엄격히 규제했음에도 제국 초기에는 온갖 종류의 자발적 조합이 번성했다. 그런 조합은 여가 활동을 제공했을 뿐만 아니라, 후견할 기회를 주거나 아니면 모험적 사업을 위해서나 그 지역에서 출세하든지 하기 위해 개인 후견인을 만날 기회를 제공했다. 조합은 평범한 사람들에게 소속감을 주고 그리하여 이들이 존재감을 느낄 수 있는 길을 열어 주었다.

자리매김

사람들은 교회를 종교 조직으로 생각하는 경향이 있다. 하지만 로마인들이 첫 그리스도인들을 그런 식으로 보았는지는 분명치 않다.

플리니우스가 그리스도인들이 "신에게 하듯 그리스도에게 찬송을" 부른다고 말한 것은 사실이지만, 이외에 2세기 초 본도와 비두니아의 그리스도인 모임에 관해 그가 묘사하는 말을 들어 보면 하나의 종교 집단(cult)이라기보다 자발적 조합에 더 가까워 보인다.

그리고 신약성경의 증거는 로마인들이 초기 교회를 종교 단체보다는 정치 집단으로 보았음을 암시한다. "그리스도인"(Christian)이라는 이름은 신약성경에 겨우 세 번 나오는데, 이 이름 자체가 위의 사실을 시사한다. 사도행전과 베드로전서에서 이 이름은 그리스도(Christ)라는 이름에 ianus라는 접미사를 붙여서 만든 라틴어의 그리스어 형태다. 이런 이름은 종교 집단이 아니라 정치 집단에 붙여 준다.

사도행전 11장 26절을 보면 예수를 따르는 이들이 스스로 "그리스도인"이라는 이름표를 붙이지는 않은 것이 분명하다. 이는 로마인 이웃들이 붙여 준 이름이었다. 사도행전에서 이 이름이 쓰인 나머지 단 한 구절이 이 사실을 더 확실히 해준다. 사도행전 26장 28절에서 바울은 베스도와 아그립바 앞에서 심문을 당하는데, 유대 땅에서 황실 권력을 대표하는 사람인 아그립바는 바울이 자신을 설득해 그리스도인이 되게 하지는 못할 거라고 분명하게 선언한다. 아그립바는 그리스도인들의 활동을 위험하게 생각하지는 않는다고 나중에 베스도에게 말하기는 하지만, 여기 직접 가담하는 것은 아그립바의 이력에 별 도움이 되지 않을 터였다.

신약성경에서 그리스도인들이 이 이름을 스스로 채택해서 쓰는 유일한 구절은 베드로전서 4장 16절이다. 기원후 60년대 중반, 예수를 따르는 이들에게 긴장이 고조되던 때에 쓴 이 서신에서 베드로는 그리스도인이라는 이유로 비난받아도 부끄러워해서는 안 된다고 수신인들에게 말한다. 문맥상 이는 그리스도인이라는 이름을 스스로 선택하지는 않았지만 그렇게 나쁜 이름은 아니라는 의미일 수 있다. 베드로는 어리석은 사람들의 무지한 말을 침묵시킬 선행이 이들 삶의 특징이어야 한다고 앞에서 이미 말했다(벧전 2:15).

교회는 모여서 함께 먹고 이 운동의 창시자 예수에 관해 더 많이 배우는 자발적 조합 역할을 한 것 같다. 흥미로운 것은, 자신들의 모임을 일컫는 이름을 찾으면서 이들이 그리스어 '에클레시아'(ekklesia)를 골랐다는 것이다. 이 말에서 우리가 쓰는 영어 "교회의, 교회에 관한"(ecclesiastical)이 나왔지만, 1세기에 이 말은 종교 관련 표현이 전혀 아니었다. 이 단어는 온갖 종류의 모임을 일컫는 단어였지만, 특히 그리스 도시들의 시민 모임(행 19:32-41)과 콜레기아 회합을 가리키는 말로 쓰였다.

우리 자신을 뭐라고 부를까?

신약성경에서 이 용어를 가장 흥미롭게 사용한 한 가지 예는 사도행전 19장 39-41에서 누가가 무질서한 모임(riot)과 합법적 민회(lawful assembly)에 관해 이야기하는 부분이다. 누가는 '에클레시아'를 무질서한 모임을 나타내는 말로도 쓰고 합법적 모임을 뜻하는 말로도 쓴다. 그러므로 초기에 예수를 따른 이들은 일상생활에서 자주 들어 친숙할 뿐만 아니라 자신들 고유의 의미를 주입할 수 있을 만큼 융통성 있는 표현을 고른 것 같다.

3장에서 우리는 데살로니가에 교회로 모인 무리가 어떻게 유사하게 고용된 수공업 노동자들의 소규모 모임으로 잘 유지될 수 있었는지를 확인했다. 실제로 이 무리는 외부인들이 보기에 같은 업종에 종사하는 이들이 신의(이 경우에는 예수) 이름으로 모여 함께 식사하고 서로를 지지해 주는 자발적 조합으로 보였을지 모른다.

바울은 고린도 신자들이 쓸데없이 주목의 대상이 되고 교회가 그저 사람을 도취시키는 또 하나의 동방 종교로 보이게 만드는 행동을 하지 않기를 바랐는데, 이 사실까지 추가하면 자발적 조합 같은 모습의 초기 교회 그림이 등장하기 시작한다.

초기 그리스도인들이 자신들의 지도자를 가리키는 말로 선택한 용어 또한 이들이 스스로를 다른 무엇보다도 자발적 조합으로 보았음을 시사한다(이들이 과연 조직 모델을 채택할 생각이었는지의 여부는 흥미로운 문제다. 이들은 스스로를 조직이라기보다 가정에서 모이는 가족 모임으로 여겼다. 169쪽 "가족에게 문안하라"를 보라).

교회가 유대교에서 유래했지만 교회 지도자를 표현할 때 회당 지도자를 일컫는 용어는 쓰이지 않았다. 단 "장로"(elder)는 예외였는데, 이에 관해서는 나중에 간단히 살펴보겠다. 게다가 회당장이 새 신앙으로 회심한 예가 적어도 한 번은 있었음에도(행 18:8) 이러했다. 그런데 바울이 고린도교회에 보내는 편지에서 그리스보가 언급될 때, 그리스보가 비록 회당장 역할을 하고 있으나 교회에서도 그런 호칭을 유지하고 있는지에 대한 언급은 없다.

신약성경의 교회에서 지도자를 일컫는 가장 일반적인 말 세

가지는 '디아코노스'(*diakonos*: 종이란 뜻으로, 집사[deacon]는 이 말에서 나왔다), '프레스부테로스'(*presbuteros*: 장로 혹은 노인), '에피스코포스'(*episkopos*: 감독자를 뜻하는 용어로, 감독[bishop]은 이 말에서 나왔다)다. 첫 번째와 세 번째 용어는 자발적 조합에서 주도적 역할을 하는 사람에게 일반적으로 쓰이는 말이었다. 두 번째 용어는 회당에서 나이와 경험 덕분에 지도자 노릇을 하는 사람에게 쓰이는 표현이었다.

가족에게 문안하라

로마서 16장을 읽다 보면 바울이 자기 친척이 아닌 동료 그리스도인들을 묘사할 때 가족에게 쓰는 말을 사용하는 것을 곧 알 수 있다. 바울은 사랑하는 여러 사람, 이를테면 암블리아(16:8) 같은 사람에 관해 이야기하고, 여러 다양한 사람이 바울의 친한 친구이며-에배네도(16:5), 스다구(16:9), 버시(16:12) 같은 사람들에 관해 바울은 각각 "사랑하는"이라는 표현을 쓴다-루포의 어머니는 바울에게도 어머니였다(16:13).

여기서 우리는 대개 생물학적인 가족에게 쓰는 말이 제국 전역의 교회 구성원들에게 쓰이고 있는 것을 본다. 배경도 다르고, 인종도 다양하고, 누리고 있는 경제적 성취 수준도 다양한 이 사람들이 한 가족 노릇을 한다.

고린도전서 8장에서는 이를 훨씬 더 분명히 확인할 수 있는데, 여기서 바울은 교회 구성원들이 서로를 어떻게 대해야 하는지에 관해 이야기한다. 바울은 시장에서 산, 혹은 이웃집이나 자발적 조합 연회가 열리는 신전에서 먹은 고기 문제에 관해 이야기한다. 바울은 서로 다른 교회 구성원들이 이 문제를 각각 다른 관점에서 본다는 것을 알고 있는데, 이들이 이 문제를 각각 다르게 보는 것은 보통의 사회적 서열상 각 사람이 차지하는 위치가 다 다른 데서 빚어지는 결과임이 거의 확실했다.

바울의 설명 방식은 아주 단순하다. 그는 고린도 교인들이 한 가족임을 일깨운다. 8장의 결론인 마지막 세 절에서 바울은 "형제"로서 실족하게 된 사람에 관해 네 번이나 이야기한다. 간단한 대명사로도 충분했을 문장에서 바울이 이렇게 여러 번 형제라는 말을 쓰는 것은 그리스도를 믿는 공통의 믿음으로 형성된 밀접한 가족 관계를 강조하고 싶기 때문이다.

실제로 바울은 자신의 편지들에서 "형제"라는 말을 112번이나 쓴다. 다른 로마인 집단에서 서로에 관해 형제나 자매라는 말을 쓰는 일이 전혀 없는 것은 아니었지만, 바울의 경우에는 이것이 아주 빈번하기에 이는 바울이 교회를 이해하는 핵심 방식임이 분명하다.

그리고 이것이 중요한 이유는, 가족은 그 사람의 사회적 지위의 주요 근원이요 그 지위를 유지시켜 주는 것이기 때문이다. 한 사람의 명예는 그 사람의 가족에게서 획득된다. 바울의 말은, 사회적 사다리 상 어느 단계에 있든 상관없이 그리스도인은 하나님의 아들 예수를 중심으로 연합하는 단체의 일원이 되는 데서 지위와 명예를 얻는다는 것이다.

이런 사상은 바울이 로마서에서 입양 관련 언어를 쓰는 것으로 강화된다. 로마서에서 바울은 하나님의 영의 인도를 받는 사람은 하나님의 아들들이라는 놀라운 주장을 한다(롬 8:14). 로마의 첫 신자들은 이 말을 듣고 완전히 놀랐을 수도 있다.

로마에는 이미 신의 아들이 있었다. 카이사르가 바로 신의 아들이었다. 이는 아우구스투스가 치세 초기에 스스로 취한 호칭이었고, 그의 뒤를 이어 황제가 된 사람들에게 넘겨졌다. 그런데 여기서 바울은, 하나님의 아들인 주 예수 그리스도의 아버지 하나님에게 선택받았으므로 이 평범한 사람들, 이 수공업자들, 사회적으로 아무것도 아닌 사람들이 하나님의 아들들이라고 말하고 있다. 더 놀라운 것은 바울이 여기서 입양 용어를 쓴다는 점이다. 아우구스투스의 뒤를 이어 황제가 된 처음 네 사람, 즉 율리우스 클라디우스 왕조(Julio-Claudians)의 황제들은 아우구스투스가 맨 처음 율리우스 카이사르에게 입양된 것처럼 저마다 전 황제에게 입양된 결과 최고 지위에 오를 수 있었다. 여기 로마의 셋집과 작업장, 도시에서 가장 가난한 구역의 뒷골목에서, 평범한 사람들이 신(神)의 가정에 입양되고 있었다. 카이사르가 그랬던 것처럼.

여기서 사회적 지위 개념이 근본적으로 재구성되었다. 바울은 이 평범한 노동자들에게 말한다. 본업이 무엇이든 예수를 따르는 이들로서 이들은 왕의 아들이요 딸이라고 말이다.

바울의 사회적 지위

3장에서 말했듯이, 부유한 엘리트 계층은 손으로 노동하는 사람들을 깔봤다. 실제로 작가 플루타르코스는 다음과 같이 냉정하게 말한다. "우리는 수공업자와 장인의 작품은 좋아하면서 노동자는 멸시한다…작품이 그 세련됨으로 기쁨을 준다고 해서 그 작품을 만든 사람이 반드시 존경받을 가치가 있지는 않다." 그리고 철학자들은 육체노동에 관해 아무것도 모른다는 것을 자랑으로 여겼다.

이 때문에 바울은 뭔가 좀 수수께끼 같은 인물이 된다. 여기, 글을 읽고 쓸 수 있는 사람, 단순히 읽고 쓸 줄 아는 게 아니라 그의 글과 사상의 질로 판단해 볼 때 말과 글에 조예가 깊은 한 사람이 있다. 이 사람은 시인과 철학자에 정통하고 이들의 글을 아무렇지도 않게 인용하는 사람이다. 유대인 아버지가 아들에게 돈으로 시켜 줄 수 있는 최고의 교육을 받았다는 자랑거리를 가진 사람이다. 그런데 이 사람은 손으로 노동하는, 천막 만드는 사람이다. 그뿐만 아니라 이 사람은 자신이 힘들게 일하는 것을 본받으라고 말한다.

우리는 이 사람을 어떻게 판단해야 할까? 특히, 이 사람이 이 장에서 설명한 사회적 서열의 어느 단계에 있는 것으로 보아야 할까?

스스로의 선택

바울이 고린도와 데살로니가 교회들에 보낸 편지를 읽어보면, 바울의 육체노동은 단순히 남에게 신세 지지 않고 생계를 이어가는 수단이기만 한 게 아니라, 예수를 따르는 이들이 제국의 사회적 서열을 어떻게 보아야 하는지에 관한 의도가 담긴 선언이라는 것이 분명해진다.

순회 교사로서 바울은 자신이 가르치는 사람들에게 지원을 받을 수도 있었다. 강의료를 받거나, 아니면 방문하는 교회의 부유한 교인에게 후원을 받을 수도 있었다. 고린도에 있는 교회들은 그렇게 하기를 바랐던 것 같다. 이들 공동체에는 재력가들이 있었는데, 소수이긴 해도 의미 있고 목소리 큰 존재였던 이들은 바울이 후원을 거절할 뿐만 아니라 일을 계속하기를 고집함으로써 바울 자신만이 아니라 암암리에 자신들의 체면에까지 먹칠하는 것을 불쾌히 여겼다.

고린도전서 9장에서 바울은 이 점을 인정한다. 사실 자신을 후원해야 한다고 고린도 교인들 앞에서 주장할 수도 있으나 그렇게 하지 않기로 한 것은, 바울 자신의 요구에 의해서든 자신의 방문을 돕는 후원자들의 요구에 의해서든 이들 교인에게 그 어떤 부담도 지우지 않고, 아무런 부대조건 없이 예수에 관한 좋은 소식이 전해지기를 바라기 때문이라고 바울은 말한다.

바울은 권리, 특히 명예와 지위에 대한 권리에 매우 신경 쓰는 사람들을 향해 말하면서, 자신은 그런 권리를 한쪽으로 제쳐 놓았다고 한다. 정당한 대가를 받는 것보다는 예수의 복음을 전할 수 있는 것이 바울에게는 더 중요했다.

노동은 좋은 것

데살로니가 교인들에게 보내는 편지에서도 바울은 똑같은 말을 하면서 자기 삶의 방식이 이들이 따라야 할 모범이라고 덧붙인다.

이 자그마한 교회는 이 교회가 태어난 작업장에서 여전히 모이고 있었으리라는 점을 앞에서 이야기했다. 이 교회는 소수의 수공업자와 어쩌면 이들의 가족으로만 구성되었을지 모른다. 이들과 함께 있었을 때 바울은 이들과 똑같이 일했다. 천막을 만들어 팔아서 스스로 생계를 이어갔으며, 어쩌면 자신만큼 장사가 잘 안되는 사람의 생계를 도왔을 수도 있다.

이것이 데살로니가전서 2장 1-12절의 주제다. 4장 9-11절에서 바울은 수신인들에게 자신의 예를 적용하면서, 손으로 일하기를 힘쓰며 누구에게도 의존하지 말라고 역설한다. 175쪽("공동체 안에서 선을 행하기")의 내용처럼 여기서 바울은 계속 힘써서 일하라는 권면만이 아니라 그 이상의 것을 염두에 두고 있을 가능성도 있다.

하지만 이 교회에 두 번째 편지를 쓸 때 바울은 값을 치르지 않고는 누구의 음식도 먹지 않았다고 하면서 이 조언을 되풀이한다(살후 3:8). 간단히 말해 이는 가난한 수공업자는 순회 교사들을 후원할 만한 여유가 없었기 때문이다. 그래서 바울은 자신처럼 하라고, 일해서 남에게 신세 지지 않고 생계를 유지하며 타인에게도 선을 행하라고 교회 안의 모든 사람에게 권면한다.

여기서도 바울은 부유한 후견인의 사회적 지위를 높이는 데 일조하므로 후견인을 우려먹어도 된다고 하는 문화를 넌지시 비판하고 있는 것 같다. 바울은 그런 행동을 하지 않을 것이다. 데살로니가전서 4장 11-12절에서 바울이 말한 것처럼 우리는 누구에게도 의존하지 말아야 한다. 우리의 품격은 자기 손으로 일해 무언가를 만들어 팔아서 자기 생계도 해결하고 일할 수 없는 사람이나 불운한 사람과 가진 것을 나눌 수 있게 되는 데서도 생겨난다.

공동체 안에서 선을 행하기

초기 그리스도인들은 평범한 노동자들이었고 교회가 뿌리를 내린 각 도시에는 그리스도인이 그다지 많지 않았기 때문에, 이들은 남의 관심을 끄는 행동을 피하고 조용히 사는 편을 택하고 싶은 마음이 있었다.

하지만 신약성경 기자들은 정반대로 하라고 이들에게 말했다. 그리고 흥미롭게도 이들은 엘리트 계층 사람들이 쓰는 바로 그 시스템을 이용해 제국을 전복하고 이웃의 모든 사람을 위해 다른 세상을 만들라는 권면을 받았다.

베드로가 오늘날 튀르키예의 마을과 도시에 흩어져 있는 공동체에게 쓴 편지에서 이 사실을 아주 분명히 볼 수 있다. 그리스도인이라고 비난당한다 해도 두려워하지 말라고 이들에게 말하는 것으로 보아 베드로는 이들이 곤란한 상황을 마주하고 있다는 걸 알고 있었다.

그러나 베드로전서 2장 11-17절에서 베드로는 예수를 따르는 이들은 남의 관심 끄는 행동을 하지 않고 조용히 살기보다, 오히려 이웃들 사이에서 선한 행동을 함으로써 자신들을 비난하는 이들의 어리석은 말을 침묵시켜야 한다고 말한다. 베드로가 2장 14절에서 쓰는 표현은 바울이 로마서 13장 3-4절에서 쓰는 표현과 아주 비슷하다. 이유는 아주 단순하다. 공동체 안에서 타인에게 호의를 베푸는 이들에 관해 사람들은 이런 식으로 말한다. 특히 그 사람들은 그 선한 행동에 관해 이런 식으로 주목받고 명예를 얻는다.

그래서 베드로와 바울 두 사람 모두 그리스도인은 남의 눈에 안 띄게 조용히 살기보다는, 당국의 칭찬을 받을 만하다고 이웃 사람들에게 인정받는 일을 해야 한다고 주장한다.

7장에서 약간 다른 각도로 살펴볼 테지만, 바울은 데살로니가 교인들이 바로 이렇게 해야 한다고 역설한다. 바울은 데살로니가 교인들 중에 일부 게으른 사람들이 있다고 말한다. 즉, 이 사람들은 손으로 일을 하지 않는다는 말이다. 이들은 일은 하지 않고 다른 사람들의 사업에 참견하고 남에게 의존해서 날마다 필요한 것들을 얻어낸다(살전 4:11-12와 살후 3:6-15).

바울이 여기서 암시하는 것은, 이 사람들이 자기보다 부유한 사람의 피후견인이 되어, 필요한 경우 법정이나 광장에서 후견인을 지지해 주고 후견인 대신 심부름을 해주며 후견인을 지지하는 모습을 보여 줌으로써 여러 면에서 명예를 쌓는다는 것이다.

바울은 이런 삶은 그리스도인을 위한 삶이 아니라고 말한다. 예수를 따르는 이들은 손으로 일하기를 힘써서, 피후견인보다는 자선을 베푸는 사람이 될 수 있어야 한다고 바울은 말한다. 명예와 신망을 안겨 주기 때문에 후견인으로 행동하는 사람이 아니라, 행해야 할 선(善)이 있고 또 그 선행이 자신들이 섬기는 하나님에 관해 이웃에게 무언가를 보여 주기 때문에 공동체 안에서 선을 행하는 사람이 되어야 한다고 말한다.

하나님의 백성은 선한 일을 해야 한다는 아주 강력한 주제가 신약성경을 관통해 흐른다. 그래서 갈라디아서 6장 10절에서 바울은 모든 이들에게, 특히 동료 신자들에게 선을 행하라고 역설하며, 디도서를 마무리하는 3장 14절에서는 선행의 필요성에 상당히 초점을 맞춰 "우리 사람들도 열매 없는 자가 되지 않게 하기 위하여 필요한 것을 준비하는 좋은 일에 힘쓰기를 배우게 하라"고 말한다. 후견인을 둔 이들은 열매 없는 자들이지만, 예수를 따르는 사람으로서 자기 손으로 일하고 자기가 가진 것을 궁핍한 이들과 나누는 이들은 결코 열매 없는 자들이 아니다.

신약성경 기자들은 기독교 신앙은 급진적 메시지라고 주장한다. 이 신앙은 개별 신자들을 변화시킬 뿐만 아니라 이들이 일하며 살아가는 세상까지 변화시킬 수 있다고 말이다.

성공의 열쇠

이것이 우리가 제국에서 만나게 되는 초기 교회들의 중심을 형성한 듯한 평범한 수공업자들에게 기독교 신앙이 그토록 매력적인 것으로 입증된 한 가지 핵심 이유일 수 있다.

여기 자신들과 다를 것 없이 사는 어떤 사람이 설교하는 새 생명과 소망에 관한 메시지가 있었다. 바울은 부잣집에서 안전하게 살면서 선한 삶을 사는 법에 관해 조언하는 부유하고 맥 빠진 지도자가 아니었다. 바울은 가죽 노동자요 천막 만드는 사람으로서, 해 뜰 때부터 해 질 때까지 자기 손으로 일해 자기 먹을 양식을 사는 사람이었다.

하지만 그보다 더한 게 있다. 이 삶은 복음을 설교함으로써 생계비를 벌 수 있는 모든 권리를 가졌음에도 바울이 선택한 삶이었다(고전 9:1-14). 그리고 이 선택은 두 가지를 동시에 이룬다.

첫째, 이 선택은 육체노동의 가치를 높이고 육체노동에 엄청난 가치를 부여한다. 삶을 변화시키는 믿음을 설파하는 사람이 육체노동으로 살아간다면, 그 설교를 듣는 이들은 이 믿음이 자신들과 자신들이 영위하는 삶을 진중하게 받아들인다는 인상을 받을 것이다.

둘째, 이 선택은 사회가 사람들을 평가하는 방식에 이의를 제기한다. 이 믿음을 창시한 분은 그 자신이 거의 평생을 목수로 사셨기에, 제국 전역의 수공업자들은 자신들이 성육신하신 하나님과 똑같은 수준의 사람들임을 돌연 깨닫게 된다. 그리고 사회적 서열은 지금까지 이들을 명예도 없고 지위도 없는 밑바닥 인생으로 묶어 두었지만, 하나님의 시선에는 그 서열이란 것이 사람들의 가치에 내려지는 최종 평가가 결코 아닌 것이다.

이렇게 사회적 서열을 전복시켰기에 기독교 신앙은 제국의 뒷골목으로 서서히 스며들어 가면서 지속적 매력을 증명했다.

6장

가정생활

대다수 도시인들에게 가정은 삶의 중심이었다. 가족들이 사는 집은 자녀 교육이 시작되는 곳, 노인들이 돌봄 받는 곳, (대다수 사람들이) 일을 하는 곳이었다. 집은 사람들로 북적거리는 곳일 수도 있었다. 삼촌, 숙모, 사촌들이 노예, 해방 노예, 피후견인들과 함께 온종일 어깨를 부딪치며 살았다. 북적거리는 집은 가난한 사람들이 사생활이라고는 없이 사는 곳이었던 반면, 부자들의 집은 오늘날 서구 세계의 가정집에 비해 훨씬 더 외부인들에게 개방적이었다.

교회는 그런 가정집에서 태어났다. 그리고 예수를 따르는 이가 됨에 따라 사람들은 새 믿음이 가정생활의 모든 국면에 어떤 의미를 내포하는지를 생각해 봐야 했다.

토대 놓기

키케로는 로마인들에게 가정이 얼마나 중요했는지를 다음과 같이 전해 준다.

생식 충동은 모든 동물에게 공통된 충동이기에 사회는 원래 한 쌍의 남녀로, 다음으로는 자녀들과의 쌍으로, 그리고 이어서 한 가정과 공통의 만물로 구성된다. 이것이 도시의 시작이며 국가의 모판(seedbed)이다.

그러므로 가정 고유의 기능은 개인의 행복 및 사회가 원활하게 돌아가는 데 필수적이었다. 이런 이유로 로마인들의 가정은 철학자의 눈으로 보기에 질서와 위계가 있는 곳이었다. 그리고 이런 견해 뒤로는 법적 의견이 좀 멀리서 뒤따랐다. 그리고 현실은 상당히 뒤처져 있었다.

이론상으로나 법적으로 아버지, 즉 '파테르 파밀리아스'(*pater familias*)는 가정의 가장으로서 생물학적 관계가 있든 없든 자기 집 지붕 아래 사는 모든 이에게 절대 군주의 권한을 행사했다. 이 권력은 '파트리아 포테스타스'(*patria potestas*, 가장권)로 알려져 있었다.

이는 로마 시대 아버지는 집안의 모든 재산의 소유자라는 의미였다. 심지어 성인 자녀의 재산은 물론 노예가 주인을 위해 일하면서 번 돈이 있다면 그것마저도 말이다. 자녀가 누구와 결혼할지 결정할 권리는 오직 아버지에게만 있었다. 아버지는 심지어 삶과 죽음까지 제어했다. 파테르 파밀리아스의 집 지붕 아래서 아기가 태어나도 그가 아기를 집어 높이 들어 올리기 전에는 가족으로 받아들여지지 않았다. 가장의 말 한마디면 아기는 집 밖으로 내쳐져 자연이나 낯선 사람의 친절에 운을 맡기는 수밖에 없었으며 이것이 이른바 영아 유기다.

그러나 자녀를 지나치게 사랑하는 아버지는 자녀에게 영향을 받고, 아내를 사랑하는 남편은 아내의 의견에 흔들리는 것이 현실이었다. 게다가 많은 권력을 행사할 수 있기도 전에 세상을 떠나는 파테르 파밀리아스도 많았다. 당시의 기대 수명이 그 정도밖에 안 되었기 때문이다(이에 관해서는 나중에 살펴보겠다).

결혼하기

결혼은 제국에서 가정생활의 기초였다. 로마인들의 결혼은 한 남자와 한 여자 커플의 합의로 이뤄졌다. 국가는 결혼이 이뤄지는 데 아무 역할도 하지 않았다. 심지어 결혼 등록부도 없었다. 종교도 결혼식에 중요한 역할을 하지 않았다. 결혼식을 중심으로 종교 의례가 있기는 했지만, 어떤 부류든 사제가 종교적 결혼 예식을 집례하지는 않았다.

결혼이 이뤄지는 가장 단순한 방식은 커플이 1년 동안 함께 사는 것이었다. 이 기간이 끝날 무렵이면 이 두 사람이 부부로 결합했다고 모두가 인정했다. 이때 법률상으로 발생한 일은, 남자가 12개월 동안 자신이 관리해 온 모든 재산에 관해서와 마찬가지로 여자에게도 이제 '마누스'(*manus*, 부권 또는 권위)를 지닌다는 것이다.

'마누스'란 통제를 뜻하며, 문자적으로는 '손'이라는 의미다. 파테르 파밀리아스는 자녀를 포함해 자신의 모든 재산에 부권을 행사했다. 파테르 파밀리아스는 죽을 때까지, 아들이든 딸이든 성인 자녀에게도 이 마누스를 휘둘렀다. 파테르 파밀리아스는 '에만시파티오'(*emancipatio*)행위를 통해 자녀를 풀어놓아 주기로 할 수도 있었는데, 이는 문자적으로 제삼자에게 판매한다는 뜻이며, 물론 돈이 오가는 거래가 아니라 대개는 일종의 의식으로 진행되는 게 특징이었다.

딸에 대한 '마누스'는 딸이 결혼할 때 딸의 남편에게 넘어갔다. '마누스'를 넘기는 가장 단순한 방식 또한 1년간의 동거를 통한 방식이었다. 물론 통상적으로 결혼이 이뤄지려면 딸 자신이 동의해야 하고 딸의 집안도 동의해야 했다. 이런 식의 결혼은 십 대 후반과 이십 대 여성 같은 비교적 나이든 여자들 사이에서 좀 더 일반적이었다.

여성의 통상적 결혼 연령은 열두 살에서 열여섯 살 사이였다. 결혼식은 양가에서 준비했으며, 신부의 지참금을 두고 협상을 벌인 후 양가 가족이 참여하는 예식이 진행되었다. 하지만 나이가 이렇게 어려도(신랑은 아마 신부보다 열 살은 많았을 것이다), 결혼식이 이렇게 진행되려면 신부와 신랑의 동의가 있어야 했다.

이런 식으로 결혼이 이뤄지는 것은 당연히 엘리트 집안 및 어느 정도의 수입이 있고 사회에서 내로라하는 인물이 되고 싶어 하는 도시인 집안에 해당하는 방식이었다. 양가 사이에 결혼이 정해지는 것은 흔히 이웃들의 시선으로 볼 때 두 집안이 사회적 이득을 보장받기 위해서였다.

수공업자 가정과 사회적 서열의 밑바닥 가까이에서 근근이 살아가는 이들의 가정은 아마 딸들이 숙련된 기술자와 결혼하기를 바랐을 것이다. 어쩌면 이웃 작업장을 쓰고 있는 집안의 견습공이나 그 집 아들과 결혼하기를 바랐을 수도 있다. 사실 기록이 별로 없다는 것은 상류층 이외의 결혼 관행에 관해 우리가 아는 것이 거의 없다는 뜻이다.

대다수 결혼의 특징은 예식과 잔치였다. 사람은 누구나 축하하기를 좋아한다. 그런 결혼 예식의 흔한 특징 한 가지는 이른바 "신부에게 베일 씌우기"였다. 문제의 그 베일은 대개 밝은 주황색이어서 그 자리에 있는 사람 누구도 그 상징성을 놓칠 수 없었다. 즉 오늘부터 이 여자는 이 남자의 아내라는 것이었다.

남편들이 토가를 입는 것처럼, 결혼한 로마 여인들은 보통 바닥에 닿는 길이의 소매 달린 가운인 '스톨라'를 입거나 튜닉을 걸쳤다. 이런 의상은 이들이 로마 시민임을 나타냈고, 여성의 경우 이는 이 여성이 어떤 세계의 남성과 결혼했는지를 보여 주었다. 결혼한 여성은 외출할 때 보통 스톨라를 입고 팔라를 걸쳤는데, 팔라는 한쪽 어깨에 걸친 후 뒤통수 쪽으로 끌어올려 두르는 숄이었다. 이는 고린도전서 11장을 읽을 때 중요한 의미를 던져 줄 수 있다.

헤어지기

제국 초기에 이혼은 결혼만큼이나 간단했다. 이혼에 필요한 것은 부부를 결합시킨 그 합의를 파기하는 것뿐이었다. 이혼하는 부부의 집안과 친구들에게 이혼 사실을 알리는 게 중요했다. 많은 이혼이 상당히 품위 있게, 완전히 우호적으로 이뤄졌고 양측 모두 제 갈 길로 가면서 아무 제약 없이 새로운 관계를 맺을 수 있었다.

하지만 자녀 문제 때문에 대개의 결별은 좀 까다로웠다. 재산 때문에 복잡한 문제가 발생할 수도 있었고, 특히 신부가 상당액의 지참금을 가져왔을 때는 더욱 그랬다. 여자의 집안에서는 지참 물품을 돌려받거나 그에 상응하는 현금을 받을 수 있기를 기대했다. 이는 남편과 아내 집안의 파테르 파밀리아스가 생존해 있다면 이들이 애초에 결혼식에 관여했던 것처럼 이혼에도 관여할 수 있다는 의미였다. 부부가 헤어질 때 처리해야 할 금전 문제가 있다면 그 일은 양측 아버지들의 몫이었을 것이다.

이혼한 부부의 자녀는 아버지와 함께 살러 갔다. 아버지는 이들의 법적 보호자였고, 자녀는 아버지 집안의 혈통을 잇는 데 없어서는 안 되었다. 하지만 어머니도 자녀와의 접촉을 이어갔다. 이혼 당사자 모두 재혼할 수 있었고, 남편보다 나이가 적을 것이 거의 확실한 아내 측은 당연히 다시 결혼해서 자녀도 더 낳을 것으로 기대되었을 것이다.

이는 많은 로마인 가정이 계부와 계모, 의붓 형제자매의 존재가 지극히 흔한, 아주 복잡한 가정이라는 의미였다. 게다가 자녀들은 유모나 가정교사까지 엮여서 어머니와 아버지의 재혼 가정으로 들어가서, 그 새 가정의 자녀와 유모와 가정교사 들과 합류했을 것이다.

가족은 기쁨을 주는 사람들

로마의 여성들은 평균 여섯 명 이상의 자녀를 두었다. 다섯 살 미만 영아 사망률이 아주 높았기 때문에 그 정도는 낳을 필요가 있었다. 실제로 여성들은 남편의 가계를 확실히 잇기 위해 자녀를 다섯 이상은 낳아야 했다.

로마인들은 부모 모두 자녀를 덮어 놓고 귀여워하고 부모 모두 자녀의 발전과 교육에 관심을 가질 만큼 자녀를 사랑한 것 같다. 부모보다 먼저 세상을 떠난 자녀와 유아의 묘비에 애틋하고도 자상한 부모의 마음을 비문으로 새겨 둔 것을 보면 이를 알 수 있다.

이는 부잣집일수록 자녀가 어릴 때부터 유모가 먹이고 돌보았으며 가정교사도 두었을 가능성이 컸다는 말이다. '파이다고구스'(paidogogus)라고 불린 이 노예는 사실 주인의 자녀를 체계적으로 가르칠 책임보다는 자녀(특히 아들)가 말썽을 일으키는 일이 없게 하고 밖을 돌아다니다가 집을 잃어버리지 않도록 할 책임이 더 컸다.

유모와 파이다고구스 두 사람 모두 아이에게 그리스어로 매우 자주 말했을 것이며, 역시 부유한 집안에서 특히 더 그랬을 것이다. 그리스어는 품위 있는 교육의 필수 요소로 여겨졌으며, 로마 세계가 확장해 과거 알렉산드로스 대제의 제국이었던 땅까지 포함하게 된 이후 줄곧 그러했다.

사람들이 가정에 매우 마음을 썼다는 증거는 철학자와 작가의 작품에서, 그리고 원로원의 토론 기록에서도 찾아볼 수 있다. 티베리우스 시대에 원로원 의원들은 총독이 해외로 부임할 때 당시 임기가 보통 1년에 지나지 않는데 과연 가족을 대동하고 가야 하는지 토론을 벌였다.

다름 아닌 황제의 손자 드루수스는 가족과 헤어지는 건 고통스러우므로 남편이 처자식과 떨어져 있게 해서는 안 된다고 주장했다. 그러면서 가족을 데리고 가는 부임의 가치를 칭송했다. 그리고 드루수스의 입양된 형제인 게르마니쿠스도 이집트로 임무 차 가면서 처자식과 헤어질 때 깊은 아픔을 느낀 것에 관해 이야기했다.

공부 잘하기

교육은 사회적 계급에 따라 다양하게 이뤄졌다. 대다수 국민에게 교육은 아주 초보적인 수준이었다. 수공업자의 자녀는 아마 어릴 때부터 부모의 작업장에서 일을 도왔을 것이다. 아버지나 어머니가 글을 읽을 수 있다면, 화물 증권 같은 것을 읽고 서명까지 할 수 있다면, 이 기술이 자녀에게 전수되었을 것이다. 그렇지 않은 경우, 교육은 그저 가업을 배우는 것일 뿐이었다. 이런 가정의 장남이 다른 수공업자나, 또 아주 드물게는 글을 가르치면서 필사자나 서기관 훈련을 시켜 주는 사람에게 도제로 들어가기도 했다.

도시 당국이 제공하는 국가 교육이 없었기 때문에 7세에서 11세 사이 아이들을 위한 초등학교는, 학식을 갖춘 사람 중에 가게를 임대할 능력이 있거나 광장 일부 구역에 표시하고 교실을 설치할 수 있는 사람이 운영하는 경향이 있었다. 교실에 비품이나 책은 없었다. 교사는 커다란 의자에 앉고, 남자아이들뿐만 아니라 종종 여자아이들까지 교사를 중심으로 바닥이나 걸상에 둘러앉았다. 이들은 교사의 말을 복창하고 밀랍 판에 철필로 써 가면서 기계적 암기 방식으로 공부했다.

노동자 가정에서 태어난 머리 좋은 아이들은 도시에서 우연히 마주하는 것들에서 약간의 그리스어, 수학, 연설의 틀을 짜는 능력 등을 드문드문 배웠다. 이런 아이들은 광장을 어슬렁거리며 웅변가와 철학자가 최신 이론을 해설하는 것을 들었다. 이 아이들은 심지어 법정에서 일어나는 일을 엿들었을지도 모른다(재판도 야외에서 진행되었으므로). 제전 때에는 신전 계단에서 낭독이나 드라마가 진행되는 것을 보고 듣고, 대사 몇 줄을 외워가서 저녁 식사 후에 부모를 즐겁게 해주었을 수도 있다.

부유한 집 아들들은 초등학교 과정에 이어 중등 교육을 받았다. 도시마다 중등학교가 몇 곳 있기는 했지만, 학생들은 대개 교육을 더 받기 위해 친척 집에 와서 머무는 부유한 나라 사람들의 아들들이었다.

십 대 남자 아이들은 철학, 수사학, 천문학, 기하학, 산수를 배웠고 음악과 극예술도 배웠다. 교육은 책을 기반으로 이뤄졌는데, 책이 몇 권 없어서 모두에게 고루 돌아갈 수 없었기에 교사가 한 구절을 읽고 설명을 해주었을 것이다. 학생들이 책 내용을 기억할 수 있도록, 교사는 본문이 암기될 때까지 되풀이해서 읽어 주었을 것이다. 학생들은 본문에서 발췌한 내용을 자신의 밀랍 판에 필기했을 것이며 그런 식으로 본문을 학습해야 했을 것이다.

플리니우스

로마인들이 초기 그리스도인들을 어떻게 보았는지에 관해 우리가 알고 있는 내용의 주요 출처 중 하나는 소 플리니우스다. 소 플리니우스는 기사 계급으로, 평범한 공무원직을 거쳐 본도와 비두니아 지역의 총독까지 되었다.

소 플리니우스는 기원후 62년 북이탈리아의 비교적 부유한 집안에서 태어났으나 어머니의 남자형제이며 우리가 대 플리니우스로 알고 있는 G. 플리니우스 세쿤두스(G. Plinius Secundus)에게 입양되었다. 덕분에 소 플리니우스는 로마 엘리트 계층 중에서도 고위층으로 신분 상승을 할 수 있었다. 숙부가 기원후 79년 폼페이를 파괴한 베수비오화산 폭발 때 사망하자 소 플리니우스는 연 40만 세스테르티우스의 가치가 있는 재산을 상속받았다.

훌륭한 교육을 받은 소 플리니우스는 시리아(수리아)에서 짧은 군 복무를 마치고 제국을 섬기는 일을 하게 되었다. 군 생활을 하는 동안에도 그는 자신에게 딱 맞는 자리를 찾아냈는데, 바로 보조 부대의 재정을 체계적으로 관리하는 일이었다. 어디를 가든 플리니우스는 빈틈없는 회계원의 시선으로 시(市)와 제국의 재정을 감독하는 다수의 로마 정부 관직을 차지했다.

플리니우스는 마흔 번째 생일 전에 집정관이라는 고위직에 오르면서 '쿠르수스 호노룸'을 매우 신속하게 통과했다. 가장 자랑스러운 순간 중 하나는 기원후 103년 복점관(augur)에 임명된 일이었다. 플리니우스는 친구에게 보내는 편지에서 이렇게 말했다. "키케로보다 훨씬 젊은 나이에 저는 그와 똑같이 사제직과 집정관직에 이르렀습니다. 적어도 만년에는 제가 키케로 같은 천재성에 도달할 수 있기를 기대합니다."

하지만 플리니우스는 여전히 야심만만했다. 그는 속주의 총독이 되기를 원했는데, 이는 플리니우스 정도의 신분인 사람이 도달할 수 있는 최고위직이었다. 그의 기대는 수포가 되지 않았다. 109년 트라야누스 황제는 플리니우스를 본도와 비두니아의 개인 특사로 임명했다.

플리니우스는 편지를 많이 쓰는 사람이었다. 그가 쓴 편지는 350통이 넘는데, 그중 자신의 고용주인 황제에게 보내는 편지 121통이 지금까지 전해진다. 이 편지들이 지금까지 전해지는 것은 우연이 아니었다. 플리니우스는 후대를 위해 자신의 편지를 묶어서 모았다. 그리고 이 편지들은 일도 하고 여가도 즐기는 로마 귀족이자 세심하고 부지런히 직분을 이행하는 한 총독의 멋지고 상세한 초상을 우리에게 제공한다.

트라야누스의 오른팔 자격으로 제국의 먼 변두리에 파송된 플리니우스의 주요 임무 한 가지는 그 지방 재정을 정비하는 것이었다. 관할 지역을 두루 돌아다니면서 플리니우스가 쓴 편지들은 프루사, 니코메디아, 시노페, 아미수스 같은 도시들에서 어떻게 이 임무에 착수했는지를 우리에게 알려 준다.

제국의 이 지역은 행정이 좀 정비될 필요가 있었다. 이 지역은 사회적으로 불안했고 관리가 부실했다. 특히, 이 지역 특유의 조합인 '헤타이리아'(hetairia)의 활동과 관련해 사회적 긴장이 있었다. 플리니우스는 이 조합 몇 개를 해산시켰고, 트라야누스의 조언에 따라 더는 새 조합을 만들지 못하게 했다.

조합과 관련된 그런 상황에서 플리니우스는 그리스도인들, 즉 그가 헤타이리아라고 언급하는 집단의 활동에 관해 트라야누스에게 편지를 써 보냈다. 플리니우스의 편지로 알 수 있는 것은, 그의 주의 깊은 시선으로 볼 때 예수를 따르는 이들이 이 도시에서 별 인기가 없었다는 것이다. 이웃들은 이들을 의혹의 눈길로 바라보았는데, 아마 이들이 자기들끼리만 모였고 지역의 종교 제전에 참여하지 않았기 때문이었을 것이다. 그리고 무엇보다도 그리스도인들은 대다수가 무지한 하층 계급 출신으로 보였다.

이 지역 사람들은 예수 추종자로 추정되는 사람들의 이름이 적힌 팸플릿을 만들어낼 정도로 이들의 존재를 염려했다. 플리니우스의 동료 대부분이 이 새로운 운동을 미신이자 이방 종교로 보고 이를 따르는 자들은 처형되어야 할 자들임이 분명하다고 했는데, 플리니우스도 그렇게 보았다.

플리니우스의 편지들은 이 모든 상황을 간파할 수 있는 매우 귀중한 통찰을 주며 초기 교회의 세상을 들여다볼 수 있는 독특한 창이 되어 준다.

제국을 섬기는 일을 훈련받다

엘리트 계층의 아들들, 그리고 극소수의 비 엘리트 부유층 집안 아들들은 중등학교를 거쳐 '스콜라'(*schola*)나 강의실에서 수사학을 배웠다. 가장 중요한 수업은 연설 기술에 관한 수업이었다. 이들 중 다수는 나중에 제국 전역의 법정이나 다양한 의회에서 생계를 위해 연설을 하게 될 터였다. 하지만 멋진 웅변을 해내는 방법을 배우는 과정에서 이들은 당시의 지배적 철학 전통 또한 배워야 했을 것이다. 건축과 공학 또는 속기와 법률 같은 전문적 기술을 배우는 이들도 있었을 것이다. 의학은 엘리트 계층의 직업은 아니었지만, 그래도 의사가 되는 훈련을 받는 이들도 있었다. 하지만 그런 교육을 받을 기회는 드물었고 그래서 장차 의사가 되려는 이들은 가르침을 베풀어 줄 선생을 찾아다녀야 했을 것이다.

하지만 제국의 대다수 젊은이는 제국을 섬기는 일과는 인연이 없었을 것이다. 대부분은 엘리트 계층 아들들에게 지배받으며 자신의 재주와 부모나 친척들에게 습득한 몇 가지 기술에 의지해 살아나갔을 것이다.

그러면 1세기에 제국 전역에서 글을 읽을 줄 아는 사람은 얼마나 되었을까 하는 의문이 생긴다. 대답은, 아마 많은 이들이 글자 몇 개 정도는 읽을 수 있었으리라는 것이다. 풍자 작가 페트로니우스의 이야기에 등장하는 한 인물은 자신이 기하와 문학과 그 외 허튼소리 같은 것들을 한 번도 배운 적이 없지만 그런데도 명문에 적힌 글씨를 읽을 수 있고 저울추와 치수를 읽을 줄 알고 간단한 더하기를 할 수 있다고 자랑했다. 이는 장사하는 사람이나 수공업자에게 필요한 기술들이었다. 이것만으로도 제국의 시장이나 작업장에서 생계를 이어가는 데는 충분했다.

대부분의 사람은 책이나 편지를 읽을 수 있을 만큼 글을 알지 못했다. 그래서 초기 그리스도인들이 서로 소통할 때는, 모임마다 바울이나 베드로에게서 온 편지를 큰 소리로 읽어 줄 수 있는 사람이 있다는 사실에 의지했다. 바울이 로마서 10장에서 말하다시피, 대다수 사람에게 믿음은 들음에서 왔다. 하지만 그것만으로 충분했다. 구전 문화(oral culture)에서는 내용을 기억하기 위해 그다지 여러 번 들을 필요가 없었다.

장수하며 잘 살았다?

로마 제국에서 도시 생활은 힘들었고 그래서 사람들은 대개 매우 일찍 죽었다. 제국 전역에서 출생 시의 평균 기대 수명은 대체로 스물다섯 살 안팎이었다. 도시에서는 아마 스무 살에 더 가까웠을 것이다. 그렇다고 해서 대다수 사람들이 정말로 이십 대에 죽었다는 뜻은 아니다. 태어난 아기들의 절반은 다섯 번째 생일 전에 죽었지만, 열 살까지 살아남은 아이들 중 절반 정도는 오십 세까지 살았고 1/3은 육십 세까지 살았다. 이는 육십 세까지 생존하는 사람이 전체 인구의 1/6 이하였다는 뜻이다.

태어난 아기들의 절반은 열 번째 생일이 되기 전에 부모 중 한 사람이나 유모를 잃었다(아이들에게 유모는 부모 못지않게 중요한 존재였다). 로마의 전체 어린이 1/3은 사춘기가 되기 전에 아버지를 잃었다. 그때쯤이면 거의 모든 아이들이 형제자매 둘이나 셋의 죽음을 목격한다.

로마인들의 집은 사람들로 가득했다. 그러나 삼 대가 한집에 산 경우, 조부모 중 생존해 있는 쪽은 할머니였을 가능성이 컸다. 왜냐하면 여자는 남자보다 평균 열 살 어린 나이에 결혼해서 거의 결혼 즉시 아이를 낳기 때문이다.

여자들은 십 대 중반에 결혼하므로, 한 여성이 건강한 아들과 딸을 낳았고 딸이 결혼해 엄마를 자기 집으로 모셔갔거나 남편을 집으로 데려왔다면, 이 여성은 삼십 대 중후반에 할머니가 되었을 것이다.

이때쯤이면 이 여성의 남편은 사십 대 중후반이나 그 이상이었을 텐데 남편이 그 나이까지 생존해 있지는 못했을 가능성이 크다.

얼마나 복잡한지

하지만 한 아이가 집안에 할아버지 없이 자랐으리라는 데에는 다른 이유도 있었다. 이혼은 가정이 분열되는 경향이 있다는 의미였다. 이혼은 로마인들의 '파밀리아'가 여러 세대와 갖가지 관계로 말도 안 되게 뒤섞이는 결과를 낳았다.

자녀가 어릴 때 아버지와 어머니가 이혼한 경우, 아이들은 보통 아버지와 함께 살았을 것이다. 아버지가 재혼하면 아이들에게는 계모가 생겼다. 계모는 자기 아이들을 데리고 들어왔을 수도 있고 어쩌면 자기 어머니까지 함께 왔을 수도 있다. 부부가 이혼했을 때 아이들 보살피는 것을 도우려고 남자 쪽의 어머니가 와 있을 가능성도 있다.

두 번째 아내에게서 아이들이 태어나면, 첫 번째 결혼에서 생긴 자녀들이 대개 이 이복동생들을 돌볼 책임을 맡았을 것이다. 하지만 이들은 친어머니 및 유모와도 여전히 연락하고 지냈을 것이다.

로마인들의 가정은 이렇게 복잡하고 무너지기 쉬웠다.

한 지붕 아래서의 삶

로마인들의 집은 사람들로 북적였을 뿐만 아니라 그다지 사적인 공간도 아니었다. 3장에서 말했다시피 사람들은 대개 집에서 일했다. 이는 설비가 잘 갖춰진 도무스에 살든, 작업장 뒤편의 방 두어 칸에 살든, 인술라 건물의 아파트에 살든, 집안에 항상 사람들이 오고 간다는 뜻이었다.

손님, 동료, 피후견인, 호기심 어린 이웃 사람, 정부의 측량사와 기타 관리들, 이래저래 얹혀사는 자들까지 온종일 집을 드나들었을 것이다. 게다가 일은 늘 진행 중이었다. 설비가 잘 갖춰진 집의 아트리움에서도 때로는 상업적 규모로 온종일 실을 잣고 직물을 짰다.

살림 공간도 사실 사적이지 않았다. 비교적 부유한 집안에는 침실이나 노예들 거처처럼 손님들이 들어가지 않는 구역이 있었지만, 생활은 대부분 낯선 이들의 시선 아래서, 아침 일찍부터 저녁 늦게까지 쉼 없이 드나드는 사람들과 더불어 이뤄졌다. 그런 집에서 교회가 모이는 게 어떤 광경이었을지 생각해 볼 때는 이 점을 염두에 두어야 한다.

집은, 사회적 계급이 아주 낮은 사람의 집일지라도 손님들에게 좋은 인상을 줄 수 있도록 꾸몄다. 식당 벽, 집주인이 피후견인들을 접견하고 사업을 하는 공간인 타블리눔에는 그림이 그려져 있었다. 개인 전용 방들을 제외한 모든 공간의 바닥에는 모자이크 장식이 있었다. 집안 어디를 둘러보든 커튼이 드리워져 있고 갖가지 상(statue), 단지와 접시들이 진열되어 있었다.

돈이 별로 없는 사람들도 집안을 꾸미는 일에서는 부자들의 방식을 흉내 내려고 했다. 특히 부자들이 의뢰해서 만든 예술품을 보고 사회적 계급이 낮은 사람들이 복사품을 만들기도 했다. 폼페이와 오스티아, 에베소와 버가모(페르가뭄)에서 발굴된 주택들을 보면, 자기 집이 어떻게 보이는지가 대다수 사람에게 매우 중요한 문제였음을 알 수 있다.

로마 제국에서 집은 대다수 사람의 삶의 중심이었다. 그리고 사람들은 자기 가정을 다른 이들에게 보여 주고 싶어 했던 것이 분명하다. 이들은 자기 집이 친척과 방문객, 고객과 후견인 등 많은 사람으로 북적이기를 바랐다. 가깝고 먼 이웃들이 이를 보고 자신을 좋게 생각해 주었으면 했기 때문이다.

집안에 가득한 신성함

가정은 가족의 종교 생활의 중심이기도 했다. 8장에서 설명하겠지만, 모든 가정마다 집안의 '라라리움'(작은 신상 한두 개가 놓인 선반이나 덮개 없는 찬장)에 신(라레스)을 모셔 두었다. 보통은 '파테르 파밀리아스'가 매일 아침 가족들을 인도해 간단한 예배를 하며 그 날 하루 동안 라레스가 가족들을 보호해 주기를 구했다. 이 예배 행위에는 향이나 음식물을 바치는 순서가 있었을 것이다.

집안의 모든 사람이 한 신을 주인으로 예배하고 섬겼을 것이다. 한 집안의 가족 구성원이 다른 집의 신을 따르는 경우는 드물었다. 물론 집 밖에서는 어떤 구성원이든 독자적으로 다른 종교 집단의 회원이 되기로 선택할 수 있었다.

이렇게 집은 일 하고 예배하는 곳, 즐거움이 있고 잔치가 벌어지는 곳이었다. 집은 삶의 중심, 대다수 구성원이 대부분의 시간을 보내는 공간이었다. 집은 가족 구성원 모두가 집 밖 세상에서 살아갈 때 기준이 되는 가치를 학습하는 핵심 현장이었다. 집은 이들의 정체성의 근거이자 중심이었다. 집은 제국에서 가장 중요한 곳이었다.

식탁을 중심으로 모이다

초기 기독교 운동이 형성된 곳은 일찍이 예수를 따른 사람들의 가정이었다고 보는 게 전적으로 타당하다. 바울은 고린도 전역의 여러 가정에서 정기적으로 모이는 그리스도인 모임에 편지를 쓴다. 예를 들어 이들은 글로에의 집(고전 1:11), 스데바나의 집(고전 16:15-17), 가이오의 집(롬 16:23)에서 모였고, 그 외 다른 이들의 집에서도 모였을 것이 거의 확실하다.

이 모임이 어떤 유형의 집에 있었는가에 관해서는 역사가들의 의견이 나뉜다. 어떤 이들은 형편이 넉넉한 고린도인들의 집에서 모였을 것이라 주장한다. 바울이 교회 안에서의 사회적 분열에 관해 이야기하고 법정을 이용해 논란을 해결할 능력이 있는 신자들을 언급하기 때문이다(법정 접근권은 돈 가진 사람들로 제한되었다). 그래서 이들은 설비가 잘 갖춰진 도무스의 트리클리움 식탁을 중심으로 이 소규모의 교회 모임들이 이뤄졌을 것으로 상상한다.

또 어떤 이들은 우리가 아는 고린도 신자들이 천막 만드는 사람 아굴라와 브리스길라처럼 수공업자들이었기에 이들은 작업장 뒤편 방이나 기껏해야 인술라 건물의 아파트에 살았을 것이라고 주장한다. 이들은 식당이 갖춰진 집에서 집안 노예들의 시중을 받으며 식사를 나눈 게 아니라 모임이 열리는 집의 방 하나에 모여, 모두 바닥에 둘러앉거나 천막이나 차양 만드는 면직물과 가죽 꾸러미 위에 앉아 음식을 먹었으리라는 것이다.

먹고 공부하기

고린도의 신자들은 대개 형편이 그리 넉넉하지 않아서 인술라나 작업장에서 살았지만, 제법 재력 있는 교인이 소수 있어서 신자들의 모임을 주최했을 가능성이 아주 크다. 바울이 하는 말을 이들 두 부류 모두가 듣고 있었으리라고 생각해야 한다. 즉, 어떤 이들은 넓은 집 식당 소파에 비스듬히 기대앉아 바울의 말을 들었고, 어쩌면 그 집 아트리움은 사람들의 물결이 넘실거렸을 것이며, 어떤 이들은 작업장이나 아파트 비좁은 방에 간신히 끼어 앉아 바울의 말을 들었을 것이다.

어쨌든 바울의 말은 사람들로 북적거리는 분주한 공간에서 들을 수 있었고, 이들 중에는 예수 따르는 이가 아닌 사람들, 교회 모임을 위해서 온 것이 아닌 사람들도 있었다. 이들은 우연히 그곳에 들렀거나, 주문을 받으려고 왔거나, 후견인에게 존경을 표하러 왔거나, 내일 작업에 쓸 원료를 배달하러 온 사람들이었다. 사업차 그 도시에 왔다가 친척 집을 찾은 이들도 있었을 것이다. 기독교 신앙에 관해 진작 대화를 나눠 보았으므로 그 신앙이 무엇인지 한 번 와서 들어보라고 집주인의 초대를 받아 방문한 이들도 있었을 것이다.

우리가 확실히 아는 것은, 이 모임에 음식을 나누는 순서가 있었다는 것이다. 작업장에서 모임이 있었다면, 바울이 고린도전서 11장 17-34절에서 말하는 장면은 하루 일이 끝나고 모두들 함께 나눠 먹을 음식을 가지고 모였을 때의 일일 것이다. 집주인이 밖에 나가 동네 포피나에서 포도주와 채소 스튜를 사 오고, 빵은 다른 누군가를 보내 사 오게 했을 수도 있다. 하루가 저물 무렵이면 갓 만든 것들에 비해 신선함이 떨어져 값이 쌌을 것이다. 정말 몹시 가난한 사람 외에는 모두 먹을 것을 들고 왔을 것이다.

모임 장소가 도무스일 경우, 집주인이 기본 식사, 특히 심포지엄을 위한 포도주를 제공하고 참석자 일부가 함께 먹을 음식을 가지고 오는 광경을 그려볼 수 있다. 도무스에서 저녁 식사는 하루 일을 마치는 시간보다 조금 일찍 시작되었을 것이다. 부유한 사람들은 늦은 오후에 여유롭게 식사를 시작하는 경향이 있었다. 그래서 여기서 모이는 사람 중 일하는 이들은 식사가 이미 한창 진행 중일 때 늦게 도착했을 것이다.

이런 이유로 바울은 일부 손님들은 남은 음식이 하나도 없을 때 도착하는 데, 먼저 와 있던 사람들은 이미 너무 많이 먹고 마셨다고 말하는 것일 수 있다.

복장 규정이 있었을까?

교회들이 가정에서 모였고 집안도 다르고 사회적 지위도 다른 사람들이 모였기 때문에 혹시 모임 때의 복장도 중요하지 않았을까? 앞 장에서는 특정한 사람들만 자주색이 들어간 옷을 입을 수 있다고 언급했다. 그리고 이 장 앞부분에서 로마 시민은 대중 앞에 나설 때 토가와 스톨라를 착용해서 자신의 지위와 사회적 위치를 드러낸다는 것을 살펴보았다.

그렇다면 결혼한 여자의 공개석상 복장에 관한 규정은 누군가의 집에서 모이는 모임에도 적용되었을까? 바울은 그렇다고 생각했으며, 다소 해석이 까다로운 한 구절에서 바울은 교회에서 복장과 행실은 밀접히 연관되어 있고 옷차림으로 타인에게 일정한 신호를 보낼 수 있으므로 교회에 출석하는 모든 사람은 이를 주의해야 한다고 말하고 있는 것 같다.

바울은 특히 두 가지에 주목한다. 첫째, 바울은 기도할 때 남자들은 머리를 가리지 않는다고 말한다. 바울이 여기서 말하는 관습은 엘리트 계층 남자들이 공개 기도를 인도하거나 제물을 바칠 때 토가를 머리 위로 끌어올리는 것을 말하는 듯하다(자세한 내용은 8장을 보라).

고린도교회의 어떤 남자들이 교회에서 기도할 때 그렇게 했고, 그럼으로써 자신들의 사회적 지위가 높다는 것을 암묵적으로 드러낸 것으로 보인다. 결과적으로 이들은 회중을 향해 "나는 너희보다 낫다"고 말하고 있었다. 바울은 이것이 교회에서 기도할 때 적절한 행동이 아니라고 말한다. 교회는 하나님 앞에서 모든 사람이 평등한 곳이기 때문이다.

둘째, 바울은 결혼한 여자가 기도하거나 예언의 말을 전할 때는 머리 뒤로 '팔라'나 숄을 둘러써서 자신이 결혼한 여자임을 알려야 한다고 말한다.

내가 거만해 보이는가?

바울이 이렇게 말하는 데에는 두 가지 이유가 있을 것이다. 첫째로, 바울은 예배에 참석하는 여인들에 관해 남자 예배자들이 그릇된 생각을 품는 일이 없기를 바란다. 로마 종교에서 여성 사제와 예언자는 매우 능력 있는 인물들이었다. 그리고 능력과 성적 매력은 사촌 관계다. 이 단락 후반에서 바울은 누군가가 교회 예배를 보고 모두 흥분해서 무아지경에 빠졌다는 인상을 받는 건 바람직하지 않다고 말한다(고전 14:23). 그런 순간에 누군가가 우연히 방에 들어오면 모두 미쳤다고 생각할 것이라는 말이 아니다. 그보다 그 사람들은 그리스도인의 신앙도 다른 여러 신비 종교(cult), 이를테면 이시스와 디오니소스 숭배와 다를 바 없다고 생각할 터였다. 이런 종교는 특히 여자들의 마음을 끌었으며 열광적인 예배 스타일이 특징이었다(자세한 내용은 8장을 보라). 결혼한 여성이 베일로 머리를 가리지 않으면 방문객들에게 그런 인상을 줘서 기독교를 또 하나의 신비 종교로 생각하게 만들 수도 있었다.

바울이 말하는 두 번째 이유는 "천사들"과 관련 있다(고전

11:10). 천사라고 번역된 그리스어는 천상의 존재뿐만 아니라 평범한 인간 심부름꾼을 뜻하기도 하며, 바울은 모임에 드나드는 사람들이 그리스도인들의 예배 때 행실에 관해 이웃이나 당국자들에게 말을 전할지도 모른다는 점을 염두에 두었을 것이다.

관원들은 사회적 복장 규정이 준수되도록 할 책임이 있었다. 이들은 로마 시민이 아닌 남자가 토가를 입는 행위를 제지할 수 있었다. 이들은 결혼한 여자가 적절치 못한 옷차림으로 공개적인 모임에 참석하는 것을 탐탁지 않게 여겼을 것이다. 게다가 이들은 그리스도인들의 모임에 이미 의혹을 품고 있었을 것이다. 이에 바울은 교회가 불필요한 행동으로 저들에게 염려를 더 해 주는 일이 없기를 간절히 바라고 있다.

제가 아는 분이던가요?

바울은 기독교 심포지엄 자리에 있는 모든 이들이 다 예수를 따르는 이들은 아니라는 것을 잘 알고 있다. 이는 고린도전서 11장 10절의 천사들에 대한 언급일 뿐만 아니라 14장 24절의 우연히 그 자리에 있게 된 사람들에 대한 언급이기도 하다.

바울은 몇 명인지는 모르지만 그 집회 자리에 있었을 수도 있는 사람들을 언급하고 있다. 이들은 집안의 하인일 수도 있고 집주인의 노예로서 그리스도인이 아니지만 식사 시중을 들고 있는 사람들일 수도 있다. 어쩌면 집주인인 후견인에게 존경을 표하려고 찾아온 피후견인들일 수도 있다.

어쩌면 새로운 가르침을 따르고 있는 집 주인이 이웃 사람이나 거래처 사람에게 그 가르침에 관해 무언가를 말해 줄 생각으로 이들을 초대해 식사를 나누고 심포지엄 대화에 참석시킨 것일 수도 있다. 예배자들의 배우자로 아직 신자가 아닌 사람들일 수도 있다(바울은 7:12-16에서 이런 사람들을 언급한다).

바울은 온갖 부류의 사람이 모임 장소에 드나들 수 있다는 것을 잘 알고 있고, 그래서 그곳에서 일어나는 그 어떤 일도 추문의 원인이 되지 않기를 바라고 있으며 그곳에 드나드는 사람들이 무언가를 보거나 듣고 기독교의 메시지가 과연 자신들을 위한 메시지인지 의심하게 되는 일이 없도록 예방하려 한다.

뒤에서 시끄럽게 하지 않기

바울이 모임 참석자들의 아내 이야기로 이 단락을 마무리하는 것도 아마 위와 같은 이유 때문일 수 있다. 고린도전서 14장 34-35절에서 바울은 여자들은 모임에서 말을 해서는 안 된다고 한다(아마 모임 자리에 있는 남자들의 아내를 염두에 두고 하는 말일 것이다). 하지만 11장 2-16절에서 여자들도 기도와 예언을 할 수 있다고 했으므로, 이 여자들이 결혼한 사람이고 제대로 복장을 갖추기만 했다면 이는 여자들이 모임에서 일정한 역할을 하는 것을 금지하는 말일 수가 없다.

바울이 염두에 두는 것은 남편에게 질문하는 아내일 것이며, 질문은 아마 모임에서 진행 중인 일에 관한 것일 수도 있지만 심포지엄과 아무 관계 없는 다른 일에 관한 것일 수도 있다. 바울의 말은, 질문을 하려면 집에 도착할 때까지 기다리라고, 남편과 단둘이 있게 될 때 하라는 뜻일 것이다.

바울만 유별나게 그런 조언을 하지는 않았다. 자발적 조합 운영에 관한 법칙이 담긴 다수의 명문을 보면, 상대의 말을 경청해야 할 때 입을 여는 손님들을 좋지 않게 평가한다. 로마의 일부 도덕주의자들은 심포지엄 주제에 관심을 기울이지 않고 집안일 이야기를 하는 손님들의 아내를 못마땅해했다. 플루타르코스는 그런 모임에서의 품행에 관해 전반적으로 말하면서, 자기 순서도 아닌데 발언하거나 발언자의 말을 이해하지 못한 게 분명한 질문을 하는 사람은 얼마나 무례한지 모른다고 말한다.

바울의 바람은, 그리스도인의 심포지엄은 남자와 여자 모두 상호 존중하는 분위기에서 자유롭게 자기 생각을 표현하는 장소가 되었으면 하는 것이었다. 고린도는 사람들 사이에 경쟁심 강하기로 유명한 곳이었는데, 그런 심리가 교회 안으로도 스며들어 논의 주제에 집중하지 못하게 만든 것 같다.

흥미로운 것은, 바울이 심포지엄에서의 행동에 관한 이 단락을 여자들의 행동에 관한 언급으로 시작하고 끝맺는다는 것이다. 이로 보아 고린도에서 이 문제가 쟁점이 되었던 것이 분명하며, 바울은 남자와 여자 모두 평등한 입장에서 참여하기를 간절히 바라는 한편(사실 바울이 아는 최고의 지도자와 교사 중에는 여성도 있었다), 세상 사람들의 시선으로 볼 때 기독교 운동에 불신을 초래할 만한 그 어떤 일도 모임 중에 일어나지 않기를 간절히 바랐다.

한 이름에는 무엇이 담겼는가?

로마의 집안들은 자신들의 이름이 대대로 전해지기를 간절히 바랐다. 그래서 로마인들은 적어도 세 가지 이름, 즉 '트리아 노미나'(*tria nomina*)를 가지고 있었으며, 게다가 어머니 쪽 집안 및 후견 관계를 통해 애착을 갖게 된 훌륭한 집안의 이름을 고려해 더 많은 이름을 추가하기도 했다.

'프라이노멘'(*praenomen*)은 대개 대문자로 기록되었으며, 로마인 남성 99퍼센트가 쓰는 열일곱 가지 정도 이름 중 하나였다. 그래서 T는 티투스(Titus), L은 루키우스(Lucius)였다. 이는 부모와 친구들이 그 사람을 부를 때 쓰는 이름이었다.

'노멘'(*nomen*)은 성 혹은 집안의 이름이었다. 조상이 누구인지를 알려 주고 그 사람의 태생 및 현재 신분이 귀족인지 평민인지를 알려 주기 때문에 한 사람의 이름에서 가장 중요한 부분이었다. 그래서 율리우스, 클라우디우스 등과 같은 이름은 프라이노멘이 무엇이든 그 집안의 남자 구성원 모두에게 붙여졌다. 딸들에게는 이에 상응하는 여성형 이름이 주어져서, 클라우디우스 집안의 딸은 클라우디아, 율리우스 집안의 딸은 율리아였다.

'코그노멘'(cognomen)은 한 가문에서 후손 숫자가 늘어남에 따라 가족이나 씨족의 여러 분파를 구별하는 이름이었다. 파울루스, 그라쿠스, 막시무스 등이 그런 이름이었다. 이런 이름들은 대개 별명에서 파생된 것으로 보인다. 그래서 풀케르(Pulcher)는 "잘생겼다"는 뜻이고, 베루코수스(Verrucosus)는 "사마귀투성이"라는 뜻이다.

어떻게 분간할까?

예를 들어 여러 세대의 M. 클라우디우스 마르켈루스(M은 마르쿠스를 뜻한다)가 있는데, 이들은 기원전 183년에 로마의 두 집정관 중 한 명으로 그 이름의 첫 소유자로 알려진 사람의 후손들이다. 동일한 이름을 가진 이 사람들은 기원후 1세기 내내, 그리고 그 후로도 로마시에서 저마다 고위직에 올랐다.

추측하기로는, 이름이 똑같아도 이들의 어머니와 할머니는 이들을 분간할 수 있었으며, 좀 더 중요하게는 이들 중 한 사람을 "마르쿠스!"라고 불렀을 때 그게 누구를 부르는 건지 이들은 알았을 것이다.

둘째 아들에게는 다른 '프라이노멘'이 주어졌다. 그래서 M. 클라우디우스 마르켈루스의 남동생은 G.(가이우스를 뜻하는) 클라우디우스 마르켈루스였다.

노예들은 이름이 하나이고 그 뒤에 주인의 이름이 붙었다. 하지만 노예가 자유를 얻으면 전에 그를 소유했던 주인의 성을 가졌다. 그래서 로마의 한 명문을 보면 필로무수스라는 해방 노예가 전 주인의 성을 따서 루키우스 암푸디우스 필로무수스가 되었다고 한다. 이 사람의 명문을 보면 '리베르투스'(libertus), 즉 해방 노예를 뜻하는 L자가 이름 한가운데 위치해서 이 사람의 출신이 무엇인지를 알려 준다.

가정에서 예수 따르기

그리스도인이 된 사람들은 이 새로운 신앙이 가정에서 가족들과의 삶에 어떤 식으로 영향을 끼치는지에 관해 갖가지 질문이 많았다. 신약성경의 여러 구절들이 이 문제를 다루고 있는 것으로 보아서 이를 알 수 있다.

고린도전서 7장에서 우리는 성 윤리의 본질과 기원후 50년대 중반의 어려운 경제적 상황에 비추어 볼 때 결혼을 하는 게 과연 좋은 생각이었는지의 여부에 관해 알 수 있다. 에베소서 5장과 골로새서 3장은 그런 집안에 사는 사람들에게 가족 간의 관계에 관해 조언을 주는데, 이 구절에서 다루는 관계들에 집안 모든 사람이 다 포함되지는 않았다.

아우구스투스의 개혁은 다른 이들보다 엘리트 계층에 호의적이었다. 하지만 엘리트 계층이라고 해서 모두 그 개혁 법령에 감격하지는 않았다. 엘리트 계층 젊은이들 중에는 결혼하라는 말에 분개하는 이들이 많았다. 아직 준비도 되기 전에 강제로 정착하게 만들어 자신들의 생활 방식을 속박한다는 이유였다.

하지만 보통 사람들에게는 가정생활이 아주 기본적인 관심사였다. 우리는 결혼할 여유가 있을까? 이미 빠듯한 형편에 먹여 살릴 입이 하나 더 늘어나는 건데 아이를 또 낳는 게 현명한 행동일까?

바울은 고린도전서 7장에서 결혼이라는 주제를 광범위하게 다루는데, 그 이면에는 이런 의문들이 자리 잡고 있다. 도화선이 된 것은, 결혼한 사람은 성관계를 삼가는 것이 바람직하고 결혼을 기다리는 이들은 결혼 계획을 미루는 게 좋다고 하는 어떤 이들의 생각에 관해 교회가 바울에게 한 질문이었다.

바울은 현재 위기가 존재한다는 사실에 동의했는데(7:26), 아마 50년대 내내 고린도에 어두운 그림자를 드리운 식량 부족 사태를 두고 하는 말이었을 것이다. 하지만 그럴지라도 결혼은 중요했다. 그래서 바울은 이 영역의 여러 주제를 아우르는 이 단락에서 두 가지 핵심 사항을 이야기한다.

서로에게 자신을 주라

첫 번째로 바울이 말하는 것은, 결혼은 성관계를 위한 것이고 부부는 서로를 물리쳐서는 안 된다는 것이다. 바울의 가르침은 남자와 여자를 동등하게 대한다는 점에서 아주 급진적이다. 바울이 이렇게 말하면 로마 법은 아내는 남편의 소유라고 주장할 테지만 바울은 남편도 동등하게 아내의 것이라고 덧붙인다(고전 7:2-4).

이 점에서 바울은 로마에 근거를 두고 활동한 스토아 철학자 무소니우스 루푸스(Musonius Rufus)보다 한 걸음 더 나아간 것으로 보인다. 루푸스는 이렇게 말했다.

남편과 아내는…삶을 함께 일구어가고 자녀를 낳으며 더 나아가 둘 사이의 모든 것을 공유할 목적으로 하나가 되며, 그 무엇도, 심지어 몸까지도 어느 한쪽 고유의 것 혹은 어느 한쪽 개인의 것이 아니다.

두 번째로 바울이 말하는 것은, 물자도 부족한데 그 상황을 한계점까지 밀어붙일 일들은 미루는 게 현명하지만, 두 당사자 모두 간절히 진행하고 싶어 하는 결혼에까지 그런 원리가 적용되어서는 안 된다는 것이다(7:36-40, 물론 바울이 여기서 쓰는 표현들에는 번역을 어렵게 만드는 여러 가지 문제가 있다는 점에 주의해야 한다).

권력을 행사하되 은혜롭게

다른 편지들에서 바울은 집안에서 권력을 가진 사람은 그리스도의 성품을 반영하는 방식으로 그 권력을 사용해야 한다는 점을 분명히 한다. 에베소서 5장과 골로새서 3장의 이른바 가정규례에서 바울은 세 가지의 핵심 가족 관계를 중점적으로 다룬다. 그것은 남편과 아내의 관계, 부모와 자녀의 관계, 그리고 주인과 노예의 관계다. 여기서는 두 가지에 주목할 필요가 있다.

첫째는, 각 관계에서 먼저 나오는 사람은 동일한 사람, 즉 그 집안의 파테르 파밀리아스로서, 이 사람은 집안의 모든 구성원에게 절대적 통제권을 갖는다는 점이다. 주목할 만한 점은 바울이 이 남자를 먼저 다루지 않는다는 것이다. 그보다 바울은 아내, 자녀, 노예를 먼저 다루며, 그리하여 자신이 이들을 파테르 파밀리아스와 동등하게 대한다는 사실을 보여 준다.

두 번째로 주목해야 할 점은, 바울이 각 관계에서 아내, 어머니, 노예보다는 남편, 아버지, 주인에게 훨씬 더 많은 것을 기대한다는 점이다. 사실 법과 관습은 아내, 자녀, 노예가 파테르 파밀리아스에게 순종할 것을 명령한다.

그래서 바울은, 남편은 아내를 사랑하고 평등하게 대하고 존중하며, 아버지는 자녀를 최대한 지지하는 태도로 양육하고, 주인은 노예를 존엄한 존재로 대하게 만드는 데 더욱 관심을 기울인다. 실제로 주인과 노예의 관계에 관해 어떤 이들은 말하기를, 빌레몬서는 그리스도인 주인들은 노예에게 자유를 주기를 주장한다고 한다.

아우구스투스, 그리고 성

자신이 틀어쥔 권력을 공고히 다진 아우구스투스는 로마 시민들의 해이한 도덕을 다루는 데 관심을 기울였다. 그는 출산율을 높이고 로마인들의 결혼을 활성화할 생각으로 성적 행실을 규제하는 법을 통과시켰다.

예를 들어, 엘리트 계층 사람들 사이에 혼외 성관계를 금지함으로써 로마인들의 성생활이 처음으로 규제되었다. 원로원 의원과 이들의 자손은 매춘부, 무대 공연자, 해방 노예 여성과의 결혼이 허용되지 않았고, 여자가 간음을 범하면 재판에 넘겨질 수 있었다(남자는 그렇지 않았음에도).

또한 출산 장려책이 도입되었다. 남자는 스물다섯 살쯤이나, 될 수 있으면 그보다 일찍 결혼해야 했다. 그래야 아이를 낳을 수 있었을 테니 말이다. 당시에는 공직자가 될 수 있는 최소 나이 제한이 있었는데, 엘리트 계층의 남성은 아내가 아이를 한 명 낳을 때마다 그 나이를 한 살씩 앞당길 수 있었다.

자녀가 셋인 자유민 여성, 자녀가 넷인 해방 노예 여성(즉, 노예로서 인생을 시작했으나 나중에 자유를 얻은)은 남자의 관리 감독에서 벗어날 수 있었다. 이는 이 여성들이 자기 나름의 권리로 재산을 소유할 수 있다는 의미였으며, 이렇게 해서 여성들이 사업에 성공하고 꽤 윤택한 삶을 살게 된 다수의 사례로 이어졌다.

7장

생계유지하기

    로마 제국 내 대다수 도시 주민의 경제 형편은 아슬아슬하게 균형이 잡힌 상태였다. 형편이 좀 좋을 때는 그럭저럭 하루하루를 살아갔다. 즉, 먹고 살 수 있었고 집세를 낼 수 있었다. 형편이 나쁠 때는 집도 없이 나앉아 굶주릴 수 있다는 것이 수많은 시민에게 닥치는 아주 현실적인 위험이었다.

    그러나 땅을 소유한 엘리트 계층은 안락하게, 심지어 사치스럽게 살았다. 이들에게는 수천 명의 노예가 경작하고 신뢰할 만한 해방 노예들이 감독해 주는 시골 지역 땅이 있었고, 설비가 잘 갖춰져 있고 노예와 집안 하인이 관리해 주는 도시의 빌라가 있었다.

    뿐만 아니라, 초기 로마 제국의 경제가 사실상 어떻게 작동했느냐도 역사가들 사이에서 논쟁거리다. 그 논쟁은 1세기 도시의 그리스도인 공동체 연구에 중요한데, 왜냐하면 당시 경제에 관해 분명한 그림을 가지고 있으면 예수의 첫 추종자들을 적절한 사회적 맥락에 배치하는 데 도움이 되기 때문이다.

특히 이 논쟁은, 앞에서 대략 언급한 양극단에 속하지 않는 사람들, 즉 내부 장식과 가구를 갖춘 집에서 잘 먹고 살면서 자녀도 교육하고 여분의 돈을 비축해 놓았다가 수입이 빈약할 때도 잘 버텨낼 수 있을 만큼의 돈을 버는 사람들이 제국의 도시들에 있었는지를 중심으로 진행되었다.

농사꾼의 제국

로마 제국을 보는 한 가지 견해는, 모든 부(富)는 사실상 전체 인구 중 아주 소수의 손에 있었고 그것도 토지에 묶여 있었다는 것이다. 부자들은 제조업, 광산업, 매매업에 투자하여 순 자산을 늘리는 데 관심이 없었다. 이들에게 필요한 부는 농지와 토지에서 다 발생했기 때문이다. 그리고 이 부는 1세기를 지나는 동안 매우 기특하게 불어나고 있었다. 그 외 주민들은 먹을 것과 따뜻한 잠자리를 위해 쉼 없이 버둥거리며 하루 벌어 하루 먹고 사는 삶, 그저 생존하는 데 급급한 삶을 살았다.

이런 견해는 당시 경제가 실질적으로 토지 경제였음을 시사한다. 식량, 특히 곡물, 올리브, 포도주용 포도는 수요를 충족시킬 수 있을 만큼 생산되었다. 하지만 대규모 제조업과 장거리 교역은 돈 가진 사람들의 마음을 끌지 못했다. 돈 가진 사람들은 물건을 만드는 일이나 물류업 투자에는 관심이 없었고, 그래서 경제 혁신에 제동이 걸렸다.

이렇게 된 단순한 이유는, 토지 소유권이 엘리트 계층 권력의 토대였기 때문이다. 그러므로 돈 가진 사람들이 위험을 무릅쓰고 제조업이나 교역에 투기적으로 뛰어들 만한 유인(incentive)이 없었다. 예를 들어 제국의 주요 도시, 특히 로마에 곡물을 실어 나르는 선박에 돈을 투자하는 일은 빈발하는 난파 사고와 해상에서 유실된 화물에 대한 보험이 없는 까닭에 성공을 단언하기가 매우 힘들었다. 똑같은 금액을 더 많은 토지에 투자하면 확실한 수익이 보장되는데 그렇게 위험을 무릅쓸 이유가 뭐겠는가? 실제로 로마의 경제에 관해 이런 견해를 지닌 역사가들은 그런 교역을 제국이 독점해서 국가의 관리들이 운영했으며, 어떤 부류든 개인 사업체가 끼어들 여지가 없었다고 주장한다.

토지는 곧 권력

지주들이 정치적 권력을 가질 수 있는 것은, 토지 임대료를 내는 사람이나 소작인들(인구의 대다수를 차지하는)이 지주가 공직에 나갈 때 지지를 해줌으로써 그 권력을 이들에게 준다는 단순한 이유 덕분이었다. 땅을 소유한 엘리트 계층 사람은 땅을

40만 제곱미터 살 때마다 그 땅을 일구는 모든 소작인까지 손에 넣었으며 이 소작인들로 지지자와 피후견인의 숫자를 늘렸다.

지주들이 정치 전망을 지배했기에, 제조업이나 교역을 통해 돈을 버는 그 소수의 도시인들은 자기 집안도 나중에 지배 엘리트로 신분이 상승하리라는 희망을 품고 수익이 나면 땅에다 투자했다. 이런 이유로 제조업이나 교역에 투자를 유도할 만한 유인이 거의 없었고, 그래서 로마 제국 시대 내내(400년이 넘는 동안) 대규모로 상품을 만들고 운송하는 새롭고 좀 더 효율적인 방식에 거의 혁신이 일어나지 못했다.

이런 주장에 따르면, 도시는 부를 창조하는 발전소라기보다 소비의 장소였다. 도시는 부유한 엘리트 계층이 다른 곳에서, 즉 시골 지역에서 생산한 부를 소비하는 곳이었다. 그래서 예를 들어 갈릴리의 세포리스나 디베랴(티베리아스) 같은 도시는 자체적으로 도기를 전혀 생산하지 않았다는 증거가 있다. 이 도시들은 도시의 시장으로 들어오는 농산물과 함께 갈릴리 시골 마을의 소규모 업체에서 생산하는 도기류를 사서 썼다.

이 견해는 대다수 로마 작가들의 건방진 태도를 볼 때 더 강화된다. 이들은 물건을 만들고 매매하는 일은 아주 신분 낮은 사람들이나 하는 일이며 자신의 작품을 읽는 부유한 엘리트 계층 독자들이 손을 더럽혀가며 할 일은 절대 아니라고 여겼다(247쪽 '그 사람 우리와 같은 부류인가'를 보라).

활력 넘치는 시장 경제

하지만 로마 경제를 보는 또 다른 시각도 있다. 1세기에는 어느 정도 규모에 이른 도시가 많았는데, 이들 도시는 온갖 상품과 서비스가 있는 활기찬 시장 없이는 지탱될 수 없었을 것이며, 이 시장이 비 엘리트 계층, 특히 지배 계급 사람들에게서 해방된 지 얼마 안 되는 숙련된 노예들이 생계비를 벌고 꽤 큰 금액의 이자를 불릴 기회를 풍성히 제공했다는 것이다.

실제로, 엘리트 계층이 후견인 관계를 통해 상인과 제조업자를 후원했다는 많은 증거가 있다. 이들은 작업장에 돈을 대기도 하고, 선박 회사에 투자도 하고, 전에 자기 노예였던 사람이 생산한 물건을 구입하기도 했다. 이에 대한 대가로 이 떠오르는 도시 사람들은 자기 후견인의 정치적 뜻을 지지해 주었다.

이는 엘리트 계층의 권력 기반이 토지 소유뿐만 아니라 도시에서의 활동으로도 보강된다는 뜻이었다. 예를 들어 플루타르코스에 따르면, 원로원 의원인 대 카토(Cato the Elder)는 선박을 임대해 로마로 곡물을 실어오는 무역회사에서 수익의 1/50을 배당금으로 받았다. 이것이 한 번의 항해 후 그 회사가 해체되고 주주들이 수익을 나눠 가졌다는 말인지, 아니면 상설 조합이 계속 선박을 임대해 제국 전역에서 수도 로마로 상품을 실어 왔다는 말인지는 확실히 알 수 없다.

무역에 투자하면 꽤 많은 돈을 벌 수 있다는 것을 안 사람은 카토뿐만이 아니었다. 물론 엘리트 계층이 실제로 그런 사업을 운영하려고 하지는 않았다. 그보다 이들은 노예나 여전히 자신의 피후견인으로 있는 해방 노예를 내세워 자신을 대신해 사업을 하게 했다. 그리고 자본을 투입해 사업 자금을 조달한 후, 수익이 나면 가장 큰 몫을 가져갔다.

이렇게 주장하는 이들은 계속해서 말하기를, 선박과 기타 운송 서비스를 통해서나, 곡물과 기타 식료품을 창고에 보관하고 주택소유자들이 시장에서 쉽게 살 만한 양으로 대량 위탁 판매품을 소분하여 도시에 식량을 공급하는 것만으로도 사람들이 돈을 벌 기회가 창출되었을 것이라고 한다. 또한 이런 일을 할 수 있을 만큼 정부의 규모가 크지 않았기 때문에 이런 교역은 제국의 배타적 독점 사업이 될 수 없었다. 그래서 정부 관리들이 이를 감독하면서 상인들이 도시에, 특히 로마에 식량을 넉넉히 들여올 수 있게 하되 일상적인 거래는 주로 개인 사업자의 손에서 이뤄지게 했을 것이다.

무엇보다도, 배가 도착하고 물건이 팔려서 수익이 발생하기에 앞서, 투자용 현금을 즉각 조달할 수 있어야 했다. 달리 말해, 초보 단계의 은행 시스템이 필요했다. 폼페이와 그 밖의 도시에서 발견되는 증거를 보면, 해상 무역과 그 외 사업에 연관된 사람들에게 돈을 빌려주고 이자를 받아 넉넉히 생계를 유지하는 사람들이 있었다는 것을 알 수 있다.

복잡한 혼합 경제

로마의 경제는 앞에서 대략 설명한 두 가지 견해의 혼합체였을 것이 거의 틀림없다. 그렇다, 엘리트 계층은 주로 토지에 투자함으로써 권력을 유지했고, 이는 무역과 제조업을 혁신하는 데 제동을 걸었다. 그렇다, 농촌 노동력은 대부분 노예들이었고, 그래서 농촌 노동자의 임금을 낮추는 결과를 낳았다. 그러나 그와 동시에 바로 그 엘리트 계층 사람들은 집안을 장식해 자신의 높은 지위를 과시할 수 있어야 했고 다른 이들과 구별되어 보이는 의상을 입어야 했고 입맛을 돋워 줄 음식을 먹어야 했으므로, 이는 곧 소규모 수공업자, 제조업자, 매매업자 들은 이들이 필요로 하는 이런 물품을 공급하면서 생계비를 벌 온갖 기회가 있었다는 뜻이다.

경제가 비록 노예제도에, 특히 농촌 지역 노예들에게 의존하기는 했어도 노예 숫자 때문에 1세기의 노동자 임금 수준이 떨어지지는 않았다는 증거가 있다. 이는 해야 할 노동을 다 해낼수 있을 만큼 노예 숫자가 넉넉하지 않았음을 시사한다.

제국의 도시들은 돈벌이가 되는 일로 떠들썩한 곳이었다는 정말 압도적인 증거가 있다. 명문을 보면, 소도시에서는 매주, 그리고 대부분의 대도시에서는 거의 매일 시장이 섰다는 것을 알수 있으며, 이는 농산물이 쉼 없이 공급되어 팔렸음을 시사한다. 서로 인접한 도시, 예를 들어 그리스의 도시들에서 발견되는 명문을 비교해 보면, 도시마다 서로 다른 날짜에 장이 열려서 공급자와 재배자가 한 곳이 아니라 여러 시장에 물건을 댈 수 있었음을 알 수 있다.

그런 시장은 주로 먹을거리를 취급했지만, 일상적 용도와 장식 용도의 도기류, 가정에서 두루 쓰이는 목제품과 금속제품도 판매했으며, 이런 물건들은 농산물 생산지와 같은 지역에서 제조되었다.

소작농들은 도시에 살지 않고, 도시에서 걸어서 오갈 수 있는 근교에 살았다. 예를 들어 농촌 지역의 대다수 이탈리아 사람들은 가장 가까운 도시나 장이 서는 거리에서 11 내지 13킬로미터 떨어진 곳에 살았던 것으로 추정된다. 그래서 아마 일주일에 두어 번씩 도시로 농산물을 가지고 가서 판매할 수 있었다. 똑같은 농산물도 도시의 시장으로 가지고 가면 생산지 근방에서 팔 때보다 더 높은 가격을 받을 수 있었으며, 이는 소 자작농들이 도시의 시장에 농산물을 공급하게 하는 유인이 되었다. 이들은 짐 싣는 동물과 마차를 구하려고 종종 조합을 결성하기도 했다.

중간 유형의 사람들

그래서 문제는, 제국을 지배하는 소수의 엘리트 계층 말고 이런 일로 누가 얼마간의 돈이라도 벌었느냐는 것이다.

어떤 학자들은 매우 단호히 "아니다"라고 대답하면서 제국은 엄청난 간격을 두고 구별된 두 집단으로 구성되었으며, 이를 가리켜 "모래시계 모양" 경제라고 말한다. 한 집단은 극소수의 부유한 사람들로, 아마 제국 전체 인구의 1퍼센트에서 3퍼센트를 차지하는 이 사람들이 부의 대부분을 관리했다. 그리고 나머지 한 집단은 그저 목숨을 부지하는 수준으로 살면서, 운 좋으면 하루 벌어 하루 먹고, 어려운 시기에는 먹을 것도 잠잘 곳도 없는 상태가 되었다는 것이다.

비 엘리트 계층의 자유민들이 계속 빈곤할 수밖에 없었던 것은 노예제도 때문이었다고 한다. 경제 현장에 그렇게 많은 노예가 존재하지 않았다면 임금 수준은 더 높았을 것이며 예를 들어 농업과 가사 노동 분야에 자유민들을 위한 일자리가 더 많았으리라고 한다.

하지만 이는 로마 도시에서의 삶을 너무 단순하게 보는 시각이라는 증거가 있다. 그래서 중간 지대를 차지했다고 할 만한 사람들이 있는지, 이 사람들은 어떤 유형이고 규모는 어느 정도였는지를 규명하려는 역사가들이 점점 많아지고 있다.

이는 초기 교회를 제대로 이해하기 위해서도 중요한 문제인데, 왜냐하면 신약성경은 초기 기독교 공동체의 핵심 구성원, 특히 지도자들이 바로 그런 중간 집단 출신임을 암시하는 듯하기 때문이다.

1세기의 활력 넘치는 경제에 관해 증거를 제공해 주는 그 역사가들은 경제를 그렇게 생동감 있게 만든 것은 수공업자와 소

상인이었다고 주장한다. 예를 들어, 황실 사람들의 모습이 담긴 가정용품 수천 종의 사례가 제국 전역에서 발굴됐다. 수많은 집에서 기름 램프, 사발, 기와, 인장 반지, 심지어 로마식 돼지저금통 같은 것에 신적 존재 카이사르의 상징이 새겨진 채 발견되었다. 이런 발견은 그런 제품을 생산하는 작업장이 있었음을 전제로 하며, 대규모 제조업이 부재한 상황에서 그런 작업장은 작고 매우 지역적이었을 것이다.

폼페이에서 역사가들은 직물 짜는 이에서부터 보석 가공사, 도공(potter)에서부터 금속 세공사, 건축가에서부터 빵 만드는 사람, 이발사에서부터 공공 돼지 사육사에 이르기까지 오십 가지가 넘는 생계 수단을 밝혀냈다. 이들은 파우스틸리아라는 여성을 언급하는 그라피티도 발견했는데, 전당포 주인이었던 이 여성은 물건을 맡아 두고 돈을 빌려준 뒤 한 달에 3퍼센트의 이자를 받았다.

이런 사람들 중에는 식량을 사고 집세를 내며, 어쩌면 가구 몇 점과 그릇 몇 가지, 집안의 중요한 공간을 밝게 해줄 만한 벽걸이 등 집을 장식하는 물건을 사고, 장사가 한두 주쯤 안 될 때를 대비해 예비비를 비축해 둘 수 있을 만큼의 돈을 매주 버는 이들이 많았을 것이다. 그리고 이 사람들은 그 지역에서 생산되거나 먼 곳에서 자신들과 같은 소규모 수공업자들이 만들어 배에 실어 온 물건을 적정한 가격에 사는 데도 약간의 돈을 썼다.

간단히 말해, 소비재라고 부를 수 있을 만한 상품을 취급하는 소박한 시장이 있었고, 생필품, 특히 식량과 의복을 취급하는 조금 더 큰 시장도 있었다. 로마에는 심지어 그런 상품들을 사고파는 쇼핑 구역도 있었다. 로마에는 온갖 상품을 다 파는 다양한 시장이 늘 있었다. 그런데 트라야누스 치세 때(기원후 98-117년) 퀴리날리스 언덕 경사면에 방이 170개인 6층 건물이 세워져 다층식 시장이 입점했다. 트라야누스가 이 건물을 지은 것은 자신의 새 광장(정치, 종교, 사회의 중심인 시내 중앙 광장) 용지에서 장사꾼들을 치워 없애기 위해서였다. 그런 중심 상권의 소매 공간에 부과되었을 임대료를 고려하면, 도시의 온갖 부류 사람에게 상품을 판매하는 것은 분명 돈이 되는 일이었다.

중간 집단에는 어떤 사람들이

그러면 엘리트 계층도 아니고 사회의 최하층에서 먹고 살려고 발버둥 치는 이들도 아닌 이 집단의 규모는 얼마나 되었을까? 확신할 수는 없지만, 도시 인구의 1/3 정도가 이 중간 집단을 점유했으리라는 것이 최선의 추측이다.

이 집단에는 여러 부류의 사람이 혼재했을 것이 확실하다. 단지 목에 풀칠하는 수준을 간신히 벗어난 게 아니라 먹을 것과 잠잘 곳 면에서 걱정이 없는 이들도 있었다. 또 어떤 이들은 안락한 주거를 소유하거나 빌려줄 수 있고 넉넉히 즐길 수 있는 음식과 집안 장식품을 살 수 있을 정도의 적은 여윳돈이 꾸준히 들어올 만큼 유복했다.

자기가 가진 기술을 이용해 생계를 이어갈 수 있는 수공업자들과 더불어 특히 두 무리가 이 중간 집단을 차지했을 것으로 확인된다. 첫 번째 무리는 '아파리토레스'(apparitores)로 알려져 있다. 이는 글을 읽고 쓸 줄 아는 사람들로, 규모가 꽤 되었고 이 이름은 문자적으로 "종"(servants)이라는 뜻이며, 서기관, 포고자, 송달인처럼 지역 정부의 각 분야에서 일하는 임명직 민간 관원들이다. 이들은 흔히 후견 관계를 통해(이들은 아마 공직자 주인의 해방 노예 신분이었을 것이다) 그 자리를 얻었지만, 숙련된 기술과 경험으로 그 지위를 유지해 나갔다.

이들은 신분 상승을 지향하는 학식 있는 사람들로, 자신이 지닌 기술로 제국 전역 도시에서 여러 행정직을 차지하고 있는 지배 엘리트 계층의 다양한 구성원을 섬길 수 있었다. 사회에서 이들의 위치는 전적으로 이들이 바치는 섬김에 달려 있었지만, 많은 사람이 이를 통해 꽤 의미 있는 물질적 보상을 얻을 수 있었다. 이들은 부자가 아니었고 엘리트 계층에 속하지도 못했을 테지만, 그래도 안락하게 살았다.

두 번째 무리는 '아우구스탈레스'(Augustales)로서, 주로 해방 노예들로 이뤄져서 엘리트 계층 집안의 후견을 받으며 다양한 민간 활동에 종사했고, 그중에는 해상운송업과 제조업 같은 그 엘리트 집안 소유의 사업 운영과 관련된 활동도 있었다. 아우구스탈레스라는 이름은 이들이 황제 숭배에서 한 역할을 하는 신

소박한 시장이 있었고, 생필품, 특히 식량과 의복을 취급하는 조금 더 큰 시장도 있었다. 로마에는 심지어 그런 상품들을 사고파는 쇼핑 구역도 있었다. 로마에는 온갖 상품을 다 파는 다양한 시장이 늘 있었다. 그런데 트라야누스 치세 때(기원후 98-117년) 퀴리날리스 언덕 경사면에 방이 170개인 6층 건물이 세워져 다층식 시장이 입점했다. 트라야누스가 이 건물을 지은 것은 자신의 새 광장(정치, 종교, 사회의 중심인 시내 중앙 광장) 용지에서 장사꾼들을 치워 없애기 위해서였다. 그런 중심 상권의 소매 공간에 부과되었을 임대료를 고려하면, 도시의 온갖 부류 사람에게 상품을 판매하는 것은 분명 돈이 되는 일이었다.

중간 집단에는 어떤 사람들이

그러면 엘리트 계층도 아니고 사회의 최하층에서 먹고 살려고 발버둥 치는 이들도 아닌 이 집단의 규모는 얼마나 되었을까? 확신할 수는 없지만, 도시 인구의 1/3 정도가 이 중간 집단을 점유했으리라는 것이 최선의 추측이다.

이 집단에는 여러 부류의 사람이 혼재했을 것이 확실하다. 단지 목에 풀칠하는 수준을 간신히 벗어난 게 아니라 먹을 것과 잠잘 곳 면에서 걱정이 없는 이들도 있었다. 또 어떤 이들은 안락한 주거를 소유하거나 빌려줄 수 있고 넉넉히 즐길 수 있는 음식과 집안 장식품을 살 수 있을 정도의 적은 여윳돈이 꾸준히 들어올 만큼 유복했다.

자기가 가진 기술을 이용해 생계를 이어갈 수 있는 수공업자들과 더불어 특히 두 무리가 이 중간 집단을 차지했을 것으로 확인된다. 첫 번째 무리는 '아파리토레스'(*apparitores*)로 알려져 있다. 이는 글을 읽고 쓸 줄 아는 사람들로, 규모가 꽤 되었고 이 이름은 문자적으로 "종"(servants)이라는 뜻이며, 서기관, 포고자, 송달인처럼 지역 정부의 각 분야에서 일하는 임명직 민간 관원들이다. 이들은 흔히 후견 관계를 통해(이들은 아마 공직자 주인의 해방 노예 신분이었을 것이다) 그 자리를 얻었지만, 숙련된 기술과 경험으로 그 지위를 유지해 나갔다.

이들은 신분 상승을 지향하는 학식 있는 사람들로, 자신이 지닌 기술로 제국 전역 도시에서 여러 행정직을 차지하고 있는 지배 엘리트 계층의 다양한 구성원을 섬길 수 있었다. 사회에서 이들의 위치는 전적으로 이들이 바치는 섬김에 달려 있었지만, 많은 사람이 이를 통해 꽤 의미 있는 물질적 보상을 얻을 수 있었다. 이들은 부자가 아니었고 엘리트 계층에 속하지도 못했을 테지만, 그래도 안락하게 살았다.

두 번째 무리는 '아우구스탈레스'(*Augustales*)로서, 주로 해방 노예들로 이뤄져서 엘리트 계층 집안의 후견을 받으며 다양한 민간 활동에 종사했고, 그중에는 해상운송업과 제조업 같은 그 엘리트 집안 소유의 사업 운영과 관련된 활동도 있었다. 아우구스탈레스라는 이름은 이들이 황제 숭배에서 한 역할을 하는 신뢰할 만한 전직 노예들의 '콜레기움'(*collegium*)의 일원으로 연중 적절한 날에 바치는 제사와 카이사르의 생일을 기념해서 여는 대회를 조직한 데서 나왔다. 그런 역할은 대다수 공직과 마찬가지로 임기가 아마 1년이었을 것이며, 황제 숭배 사제로 일하는 지역 엘리트 계층 구성원들의 지휘를 받았을 것이다(자세한 내용은 8장을 보라).

이들의 부는 엘리트 계층 후견인을 대신해 이들이 운영하는 사업체에서 나왔을 것이다. 지역 관원을 배출하는 산실(産室)인 참사회 회원이 이들에게 적격이었지만, 아우구스탈레스는 노예였던 과거 때문에 그런 자격을 가지고 일할 수 없었다. 하지만 이들의 소비 규모는 참사회 회원들의 소비 수준에 견줄 만했다.

'아우구스탈레스'와 '아파리토레스' 둘 다 사회적 지위를 넘어서는 부를 소유했고(5장을 보라), 그래서 이들은 자신들이 사회에서 약간 불편한 위치에 있음을 깨달았다. 이들은 상당한 수입이 있었고, 그래서 도시 빈민 집단과 구별되었지만, 엘리트 계층에 속하게 해주는 사회적 지위는 없었다. 그래서 두 집단 모두 기독교 운동의 메시지에 호기심과 매력을 느꼈다.

바울의 친구들과 동료들

이 점을 유념할 때, 바울 주변의 다양한 인물에 관한 이야기는 경제적 서열상 이들의 위치에 관해 우리에게 무엇을 말해 주는

가? 확신하기는 어렵지만, 가장 초기의 그리스도인 공동체는 가난한 사람들과 초기 제국의 비교적 좋은 경제상황에서 돈을 벌고 있던 중산층을 지향하는 사람들이 섞인 독특한 집단이었을 가능성이 매우 크다. 전적 빈곤 상태인 사람은 아마 극소수였을 것이고, 이 단계에서는 엘리트 계층 구성원도 없었을 것이다. 하지만 그리스도인 집단이 특이했던 것은, 자발적 조합은 대개 같은 부류 사람들로 이뤄지는 경향이 있었기 때문이다. 그리고 경제적 형편의 차이 때문에 이들은 예수를 따르는 사람이 된다는 게 타인과의 관계에서 어떤 의미인지를 각각 배워야 했다.

이들 중 몇몇은 이미 만나 보았으므로 이제 한 도시, 즉 로마를 배경으로 이들 집단 전체를 만나볼 때다. 우리가 이들을 아는 것은 바울이 로마의 교회들에게 보내는 편지 끝부분에서 이들에게 안부 인사를 하기 때문이다.

로마서 16장 1-16절은 바울 서신에서 볼 수 있는 가장 길고 상세한 안부 목록이다. 로마 가정교회에서의 삶이 어떠했는지 말해 주는 실마리를 찾으려고, 또 그 실마리가 그리스도인 조직 자체를 무언가 전반적으로 조명해 주지 않을까 해서 최근 몇 년 동안 이 구절이 자세히 분석되어 왔다. 그리고 이런 분석은 대단히 흥미로운 결과를 내놓았다.

이 명단에 반영된 가정교회는 무려 일곱 군데일 가능성이 있다. 이것이 로마에 있는 교회 전체의 숫자인지 우리로서는 알 길이 없다. 이들 교회는 바울과 연락하고 있는 사람들을 통해 바울에게 알려진 교회들일 뿐이며, 이 사람들 다수는 다른 지역(예를 들어 고린도와 에베소)에서 바울과 동역하다가 이제는 로마에 살고 있다.

그래서 16장 3-5절에서는 아굴라와 브리스길라의 교회가 확인되며, 에배네도도 아마 이 교회 교인이었을 것이다. 아굴라와 브리스길라는 로마에서 집을 가진 유일한 부부였을 수 있다(도무스일 수도 있고 살림살이를 갖춘 작업장일 수도 있다). 어떤 이들은 인술라에 근거지를 둔 교회에서 예배드렸을 것이다.

16장 14절에서 바울은 개별 신자 다섯 명 및 이들과 함께 하는 사람들을 거명하며 안부를 전하는데, 이는 이 그룹이 정기적으로 모였음을 암시한다. 그리고 16장 15절에서는 또 다른 사람들 다섯 명 및 이들과 함께 모이는 성도들이 언급된다. 이 두 그룹은 일터에서, 즉 구성원 중 한 사람의 작업장에서 모였거나, 일을 마친 후 로마의 한 가난한 구역의 포피나에서 모였을지 모른다.

진짜 잡다한 모임

16장 10절에서 바울은 아리스도불로 집안사람들에게 인사를 한다. 바울이 가장인 아리스도불로에게 인사하지 않는 것은 이 사람이 그리스도인이 아니었음을 암시한다. 하지만 집안사람들 일부, 아마 노예나 해방 노예 몇 사람이 그리스도인이었다. 이는 주인이 소속되지 않은 종교에 집안사람들이 자유로이 소속될 수 있도록 허용하는, 부와 관용을 갖춘 집안을 떠올리게 한다.

이 아리스도불로는 헤롯 대왕의 손자이자 세상을 떠난 헤롯 아그립바의 형제였을 가능성이 있다. 정말 그렇다면, 아리스도불로는 기원후 44년에 죽었고 그의 집안사람들은 황실과 합쳐졌을 것이다. 그래서 이 교회는 사회적 지위 향상을 바라는 관리들, '아파리토레스'로 구성된 듯하며, 이들의 출세는 황제에 대한 충성에 달려 있었다.

또한 이 그리스도인 노예들은 기원후 30년대 말 어느 때쯤 기독교 신앙이 수도 로마에 전해진 여러 가지 통로 중 하나였을 가능성이 있다.

16장 11절에서는 나깃수의 집 사람들 일부에게 안부가 전해진다. 이 집안도 아리스로불로의 집안과 똑같다. 나깃수는 그리스도인이 아니었다. 그는 클라우디우스 황제의 해방 노예였을 것이며, 주인이 죽은 지 얼마 후 그도 곧 죽었다. 나깃수 집안사람들도 아리스도불로 집안사람들과 마찬가지로 네로 황제의 집안으로 들어갔을 것이다. 이 사람들 역시 아파리토레스 집단이었지만, 이번에는 주로 이방인들로 구성된 집단이었다.

16장 6-9절에서는 열두 명에서 열네 명이 언급되는데, 교회의 선교의 주도적 인물들이 많다. 이들은 지금까지 언급된 그 어떤 교회에도 소속되지 않은 듯하다. 그렇다면 이들은 여섯 번째 집단 혹은 여섯 번째와 일곱 번째 집단을 구성하는가?

앞에서 확인된 집단들의 혼합체, 로마를 중심으로 가정과 작업장에서 모이는 모든 모임은 바울이 로마 그리스도인들에게 편지를 쓰면서 다뤄야 하는 문젯거리들을 잘 설명해 줄 수 있다. 로마의 그리스도인들 사이에는 인종적 차이가 있었던 것이 확실해 보인다. 어떤 이들은 유대인이었고 어떤 이들은 이방인이었으며, 대부분은 제국의 다른 지역에서 모여든 이주자들이었다.

유니아와 안드로니고

신약성경에는 언뜻 보기에 우리가 전혀 알지 못하는 사람들 이름이 많다. 그러나 조금만 분별 있게 살펴보면 이름 한두 개 이면에 있는 풍성한 이야기를 캐낼 수 있다.

예를 들어 로마에 있는 교회들에 보내는 편지의 긴 안부 목록에서 바울은 유니아와 안드로니고를 언급하면서 "내 친척이요 나와 함께 갇혔던" 사람들이고 "그들은 사도들에게 존중히 여겨지고 또한 나보다 먼저 그리스도 안에 있는 자"(롬 16:7)라고 한다. 이들은 중요한 사람들인 듯한데 오직 이곳에서만 언급된다. 많은 시간이 지난 지금 뼈대밖에 없는 이들의 이야기에 살을 붙여 볼 수 있을까?

두 가지 이유에서 대답은 아마 "가능하다"일 것이다. 첫째, 로마인들은 대체로 이름이 세 가지였는데(6장을 보라) 신약성경 기자들은 그중 하나만 언급한다. 둘째, 예수 운동과 관련을 맺으면서 사람들이 이름을 바꾸었다는, 잘 입증된 전통이 있다. 가장 유명한 예는 어부 시몬으로, 예수께서는 시몬을 ("반석"이라는 의미의) 베드로라고 불렀다. 레위인 요셉은 제자들이 바나바라는 새 이름을 지어 주었으며, 뜻은 "위로의 아들"이었다(행 4:36). 바울 자신도 처음에 누가의 이야기에 등장할 때는 이름이 사울이었다.

유대인들이 유대인 사회에서는 히브리 이름으로 알려지고 그보다 넓은 로마 세계에서는 다른 이름으로 불리는 것은 아주 흔한 일이었다. 사울/바울이 아마 그런 경우였을 것이다. 안드로니고와 유니아도 그런 경우였을 가능성이 아주 크다.

초기 교회의 몇몇 사람들이 여러 가지 이름으로 활동한 데에는 아마 다른 이유도 있었을 것이다. 바로 안전 때문이었다. 어떤 장소와 어떤 시기에는 그리스도인 신분이라는 게 위험했다. 그리고 일부 그리스도인, 특히 메시지를 가지고 교회와 교회 사이를 오가는 사람들과 선교 사역에 두드러진 역할을 하는 사람들은 특별한 위험에 직면했다.

바울은 유니아와 안드로니고를 자신의 친척이요(바울이 말하는 친척이란 사촌이나 형제자매보다는 동족 유대인이라는 뜻일 것이다) 그리스도인이 된 지 바울보다 더 오래된 사람들이라고 말한다. 바울은 아마 예수의 십자가형과 부활이 있던 해에 예수 운동에 합류했을 터이므로, 이 커플은 예수의 지상 사역이 진행되는 동안 좀 더 광범위한 예수 추종자 무리에 속했을 것이 틀림없다.

이제 누가는 예수 일행과 함께 다닌 중요한 여인들 무리에 관해 이야기한다. 이들 중에는 헤롯의 청지기 구사의 아내인 요안나라는 여인이 있었다(눅 8:1-3). 이들은 갈릴리에서 예루살렘까지 예수를 좇아와서 그분이 십자가에서 죽는 순간에도 함께 머물렀다(23:55). 또한 이들은 첫 번째 부활절 아침 예수의 장례를 마무리하려고 향품을 가지고 무덤으로 갔다가 천사들의 인사를 받은 사람들이다(24:1-12).

요안나와 구사는 사회적으로 이름이 난 사람들이어서 그리스도인 신분이라는 게 이들에게는 위험을 무릅쓰는 일이었다. 특히 헤롯이 예수에게 반감을 품었던 것을 생각하면 더욱 그렇다. 그래서 예수의 이름으로 일어난 이 운동에 참여하게 되었을 때 이들은 다른 이름을 썼다. 좀 더 라틴어처럼 들리는 이름이었다. 요안나에서 유니아로 이름이 바뀐 것이 아주 명백하다. 요안나의 남편은 헤롯 안디바의 로마화된 궁정에서 고위직에 있는 유대인이었던 만큼 로마식 '트리노멘'을 썼을 수 있으며, 안드로니고는 그중 한 부분이었을 것이다.

이 부부는 스데반이 돌에 맞아 죽은 후 기원후 30년대 중반 박해의 물결이 교회를 휩쓸 때 흩어진 예루살렘의 초기 신자 공동체에 속해 있었을 가능성이 있다. 이들은 안디옥으로 가서 바울 옆에서 일했을 것이다. 안디옥에 있는 동안 안드로니고는 마나엔('위로자'라는 뜻이며, 사도행전 13장 1절에서 헤롯 궁정과 긴밀한 관계에 있는 사람으로 거론된다)이라는 이름으로 알려졌을 가능성이 제기된 바 있다. 이런 불안정한 도시에서 진짜 이름을 썼다가는 표적이 될 수도 있었기 때문이다.

바울이 기원후 50년대 말 로마에 있는 교회들에 편지를 쓸 때 이들 부부가 그곳에 있는 것으로 보아 이들은 여기저기를 돌아다닌 게 분명하다. 로마에 이르기 전 아마 먼 곳까지 돌아다녔을 것이며, 어떤 단계에서 바울과 한방을 썼고, 이들이 교회를 위해 일한 것을 알고 바울은 이들을 가리켜 "사도들에게 존중히 여겨진다"고 말했다.

자, 모든 이름 뒤에는 이렇게 숨은 이야기가 있다.

돈과 예절

어떤 학자들은 성경에서 우리가 확인할 수 있는 교회마다 특유의 신학적 향기가 있었다고 말한다.

그래서 브리스길라와 아굴라의 교회는, 이들 부부가 오랫동안 바울과 함께 일했던 만큼 신학적으로 견실한 바울파였을 것이다. 따라서 이들의 교회는 인종적으로 유대인과 이방인이 섞여 있었을 것이며, 여성들이 주도적 역할을 했을 것이다.

아리스도불로의 식구들로 이뤄진 교회는, 아리스도불로가 헤롯의 혈통이기 때문에 친 유대, 친 로마 성향이었을 것이고, 무엇이든 제국의 질서를 비판하는 기미를 보이는 것에 관해서는 긴장했을 것이다. 나깃수의 식구들로 구성된 교회도 비슷하게 친 로마 성향이었을 테지만, 유대인에 관해서는 덜 호의적이었을 가능성이 있다.

로마서 16장 14절의 형제들은 아마 사회적 서열의 최하층에서 근근이 생계를 이어가는 신분 낮은 평등주의적 자영업자 집단이었을 것이다. 이들은 모두 노예의 이름을 지녔으며, 이는 당시 이들의 신분이나 이들 집안의 신분을 가리키는 것일 수 있다.

15절의 성도는 아마 예루살렘에서 여전히 우세한 부류인 좀 더 보수적인 유대인 그리스도인 집단일 것이다. 이들은 히브리서 수신인이었을 가능성이 있으며, 이 서신은 로마서가 쓰인 지 얼마 뒤 기원후 60년대 중반 네로 황제의 박해의 구름이 짙어졌을 때 기록되었다. 그래도 이 그룹에 각기 자기 이름으로 불리는 여성들이 있다는 것은 이들에게 어느 정도 평등주의 성향이 있었음을 암시한다.

일부 집단, 그중에서도 특히 브리스길라와 아굴라의 집에서 모이는 이들과 아리스도불로와 나깃수의 식구들이 모이는 교회는 아마 웬만큼 재력 있는 사람들로 구성되었을 것이다. 사실 '아파리토레스'는 비교적 꽤 잘 살았을 것이다. 하지만 후견인들이 주인 역할을 하는 도무스가 아니라 "셋집 교회"(tenement church)에서 모이는 가난한 사람들로 이뤄진 그룹이 많았을 것이며, 이들은 로마의 가난한 지역인 트라스테베레나 포르타 카페나의 인술라나 술집 혹은 식당에서 모였을 것이다.

대다수 그리스도인이 그런 주거 시설에서 살았을 것이고, 그래서 이들은 형편이 될 때마다 누군가가 살고 있는 인술라의 비

좁은 방이나 자신들이 일하는 작업장(작업장을 임대한 본인이 아닌 한 어려웠을 테지만), 혹은 공공장소에서, 날씨가 좋을 때는 심지어 야외에서 모여야 했을 것이다.

이름에는 무엇이 담겨 있는가?

로마서 16장의 이름들을 분석해 보면 이들 중 적어도 1/3은 노예이거나 노예의 후손임을 알 수 있다. 이들은 노예살이 중인 집안과 함께 로마에 왔거나 노예살이에서 해방된 뒤 먹고 살길을 찾아 로마로 이주했을 가능성이 아주 크다. 거의 확실한 사실은, 이들이 도시의 먹이사슬 최하층에서 가까스로 생계를 유지하는 몹시 가난한 사람들이었다는 점이다.

또한 바울이 형제라고 말하고(16:14) 성도라고 말하는(16:15) 무리는 어떤 공식적 지도자 직분을 갖지 않은 것 같다. 이는 이 사람들이 이들 집단에서 비교적 가난한 무리에 속했음을 암시하기도 한다. 예를 들어 브리스길라와 아굴라를 설명할 때 이들이 모임 주최자이고 후원자였으며 따라서 이들 가정에서 모이는 회중의 지도자였다고 한 것을 보면 이 점이 확실해진다.

이에 비해 로마서 16장 14-15절의 명단에 오른 다섯 사람 중에는 그 그룹의 후원자 역할을 한 사람이 아무도 없는 것 같다. 이 그룹에 어떤 조직이 있었든 사실 아주 기초적인 조직이었을 것이다. 어떤 이들은 데살로니가에서도 그런 교회들에 대한 증거를 볼 수 있다고 주장한다. 데살로니가후서 3장 10절을 보면, 주의 만찬을 거행하려면 모두 무언가를 기여해야 한다고 말하는데, 이는 아무것도 가진 게 없는 사람들을 위해 자신이 넘치게 누리는 것을 내놓을 만한 후원자나 기부자가 없었던 까닭이다.

대단한 인물이 되기를 갈망하다

여기서 드러나는 것은, 도시의 모든 비 엘리트 계층에서 사람들을 끌어들인 초기 그리스도인 공동체의 풍경이다. 1세기 말까지는 기사 계급 중 이 새로운 운동에 참여한 사람이 있었다는 증거가 없다. 그러나 다양한 계층의 사람들이 끌린 그 신앙 안에는, 출세를 꿈꾸는 제국 행정 관리들부터 수공업자들과 일용 노동자들까지 함께 자리하고 있었다.

고린도교회에 편지를 쓸 때 바울은 교인들 중에 사회의 상류층 출신이 많지 않다는 점을 지적했다(고전 1:26-29). 하지만 고린도의 교회들에는 수입 수준이 천차만별인 사람들이 있었고, 이는 그리스도인 공동체 안에 문제가 생기는 원인이 되었다(6장에서 교회들이 주의 만찬을 나누려고 모였을 때 어떤 일이 생겼는지 검토한 내용을 보라).

교회 안에 일부 사람들은 다툼이 있을 때 소송을 벌일 정도로 돈의 여유가 있었다는 사실(고전 6:1-8)에서도 이를 명백히 알 수 있다. 법정 접근권은 사회에서 일정한 사람들에게만 허락되었다. 가난한 사람은 그 정도 형편이 안 되었고, 사회적 지위가 낮은 사람은 부자를 상대로 법적 행위를 하는 게 금지되었다. 하지만 부자들과 엘리트 계층 사람들은 명백히 아주 사소한 문제에 관해서도 걸핏하면 법정으로 달려갔다. 예를 들어, 어떤 사람이 만찬에 참석했는데 옆에 있던 다른 손님이 음식에 관해 뭐라고 한마디 하면 바로 비방 혐의로 고소할 수 있었다! 바울은 고린도교회에도 이와 같은 사소한 이유로 법정을 이용하는 사람들이 있다고 암시한다.

예배와 사회적 지위 상승

고린도전서 11장에서 바울은 예배에 관해 이야기하면서 남자가 기도할 때 머리를 가리는 것은 바람직하지 않다는 사실을 언급한다. 로마 시대의 조각상과 그 외 장식용품들을 보면, 기사와 원로원 의원 같은 엘리트 계층 남성은 신전에서 기도를 인도할 때 토가를 머리 위로 덮어쓰는 관행이 있었음을 알 수 있다. 다른 이들은 이 같은 행동을 하지 않았다. 바울은 고린도의 회중 가운데 엘리트 신분이 되기를 갈망하고 주변의 모든 이들이 그 사실을 알아주기 바라는 이들이 있었음을 암시하는 것 같다.

바울은 시장에서 고기를 사고 만찬 초대를 받아들일 때 그리스도인의 자세에 관해 긴 단락을 할애해 대략 설명한다(8-10장). 이는 고린도교회 안에 고기를 구입할 만큼 부자인 사람도 있고

(그렇지 않다면 왜 이런 이야기를 하겠는가?) 이런 고기가 메뉴에 오르는 신전과 부잣집의 호사스러운 연회에 초대받는 사람들도 있었음을 암시한다. 로마 세계에서 그런 식사 자리는 엘리트 계층과 이 계층에 속하고 싶어 하는 사람들만의 영역이었다.

교회는 정말 온갖 사람이 뒤섞인 곳이었던 것 같다. 이 새 운동에 마음이 끌린 이들은 수공업자가 다수였고, 그중에는 꽤 잘사는 이들도 있었던 반면 하루하루 근근이 살아나가는 이들도 있었다. 지역의 관리들을 위해 일하거나 급성장 중인 황실에서 행정 일을 하고, 그래서 꽤 잘 살고 꽤 좋은 직위에 앉은 이들도 있었다(시력이 약해지기 시작해서 서기관으로서의 쓸모가 줄어들기 전까지는).

이 때문에 기독교 운동은 제국 전역에서 인기 있었던 자발적 조합과도 달랐고 사람들이 자원하여 가입하는 이교 집단과도 달랐다. 조합과 이교 집단 모두 수입 수준이 똑같은 한 가지 유형의 사람들로 구성되는 경향이 있었다. 하지만 기독교 운동은 로마 제국에서 사회적으로 가장 잡다한 집단이었다. 이는 기독교 운동의 한 가지 큰 강점이었지만, 바울을 비롯해 핵심 지도자들이 제국 전역에서 생겨나는 회중들에게 보내는 편지에서 수많은 긴장 상태를 다뤄야 했던 한 가지 이유이기도 하다.

특히, 교회의 공동생활을 구축하기 위해 얼마나 많은 돈을 써야 하느냐는 문제는 회심자들의 관심을 끄는 문제인 동시에 교회 구성원 사이에 이견이 생기는 원인이기도 했다.

힘들지 않아요, 형제인 걸요

사도행전에서 가장 초기 그리스도인 공동체에 관한 첫 번째 이야기를 하면서 누가는 신자들이 모든 것을 공동으로 소유했고 도움이 필요한 신자들에게 베풂을 시행했다고 두 번이나 말한다(행 2:44-45; 4:32, 34-35). 이런 형태의 사회적 조직은 "사랑 공동체"(love communalism)로 설명되어 왔으며, 이는 구성원 간의 사랑으로 자원을 공유 또는 모으는 공동체를 말한다.

어떤 학자들은 이것이 실패한 사회적 실험이었다고 말한다. 이들의 주장은, 기원후 40년대 중반 이 지역에 기근이 닥쳤을 때 예루살렘과 유대 신자들에게는 이에 대처할 만한 자원이 없었고 그래서 다른 지역의 지원에 의존했다는 사실에 근거한다. 그 지원은 안디옥에서 그곳 그리스도인들의 헌금(gift) 형식으로 이들에게 도착했다(행 11:27-30; 갈 2:1-10). 나중에는 바울을 통해서도 도움이 왔다. 바울은 그가 개척한, 주로 이방인들이 모이는 교회들에서 연보(collection)를 모금해 예루살렘으로 가지고 온 것이다(행 24:17).

하지만 그런 견해는 1세기 사람들 삶의 불안정한 성질을 완전히 오해하고 있다. 4장에서 말했다시피 식량 부족 사태에 대처할 만한 자원을 가진 사람은 거의 없었으며, 그 결과 주요 식량 가격이 천정부지로 치솟는 결과가 빚어졌고, 기근 상황에서는 더욱 속수무책이었다. 대다수 그리스도인은 빈민은 아니었지만 최저 생활을 간신히 벗어난 수준이었고 그래서 경제 침체에 영향을 받기 쉬웠다.

사도행전의 실험이 곧 포기되었다는 견해는 교회가 가정의 기능을 해야 한다는 바울의 가르침 또한 고려하지 못한다. 바울이 유대 지역의 가난한 이들을 위해 이방인 교회에서 연보를 모았다는 사실, 그리고 그리스도인들이 서로를 돌보았다는 것을 신약성경 어디에서든 발견할 수 있다는 사실이 이에 대한 증거다.

어떤 역사가들은 초기 기독교 운동이 주로 가난한 사람들로 이뤄졌고 소수의 잘사는 사람들이 후원자와 기부자 역할을 했다고 주장한다. 달리 말해, 그리스도인 집단은 다른 모든 자발적 조합과 똑같이 작동하여, 궁핍한 시기에는 구성원들이 비교적 부유한 기부자들의 지원을 기대했다는 것이다(5장을 보라).

또 어떤 이들은 초기 그리스도인들이 이른바 상호부조(mutualism)를 실천했다고 주장하며, 이는 자원을 공식적으로든 비공식적으로든 공동으로 모으고, 궁핍한 사람에게는 잘사는 사람이 도움을 베풀되 자신이 곤경에 처하면 똑같은 도움을 받으리라고 생각하면서 그렇게 한다는 개념이다.

이는 후견 시스템에서 작동하는 호혜주의(reciprocity, 5장을 보라)와는 다른데, 왜냐하면 후견 시스템에서는 일의 방식이 근본적으로 공평하지 않기 때문이다. 이는 당사자 모두의 안녕을 증진하는 것으로 볼 수 없다. 후견 시스템은 사회적 경계선을 유지하고 강화하지만 상호부조는 그 경계선을 깨는 경향이 있다.

자선 그 이상

바울이 예루살렘 신자들에게 주려고 자신이 개척한 이방인 교회들에게서 모금한 이른바 "연보"는 상호부조가 작동하는 가장 훌륭한 사례였다. 바울은 자신의 모든 주요 서신에서 이 이야기를 한다(롬 15:25-32; 고전 16:1-4; 고후 8-9; 갈 2:10).

연보에는 두 가지 주목적이 있었다. 첫째, 물질적 안녕을 증진시키려는 것이었다. 즉, 예루살렘 교회들이 직면한 극심한 빈곤을 덜어주는 것이었다. 둘째, 이 연보는 철저히 상호적인 성격이 있었다. 이는 자선(charity) 행위가 아니었다. 그보다 이는 가진 사람에게서 가지지 못한 사람에게로 이뤄지는 재분배 행위였다. 그리고 이 행위는, 형편이 뒤바뀌었을 경우 현재 베푸는 사람이 나중에는 받는 사람이 될 수도 있다는 사실을 인식하면서 이루어졌다.

이 점은 고린도후서 8장 14절에서 확실히 볼 수 있는데, 길고 긴 단락의 한 부분인 이 구절에서 바울은 연보의 이유를 설명한다. 식량 부족은 제국 전역의 일반적인 형편이었고, 이 연보는 한 지역(이번에는 유대 지역)의 식량 위기에 대한 대응이었다. 앞으로 고린도(바울이 고린도전서를 쓸 즈음에 그랬던 것처럼)나 제국의 다른 지역에 어려움이 닥치면 돈은 또 그 방향으로 흘러갈 수도 있었다.

이 상호부조는 바울 서신 다른 곳에서도 볼 수 있다. 예를 들어 데살로니가전서 4장 9-10절에서는 서로에게 제공하는 실제적 도움과 지원에서 "사랑"을 볼 수 있다. 여러 면에서 이는 사도행전 2장과 4장 모델이 작동하는 광경이다. 이 모델은 근본적으로 상호적인 것으로 볼 수 있었다. 누구도 궁핍해서는 안 된다는 생각으로 사람들이 자기에게 넘치는 것을 이용해 아무것도 갖지 못한 사람을(넘치는 것이 바닥나면 자기 자신 역시 궁핍한 상태가 될 것이므로) 돕는 것이다. 데살로니가후서 3장 6-12절을 보면 상호부조가 초기 그리스도인 공동체 사이에서나 공동체 안에서 경제적 관계의 규준적 원리였다는 것이 확실히 드러난다.

우리는 로마인들이 보는 사회 작동 방식의 핵심에 기부(benefaction)와 후견(patronage) 관계가 있다고 알고 있는데, 이런 상호부조는 그런 기부, 후견 개념을 약화시킨다.

바울은 무언가 보답을 받을 기대 없이 공동체 안에서 선을 행한다는 의미에서 모두들 베푸는 사람이 되기를 역설한다. 바울은 밤낮없이 열심히 일하고 자비량으로 데살로니가 신자들에게 복음을 전함으로써 스스로 모범을 보였으며, 데살로니가전서 2장 1-10절과 데살로니가후서 3장 6-12절에서 이 사실을 이들에게 상기시킨다.

그리스도인 공동체는 경제적 형편이 다 다른 사람들이 모여 있었기 때문에, 자기 집을 소유하고 다수의 피후견인에게 후견인으로 행동하는 부유한 사람도 있었다. 예를 들어 사도행전에는 아리스다고라는 사람에 관한 이야기가 나온다(19:29와 20:4). 아리스다고는 그 도시의 '폴리타르크스'(politarchs, 개역개정성경에서는 '읍장'으로 번역됨-옮긴이) 중 한 사람이었을 것이며 따라서 어느 정도 재력이 있는 사람이었을 것이다. 야손은, 바울이 이 사람의 작업장에서 천막을 만들며 복음을 전한 것 같은데, 겨우 연명하며 사는 사람은 아니었다. 그리고 사도행전 17장 4절은 몇몇 부유한 여인들이 기독교 운동에 마음이 끌렸음을 암시한다.

내 후견인이 되지 마세요

부와 사회적 지위 덕분에 불가피하게 후견인과 기부자가 된 사람들이 교회 안에 존재하는 것이 바울에게는 약간 어려운 문제가 되었다. 바울은 교회 안의 모든 사람이 열심히 일해서 궁핍한 처지인 사람들과 무언가 나눌 것이 있기를, 더 중요하게는 다른 누군가에게 의존하지 않고도 살아갈 수 있기를 간절히 바랐다.

데살로니가, 마게도냐(마케도니아) 전역, 그리고 바울이 교회를 개척한 뒤 아직 고린도 서신을 쓰기 전인 50년대 초의 고린도에는 식량이 부족했다. 데살로니가의 일부 로마 시민들은 곡물 배급의 형식으로 공공복지 혜택을 받을 수 있었다(4장을 보라). 부유한 사람들은 곡물 가격이 아무리 폭등해도 사먹을 여유가 있었다. 노예와 해방 노예는 주인이나 전 주인에게서 식량을 받았을 것이다.

하지만 가난한 사람이나 자기 손으로 일해서 먹고 사는 사람들은 어땠을까? 역사가들은 이런 시기에는 이 사람들끼리 최대한 식량을 나누었겠지만 그래도 굶주리는 이들이 많았을 거라고 말한다. 부유한 후견인에게서 식량을 얻을 기회가 있다면 이 사람들은 얼른 그 기회를 잡으려 했을 것이다. 바울은 자기가 가진 것을 궁핍한 이들과 나누되 후견 시스템을 기반으로 하지 말고 서로를 향한 상호 존중의 마음에서 그렇게 하라고 그리스도인들에게 역설한다.

그렇다면 바울은 식량 부족 사태가 완화되었을 때 어떤 광경을 보고 싶었던 것일까? 이 가난한 그리스도인들은 부유한 기부자들과 맺은 후견-피후견 관계를 여전히 유지했을까? 그랬던 것으로 보이며, 힘써 일하기보다 부유한 기부자의 피후견인으로 사는 쪽을 택한 사람들에게 바울이 그렇게 강경한 어조로 말을 하는 이유가 바로 그것이다.

바울의 목표는 다름 아니라 상호부조 실천을 통해 후견 시스템이 폐지되는 것이었으며, 상호부조의 핵심은 일할 수 있을 때 각자 자기 손으로 힘써 일하고, 그리하여 힘든 시기에 어려움에 빠진 사람과 무언가 나눌 만한 것이 있도록 하며 나중에 자신에게 어려운 시기가 닥치면 그때는 베푸는 쪽과 받는 쪽이 바뀌도록 하는 것이었다.

바울이 강조하는 경제적 자급자족은, 그리스도인은 보답에 대한 기대 없이 베푸는 너그러운 삶을 살 수 있다는 의미였다. 이 점에서 바울은 산상설교에서의 예수의 말씀을 되풀이하고 있다. 바울은 누구도 궁핍하지 않은 공동체, 선을 행하려는 이 바람이 교회 주변의 세상으로 흘러넘치는 그런 공동체를 두 눈으로 보기를 갈망한다. 불안정하고 불확실한 삶을 살았을 가난한 이들과 중간 계층 사람들에게 기독교의 메시지가 그렇게 매력적으로 다가간 것은 당연한 일이었다.

선을 행하라

바울은 상대에게 베풀어 그 사람의 현실적 필요를 채워 주라고 후견인에게가 아니라 모든 그리스도인에게 역설한다(바울은 그레데[크레타]의 그리스도인들이 그와 같이 행할 수 있게 하라고 디도에게 호소한다. 딛 3:14). 바울이 보는 차이점은, 그리스도인으로서 은혜를 베푸는 사람은 베풀 수 있기 때문에 베푸는 반면 후견인은 사회에서 자신의 야망을 진척시키려고 베푼다.

모두에게 베풀라는 바울의 선행 윤리는 교회를 한 가족으로(6장을 보라), 사회적 지위나 경제적 형편과 상관없이 모든 구성원이 다 평등한 곳으로 보는 견해에서 생겨났다.

그 사람 우리와 같은 부류인가?

로마 경제에 실제로 어떤 일이 벌어지고 있었는지 판단하기 어렵게 만드는 것 한 가지는, 당시 저술가들의 태도다. 로마 사회에 관해 기록할 때 이들은 뚜렷이 대조되는 관점에서 기록하는 경향이 있었다.

이들은 사회가 단 두 집단으로 구성되었다고 보는 경향이 있었다. 하나는 '호네스티오레스'(honestiores), 즉 명예가 있고 부유한 소수 엘리트 집단이고, 다른 하나는 '후밀리오레스'(humiliores), 즉 기본적으로 나머지 대다수는 하층민이다. 이러한 증언을 고려하면, 사람들은 엘리트 집단에 속하여 부유하고 교양 있는 사람이든지, 아니면 엘리트 집단이 아니어서 그저 "가난한 자"이든지 둘 중 하나였다.

이따금 작가들은 관심받을 자격이 있는 가난한 사람과 불결한 평민을 구별하기도 했다. 전자는 대개 총애받는 노예나 해방 노예로서 훌륭한 집안이나 가문과 연관된 사람들이고, 후자는 특이할 게 없는 주민 집단으로, 이들 작가들은 이 사람들을 무슨 수를 써서라도 피하려 했다!

하지만 이런 저술가들도 이런 구별이 현실 묘사가 아니라, 지배 엘리트가 사회에서 누리는 지위를 정당화하게 해주는 하나의 수사(rhetoric)라는 것을 잘 알고 있었다. 이들의 글은 엄격한 사회적 계급제도를 강화하고 가난한 사람은 계속 가난한 자리에 있게 만드는 역할을 했다.

2세기의 작가 아이리우스 아리스티데스(Aelius Aristides)가 이 사실을 명확히 설명한다. "열등한 자의 존재가 우월한 자에게 이점인 것은 자신이 누구보다 우월한지 콕 집어 가리킬 수 있기 때문이다." 우월한 자들은 이렇게 자신의 세상을 면밀히 살피면서 혹 빈곤에도 단계가 있지 않은지, 다른 노동자보다 더 잘 사는 노동자가 있지 않은지 확인해 보는 일에는 관심이 없었다. 이들은 오로지 현재의 사회 질서가 아무 훼방도 없이 지속되도록 하는 데에만 관심이 있었다. 바로 이것이 1세기 말과 2세기 초에 일부 사람들이 기독교 운동을 그 질서에 대한 위협으로 본 이유다.

8장

신앙의 수퍼마켓

로마의 도시에서는 어디를 가든 신상에 걸려 넘어졌다. 거리 모퉁이에는 신사(shrine)가 있었고, 신전이 도심의 스카이라인을 지배했으며, 집과 상점에는 수호신이 선반과 반침에 모셔져 있었고, 이런 신들을 섬기는 의례가 대다수 사람의 하루하루를 형성했다.

제국은 인간이 생각해낼 수 있는 온갖 종교, 철학, 신앙으로 가득했다. 유대 지역이 이런 세상에서 두드러져 보인 것은 그 단호한 유일신 신앙 때문이었지만, 예수께서 자란 갈릴리에도 이교 신의 신전과 제단이 상당히 많았으며 이는 여러 세대에 걸친 그리스-로마 영향의 유산이었다. 세포리스와 디베랴의 도시들은 그리스와 로마의 다양한 신에게 바치는 신전을 포함해 거대한 구조물을 세우면서 목수 예수께서 다른 수공업자들과 어울려 열심히 일하던 곳일 수도 있다.

초기 그리스도인들은 종교적 선택지가 부족하지 않은 사람들에게, 이스라엘의 유일하신 하나님의 나라가 임박했다는 메시지를 선포했다.

우리 패에 들어오세요

로마 제국이 한때 알렉산드로스 대왕 치하 그리스 제국의 중심이었던 땅 전역으로 영토를 확장함에 따라 로마의 신들이 그리스의 신들과 뒤섞였다. 로마의 주요 신인 유피테르, 유노, 미네르바, 베누스, 디아나, 메르쿠리우스, 마르스, 플루톤, 넵투누스, 바쿠스는 그리스의 신 제우스, 헤라, 아테나, 아프로디테, 아르테미스, 헤르메스, 아레스, 하데스, 포세이돈, 디오니소스, 아폴론과 각각 동일시되었다. 하지만 그리스와 로마는 예배 양식이 달랐다. 그래서 제국 서쪽의 종교는 비교적 더 헬라 성향이 강한 동쪽과 달랐다. 하지만 동쪽의 종교들이 로마, 오스티아, 폼페이에서 점점 더 인기를 끌게 되었다. 특히 제국의 중심에서 이집트의 이시스(Isis) 숭배와 아시아의 퀴벨레(Cybele) 숭배가 인기 있었다는 풍성한 증거가 있다.

로마인들에게는 특히 신을 획득하는 독특한 방식이 있었다. 어떤 도시를 포위 공격하거나 새 영토의 경계를 건너갈 때 이들은 '에보카티오'(*evocatio*)라는 의식을 치렀다. 적의 도시에서 섬기는 신을 사제들이 공식적으로 인정하고, 그런 다음 그 신을 버리고 로마의 만신 숭배에 합류하라고 적들을 청하는 것이다. 그래서 로마가 새 영토를 추가할 때마다 신을 고를 수 있는 선택 범위도 늘어났다.

그리스 세계는 독립적인 도시 국가의 집합으로서, 도시마다 고유의 신이 있거나 각 사람이 개별적으로 판테온에서 신을 취한다. 도시에는 수많은 신전이 있었고 신들의 호의적 시선을 얻으려고 모두가 공적 의식에 참여했다.

예를 들어 데살로니가에는 카비루스(Cabirus)라는 신을 중심으로 한 중요 종교 집단이 있었는데, 주화(coinage)에 이 신의 형상이 그려져 있었고 이 신을 기리는 제전이 종교 행사 일정을 지배했다. 카비루스는 데살로니가의 먼 과거로부터 신격화된 영웅으로, 평범할 뿐만 아니라 가난한 노동자였는데 적에게서 데살로니가를 지키다가 목숨을 잃었다. 그 후 이 도시가 위험에 처할 때면 카비루스가 돌아와 이 도시를, 특히 열심히 일하는 가난한 사람들을 다시 지켜 준다는 신화가 생겨났다.

이 종교의 상징은 망치였는데, 망치가 특히 이 도시의 공예 노동자들과 연관되었기 때문이다. 하지만 주화에 카비루스의 형상이 새겨졌고 카비루스를 기리는 제전에 모두가 참여했다는 사실은 카비루스 숭배가 이 도시에 전반적으로 중요했다는 의미다. 그래서 적의 손에 십자가에 달려 죽었다가 다시 살아나 현재의 악에서 자기 백성을 구원하는 한 노동자에 관한 바울의 메시지에 데살로니가의 노동자들은 귀가 번쩍 뜨였을 것이다. 사도행전과 바울이 데살로니가 교회에 보낸 편지를 읽어보면 확실히 그런 인상을 받게 된다.

세상의 의미를 이해하기

로마 세계는 신들과의 화평, '팍스 데코룸'(pax decorum)을 추구했다(팍스 로마나[pax Romana]가 제국을 단결시켰다면 '팍스 데코룸'은 영적 차원에서 이에 상응하는 말이었다). 제국에 닥치는 모든 재난은 인간이 신의 질서를 존중하지 않아 그 평화(pax)가 파괴된 것이 원인이었고, 특히 규칙적으로 예배하지 않거나 새로운 형식으로 예배했기 때문이었다. 제사를 올리고 기도를 바치는 공적 의례는 모든 시민이 참여해야 하는 중요한 행사였다.

이 의식은 제국 전역에서 공식적인 시민 행사였다. 그 신이 내가 사는 동네에 특별히 관심을 보인다고 믿어야만, 또는 그 신이 내 집에서 섬기는 여러 신 중의 하나여야만 그 행사에 참여하는 것은 아니었다. 이런 숭배는 한 도시나 공동체를 단결시키는 일종의 접착제 역할을 했다.

그렇다고 해서 의례가 가볍게 치러졌다는 뜻은 아니다. 제국 전역에서 발견되는 신상과 돌 부조를 보면 이 의례가 시민들의 삶에 얼마나 중심 역할을 했는지 알 수 있다. 그래서 비록 로마 종교에 신자들을 결속시키는 중심 교의(creed)나 신자들이 공유하는 계율이나 이야기를 담은 경전, 이를테면 성경 같은 책은 없었을지라도, 신들이 인간의 노력을 지지할 수 있으려면 인간 모두가 알고 행해야 할 일련의 의례와 행동이 있어야 했다.

로마 종교는 사실상 삶의 방식도 아니었다. 신이 뒷받침하는, 그리고 신이 기대하는 모종의 행동을 지시해서 다른 신 신봉자들과 구별되게 하는 어떤 도덕적 법규가 예배의 중심에 있지도 않았다. 하지만 의례를 제대로 따르면 신이 그 도시를 계속 안전하게 해 주리라는 공통의 이해가 있었다.

이러한 이해는 '피에타스'(pietas)와 '임피에타스'(impietas)라는 개념으로 강화되었다. '피에타스'의 특징은, 가족에 대한 의무와 공동체 사람들에 대한 의무를 다하고 사회에서 기대되는 행동 규준을 준수하는 것이다. '임피에타스'는 그 반대다. 하지만 이 두 가지 개념은 종교적인 개념이라기보다 사회 질서를 보존하기 위해 올바른 일을 행한다는 일반적인 개념에 가까웠다.

그래서 옥타비아누스는 양아버지 율리우스 카이사르의 죽음에 복수하려고 군대를 일으켜 '피에타스'에 따라 행동한 것에 관해 찬사를 받았다. 옥타비아누스(안토니우스를 이기고 일인자가 된 후 아우구스투스로 개명) 치하에서 제국 정부가 수립된 후, '임피에타스'란 카이사르와 백성과 신들 사이의 관계를 불안정하게 만드는 방식으로 생각하고 행동하는 것으로 이해되었으며, 반역을 정의하는 말 중 하나가 되었다. 정부를 향해 불순하게 행동하는 것은 그 정부를 지지하는 신들을 거스르는 것으로 정의되었다. 고대 세계에서는 종교와 국가가 분리되지 않았다.

그래서 로마의 종교는 사적인 신앙의 문제라기보다 공적인 행실, 특히 공적인 의례에 참여하는 문제였다.

신의 총애를 얻기

중심 의례는 짐승을 제물로 바치는 제사였는데, 신전 자체보다는 신전에 이르는 계단 꼭대기의 단(podium)에서 행했다. 왜냐하면 예배는 가능한 한 많은 사람이 보아야 하는 공식적인 공개 행위였기 때문이다. 사실 신전 내부는 사람들이 모여 예배하는 곳이라기보다 귀중품을 보관하는 창고 역할을 하는 경향이 있었다.

그런 의례는 직업적인 종교인이 아니라 도시의 지배 엘리트 구성원들이 거행했으며, 따라서 이는 사람의 권한과 신의 권력이 밀접히 연관되어 있음을 보여 준다. 폼페이에서 발견된 돌 부조는 그 도시의 한 관원이 제사를 집례할 때의 규정에 따라 토가를 머리 위로 덮어쓰고 기도문을 읊으면서 포도주와 향을 바치는 모습을 보여 준다. 한편, 허리춤까지 옷을 벗은 세 인물은 아마 이 의례를 집행하는 엘리트 남성의 노예들일 텐데, 이들은 황소 한 마리를 제단 쪽으로 끌고 가고 있다. 셋 중 한 사람은 이 소를 도살하는 데 쓸 도끼를 들고 있다. 제사가 진행될 때 피와

핏덩이를 뒤집어쓸 사람은 제사를 집례하는 그 귀족이 아니라 이 세 사람이다.

제물로 쓰일 짐승을 일단 도살하면 일부를 제단에서 불태워 지금, 이 제사로 기리고 있는 신을 기쁘게 하고 나머지 부분은 식용으로 처리했을 것이며 고기는 예배자들에게 선물로 제공되거나 접근이 편하도록 대부분의 신전이 위치한 복합 건물 아주 가까이에 자리 잡은 육류 시장을 통해 판매되었을 것이다. 고기가 어떻게 처리되는지는 제사와 제전이 거행되는 이유에 따라 달라졌다.

시장에서 판매되는 고기가 대부분 신전에서 제물로 바쳤던 짐승의 고기라는 말은 사실이 아닐 수도 있지만 상당량이 그런 고기였고 이것이 초기 그리스도인들에게 큰 어려움을 초래한 것은 분명하다(특히 고린도전서 8-10장에서 바울이 우상에게 바쳤던 고기 문제를 논하는 부분을 보라).

온 가족이 즐겁게

지역 사회 사람들의 삶의 중심에는 이런 종교 의례가 자리 잡고 있었다. 특별한 제전 때는 흔히 시합도 열리고 신전 계단에서 연극도 공연되었다. 모든 사람을 위한 잔치도 종종 열렸는데, 가난한 사람들은 제물로 바쳤던 짐승 고기 약간, 그리고 곁들여 마실 포도주를 받았을 것이다.

이런 제사는 인간이 세상에서 어떤 위치에 있는지를 모든 사람에게 일깨워 주었다. 제사는 신들과 제단에 바쳐진 짐승 그 중간에 서 있는 인간의 모습을 커다란 캔버스 위에 그려 보여 주었다. 도시를 배경으로 제사는 사회적 서열상의 위치를 모든 사람에게 일깨워 주었다.

제사가 있을 때는 모두가 참석하고 참가해야 했다. 참석하지 않을 이유가 뭐겠는가? 주요 제전은 대다수 사람에게 하루 휴일을 뜻했고(다수의 노예가 이런 행사를 시중들어야 했다) 게다가 공짜 음식과 여흥도 제공되었다. 1년 중 며칠 안 되는 이런 날이면 지역 사회 전체가 하나가 되어 신들의 선함과 신들이 관장하는 사회 질서를 찬양했다. 이런 행사에 참여하지 않으면 의심을 샀다. 그러나 예수를 따르는 이들은 이런 행사에 참여할 수 없다고 생각했다. 이들은 만인의 유익을 위한 한 제사가 그리스도의 십자가를 통해 드려졌으며 다른 모든 제사는 우상숭배라고 믿고, 로마 종교의 핵심에 있는 제사들을 거부했다. 이들의 이런 행동은 무신론처럼 보였고, 그래서 2세기의 많은 그리스도인이 무신론 혐의를 받았으며 이들의 이런 모습은 이웃을 당황스럽게 하고 소름 끼치게 했을 것이다.

짐승 내장 속의 메시지?

제물로 바쳐지는 짐승의 장기, 특히 간은 제사를 받는 신의 성향을 분별하는 데 쓰였을 것이다. 이 신은 이 도시에 호의적인가, 비호의적인가? 이렇게 신의 성향을 분별하는 일은 간의 상태를 읽는 숙련된 점쟁이의 손에 달렸는데, 이 사람을 가리켜 '하루스펙스'(haruspex)라고 했다. 대부분의 도시에서 그런 사람이 고위 행정직을 차지하고 있었다. 황제에게도 늘 이 일을 담당하는 참모가 있었다.

중요한 일치고 하루스펙스나 다른 어떤 점쟁이의 의견을 듣지 않고 결정되는 경우는 거의 없었다. 모험적 일을 기획할 때는 이들이 대기하고 있다가 이 일의 성공 여부를 예언했다. 점쟁이들은 신에게 메시지를 받으려고 다양한 수단을 썼다. 짐승의 간을 살피기도 하고, 새를 지켜보기도 하고, 특이한 사건들을 추적하고 해석했으며, 시빌라의 신탁서(Sibylline oracles)를 무작위로 펼쳐보기도 했다.

감히 점쟁이의 충고를 무시하면 어떤 위험이 따르는지 사람들에게 경고하기 위해 많은 이야기가 전해 내려왔다. 그중 로마의 집정관 아피우스 클라우디우스 풀케르(Appius Claudius Pulcher)에 얽힌 이야기가 있는데, 기원전 249년 로마 함대의 사령관이었던 클라우디우스는 카르타고와 싸움을 벌이지 말라는 점쟁이의 점괘에도 불구하고 전투에 돌입했다. 클라우디우스의 기함(flagship) 선상에서는 신성한 닭을 이용해 신들이 어떤 행동 방침을 지지하는지를 점쳤다. 닭들이 모이를 먹으면 조짐이 좋은 것이었고, 부리에서 떨어지는 부스러기까지 게걸스럽게 먹으면 더할 나위 없는 길조였다. 하지만 닭들이 모이를 전혀 먹지 않으면 집으로 돌아가 아무 일도 하지 않는 게 상책이었다.

아피우스 클라우디우스는 반드시 전투에 나가겠다고 마음먹고 닭들의 의견을 물었다. 닭들은 단호히 먹기를 거부하며 낟알 하나 쪼아 먹지 않았다. 분노한 집정관은 닭들을 배 밖으로 집어 던지며 말했다. "먹지 않을 테면 바닷물이나 마셔라." 닭들은 바다에 빠져 죽었고 클라우디우스는 함대를 이끌고 나갔다가 완패했다. 닭들을 우습게 봐서는 안 된다. 이것이 이 이야기가 전해지고 거듭 전해질 때마다 모두가 들은 교훈이었다!

예배하는 국가

1세기에 가장 빠르게 성장한 종교는 황제 숭배였다. 이 종교는 율리우스 카이사르가 사망했을 때 원로원에서 카이사르가 신이 되었다고 선언하고 그러므로 카이사르의 양자 아우구스투스도 신적인 존재라고 암암리에 선언했을 때 시작되었다. 사람들은 황제에게 기도하고 분향했으며 황제에게만이 아니라 그의 가족을 위해서도 그렇게 했고, 과거의 위대한 지도자 숭배가 하나의 관행으로 정착된 동쪽 지역에서 특히 더 그랬다.

애초에 황제 숭배는 죽은 카이사르에게 경의를 표하는 종교였지만, 살아있는 사람들은 신처럼 대우받는 게 얼마나 이득인지 아주 일찍부터 깨달았고, 그래서 자신들을 기리는 제단, 심지어 신전 건축을 허가했다. 그래서 오늘날 튀르키예 지역의 페르가 뭄(버가모)에는 아우구스투스 신전이 기원후 27년 그가 카이사르가 되던 해에 봉헌되었다. 기원후 80년대 도미티아누스 치세 때에는 황제 숭배가 제국 전역에서 시민 생활의 중심이 된 것으로 보인다. 그리고 2세기 초 플리니우스 시대에는 카이사르의 형상 앞에서 분향하지 않는 것만으로도 그리스도인은 사형 선고를 받기에 충분했다(다른 누구든 마찬가지였겠지만, 그런 행위는 도저히 할 수 없다고 생각하는 이들은 그리스도인뿐이었다).

황제 숭배에서는 카이사르를 '소테르'(soter, 구원자)와 '퀴리오스'(kurios, 주)라고 불렀는데, 이는 그리스도인들이 일찍이 기원후 30년대부터 쓰던 표현이었다. 아우구스투스가 신격화된 율리우스 카이사르의 양자였기 때문에 아우구스투스 이후로 카이사르는 "신의 아들"로도 알려졌다. 시인 베르길리우스는 서사시 "아이네이스"(The Aeneid)에서 아우구스투스에 관해 이렇게 말했다. "그대에게 약속되었다고 그토록 숱하게 전해 들은 사람이 바로 이 사람이니, 아우구스투스 카이사르, 신의 아들이 황금시대를 다시 열 것이다." 베르길리우스를 비롯해 많은 로마인은 아우구스투스가 율리우스 카이사르의 죽음 이후 내전에서 승리한 것이 새로운 카이사르의 신성을 입증하는 증거라고 믿었다.

그리스 도시 프리에네에서 발견된 한 명문은 아마도 1세기 초에 만들어진 것으로, 아우구스투스의 생일이 새해 첫날이 될 것이며 이런 중요성 때문에 그날에는 잔치와 축하 행사가 있을 것을 암시한다.

만물을 주관하시고 우리 삶에 깊은 관심을 가지신 거룩한 섭리(Providence)께서 우리에게 아우구스투스를 주심으로써 가장 완전한 질서를 세우셨도다. 섭리께서는 그를 덕으로 충만케 하시어 인류에 유익을 끼치게 하셨고, 우리와 우리 후손을 위해 그를 구원자로 보내시어 전쟁을 그치게 하고 만사를 바로잡으셨도다. 카이사르 그는 우리의 기대를 뛰어넘는 출현으로 이전에 우리에게 은혜를 베푼 모든 자를 다 능가하며, 그의 성취를 뛰어넘을 수 있다는 그 어떤 소망도 후손에게 남겨 두지 않으셨도다. 그러므로 신이신 아우구스투스의 탄생일은 그 덕분에 세상에 전해진 좋은 소식(good tidings)의 시작이 되었도다.

집마다 신이

종교는 단지 시민들의 의식 문제가 아니었다. 거의 모든 집에 '라르'(*lar*), 즉 집안의 수호신이 있었으며, 이 신은 '라라리움'(*lararium*)에 모셔져 있었는데, 이곳은 집안에서 제단 역할을 하는 선반 또는 덮개 없는 벽장이었다. 매일 아침 가장은 이 집안 신에게 무언가를 가져와 바치면서 이 신의 보호가 그날 하루 가족에게 임하기를 바랐다. 바치는 물건은 약간의 음식이었을 것이며 혹은 향을 가져와 작은 신상 앞 향로에서 태웠을 것이다.

어떤 집은 방이나 페리스타일 뒤편 벽에 '라라리움'을 그려 넣었다. 인술라에 사는 사람들은 소박한 선반에 나무나 돌로 거칠게 만든 작은 '라르' 상 한두 개를 모셔 두고 그 앞에서 행운을 빌었을 것이다.

폼페이를 비롯해 여러 곳의 유적을 보면, 매매의 신 혹은 장사꾼들의 신이 그 노동의 하루를 지켜 주도록 작업장에도 '라라리움'이 설치되었던 것을 알 수 있다. 그런 신상이 있으면, 가게를 찾는 고객이나 손님들은 가게 주인이 신심 깊은 사람이고 따라서 신뢰할 만한 사람이라 여기고 안심하게 되었을 것이다.

이와 관련해 초기의 예수 추종자들에게는 한 가지 문제가 있었다. 이들은 집안이나 작업장의 눈에 잘 띄는 곳에 모셔져 있던 집안 신을 다 치워 버렸을 텐데, 이는 모든 사람에게 영향을 끼칠지도 모르는 방식으로 신을 모독하고 사회의 구조를 무너뜨리는 '임피에타스'라고 비난을 받을 수도 있는 행위였다. 그리고 그 결과 그리스도인 집안은 장사가 망하고 수입이 끊기며, 지역 관원에게 이 행동에 관해 조사를 받을 수도 있었고, 의심 많고 두려움 많은 이웃 사람들이 심지어 이들에게 폭력을 행사할 수도 있었다.

교차로에서 신을 발견하다

신은 집과 작업장, 신전과 포피나 외에 길가의 신사, 특히 길과 길이 만나는 중요한 지점과 교차로에서도 숭배받았다. 로마와 그 외 도시에서 지역 관리들(로마의 경우 '비코마기스트리'[*vicomagistri*])은 교차로에 제단과 신사를 만들어 놓고 날마다 적절한 의례가 행해지도록 했으며, 전반적인 유지 관리를 감독했다.

이 일을 책임지는 관리는 유력한 시민이 아니라 근처에 사는 평범한 사람들로, 이 일과 더불어 화재를 감시하고 복잡한 거리에서 통행이 원활히 이뤄지게 하고 범죄가 일어나지 않는지 감시하는 등 시민의 의무를 행하고 소액의 봉급을 받았다. 이를 보면 시민의 의무와 종교적 의무가 이음매 없이 하나로 연결되는 것을 알 수 있으며, 이는 로마의 도시들에서 종교가 다른 영역과 구별된, 사적인 일이 아니었음을 보여 준다.

'비코마기스트리'를 비롯해 이런 의무를 지닌 그 외 관리들은 예외 없이 다 남자였다. 로마 사회에서 종교적 역할을 맡았을 때 여자들은 이를 훌륭히 해냈다. 신사와 신전에서 의례를 집례하는 사제는 대개 엘리트 남성이었고 이들을 거드는 이들도 남자 노예나 남자 해방 노예였다. 여자들은 이따금 보조 역할을 했다.

전통적인 로마 종교에서 여성이 자기 집 아닌 곳에서 중요한 역할을 이행할 수 있는 통로는 베스타 신녀(神女)가 되는 것뿐이었다. 그나마도 이 역할은 아주 소수의 여성, 한 번에 아마 여섯 명 정도의 여성에게만 주어졌다. 이들 공적 여사제들은 여섯 살에서 열 살 사이에 신녀단에 들어가 삼십 년 동안 봉직했다. 이들의 한 가지 핵심 역할은 로마의 광장 옆 베스타 신전에서 항상 타오르고 있는 신성한 불이 꺼지지 않도록 지키는 것이었다. 신녀로 일하는 동안 순결을 유지하지 못하면 신전의 감옥에서 산 채로 불태워졌다.

사제로 신을 섬기는 엘리트 남성의 아내가 때로 공식 의례에서 남편과 나란히 한 역할을 하기도 했다. 이런 경우가 아니면 여성들은 오직 여성만이 할 수 있는 종교 활동에서만 중요한 역할을 맡을 수 있었다. 예를 들어 베누스(비너스) 숭배가 많은 도시에서 인기 있었는데, 여기서는 엘리트 여성과 비 엘리트 여성이 모여 의례와 선행을 통해 베누스 여신을 찬미했다. 대체로 이들은 행실이 도덕적으로 문제 있거나 제국에서 가정생활을 강화하려고 아우구스투스가 통과시킨 비교적 보수적인 법률을 범한 여성들에게 엘리트 계층의 가치를 장려하고 강제하기 위해 지배계층이 활용하는 수단이었다.

하지만 로마 종교에서 여성들은 대체로 참여자이지 지도자가 아니었다. 종교에서 더 많은 역할을 하고자 하는 여성이라면 제국 동쪽 끝에서 부상하여 제국 초기에 인기를 얻게 된 종교, 이를테면 이시스(Isis), 퀴벨레(Cybele), 디오니소스(Dionysus) 숭배 쪽으로 시선을 돌려야 했다. 여기서는 여성들이 지도자로서 훨씬 더 큰 역할을 할 수 있었다.

그대에게 저주가 있기를

로마 종교의 한 가지 특색은 신이 그대를 위해 무언가를 하게 하자는 제안이다. 사업에 성공하게 해달라거나 사랑이 이뤄지게 해달라는 요청에 호의적인 답변을 내놓을 수 있도록 구상된 의례도 있었다.

폼페이의 극장에서 발견된 그라피티는 서로 사랑하는 두 연인을 지지해 달라고 베누스에게 요청한다. 율리우스 폴리비우스의 집에 노예가 쓴 그라피티에서는 주인의 무사 귀환을 빌면서 이에 곁들여 집안 신에게 맹세를 바치고 있는데, 이는 이 노예가 그라피티를 썼을 뿐만 아니라 신에게 향이나 음식을 바치기도 했음을 암시한다. 또한 신들은 논쟁상황에 호출되기도 했다.

이것이 고린도전서 12장 2-3절에서 보게 되는 좀 이해하기 어려운 말의 배경일 수 있다. 이 부분에서 바울은 하나님의 영으로 말하는 사람은 "예수 저주"(Jesus curse)라고 하지 않는다고 말한다. (NRSV를 포함해) 대다수 영역본은 바울의 말이 무슨 의미인지 이해하기 위해 "be" 동사를 덧붙여 해석한다(예를 들어 NIV는 "Jesus be cursed"[예수가 저주 받기를]라고 한다-옮긴이). 하지만 로마 종교를 배경으로 생각해 보면 그럴 필요가 없다.

고린도를 비롯해 다른 수많은 곳에서 이른바 저주 서판이 발견된다. 저주 서판은 사제나 마술사가 예배자를 대신해서 써서 우물로 떨어뜨리거나 신전에 놓아둔다. 서판에는 "막시마 폰티아가 망하기를" 혹은 "드루쿠스, 사업에 실패하기를" 같은 아주 간단한 메시지가 담겨 있다.

저주 서판의 개념은 아주 단순했다. 어떤 신의 신봉자가 특정한 사람을 지명해 그 사람을 저주해 주기를 신에게 비는 것이다. 여기서 신은 대개 지하 세계와 관련된 신, 이를테면 플루톤 같은 신이다. 마땅한 의례를 이행하고 희생 제사를 올림으로써 신들이 자신의 명령을 따르도록 하는 것도 로마 종교의 한 부분이었다. 이는 호혜주의라는 사회적 개념에 근거를 두었다(5장을 보라).

바울이 고린도교회에 보낸 편지 내용으로 볼 때 일부 그리스도인이 예수를 따르는 사람으로서 이와 같은 관행을 자신의 삶에서 계속 이어간 것으로 보인다. 자신에게는 복을 내려 주고 적들에게는 저주를 내려 주기를 과거에 자신이 따르던 신들에게 빈 것처럼, 이제 이들은 예수께서도 같은 방식으로 행해 주시기를 기대했다.

물론 이는 예수께서 옹호하신 것과 완전히 반대된다. 예수는 원수를 사랑하라고 가르치셨고 바울은 저주를 저주로 갚지 말고 선으로 악을 이기라고 교회에게 가르쳤다(롬 12:14, 17-21).

그러므로 여기 고린도전서 12장 2-3절에서 바울이 하는 말은, 하나님의 영의 감동을 받은 사람이라면 누구도 예수를 이용해 상대편에게 저주를 빌 수 없다는 뜻이다. 그 상대편은 사업상의 경쟁자일 수도 있고, 법적 다툼을 벌이고 있는 상대일 수도 있고, 더 나아가 같은 교회 안에서 나와 의견이 다른 교인일 수도 있다.

신을 고르라

좀 더 사사로운 종교 체험을 바라는 사람은 갖가지 신비 종교로 시선을 돌렸다. 신비 종교는 흔히 특정한 장소, 매매업, 사회적 계층, 로마 군단과 관련되어 있었다. 이런 집단에 들어가기로 한 사람은 입문 의식을 치렀다. 대개 일종의 "세례"가 포함된 이 의식을 치르고 나면 이 종교의 신이 자신을 호의적으로 바라보게 하려고 정기적으로 바치는 희생 제사와 기도에 참여했다.

신비 종교는 비교적 형식을 갖춘 종교 활동에서는 느낄 수 없는 소속감을 신자들에게 주었다. 또한 신의 능력과 불멸성에 다가갈 수 있다고 약속했다. 신비 종교는 시민 차원의 구원보다 개인 구원을 제시했다. 또한 전통적인 로마 종교에서는 바랄 수 없었던 중요 지도자 역할을 여성들에게 종종 부여했다. 그래서 신비 종교는 매우 인기가 높았다.

그러나 신비 종교가 서쪽 지역에서 수용되는 데는 어려움이 많았다. 이시스, 퀴벨레, 디오니소스 숭배의 특징은 무아지경의 예배로, 특히 열광적인 행진과 제전이 종종 두드러졌다. 그래서 신비 종교가 기원전 3세기 이래로 줄곧 로마에 존재해 왔음에도 기원후 50년이 되어서야 클라우디우스가 로마 엘리트 계층 남녀가 로마에서 퀴벨레 숭배의 사제가 되는 것을 허용했다.

이시스 숭배는 이집트에서 발생했지만 카이사르 숭배를 제외하면 로마에서 가장 빠르게 성장하는 종교 집단이 되었다. 1세기와 2세기의 성장세는 기독교 신앙의 성장 속도를 확실히 능가했으며, 기독교는 처음 200년 동안은 비교적 규모도 작고 존재가 미미해서 거의 눈에 띄지 않는 곳이 많았다.

이시스 숭배는 극적인 요소, 피, 잔혹한 본능, 복수와 반전으로 가득한 종교였으며, 이것이 로마인들의 정신 깊은 곳을 건드린 듯했다. 이시스 숭배는 이집트의 매력이 가득한 신비로운 이국적 종교(cult)였다. 사실 제국이 완성되어가면서 이시스 숭배가 종교 현장을 완전히 지배하지 못한 한 가지 이유는 바로 그 이집트 정체성을 잃지 않았다는 것 때문이었다. 로마식 사고방식에 적응하도록 로마 저술가들이 도와주려 하자 이시스 숭배는 이에 저항했다. 이집트에 있는 이시스 숭배 사제는 상형 문자로 기록된 이시스 교 핵심 문서를 번역하는 것을 허용하지 않았다. 그래서 여러 면에서 이시스 숭배는 신비로 남았다.

하지만 그 점이 바로 이시스 숭배가 지니는 호소력이기도 했다. 이시스 숭배는 형식이 없고 비인격적인 종교였다. 활력 넘치고, 본능적이고, 감정에 호소했으며, 무엇보다도 의례와 의식을 통해 그 핵심에서 신과의 조우를 약속하는 개인적 신앙이었다.

누구나 신비를 좋아한다

이시스 숭배의 핵심에는 감동적인 사연 하나가 있다. 이시스의 남편 오시리스(Osiris)가 조카 셋(Seth)에게 살해당해 시신이

해체되었다. 이시스는 시신을 수습해 새로운 생명을 불어넣었고, 이들 부부의 아들 호루스(Horus)는 셋이 저지른 일에 관해 가차 없이 복수했다.

여기 텔레비전의 멜로드라마 같은, 가족 무용담 같은 종교가 있었다. 특히 죽음 후의 삶(전통적인 로마 종교는 이 문제에 관해 좀 모호했다)을 약속하는 종교, 여성 신이 중심이자 주역을 하는 종교가 여기 있었다. 로마에 여성 신이 없었다는 말은 아니지만 (베누스, 디아나가 가장 좋은 예다), 이시스 숭배에는 로마의 여성들에게 희망을 주는 무언가가 있었다.

그래서 로마의 여성들은 이 신앙을 받아들였다. 폼페이, 오스티아, 로마 그리고 그 외 도시에서 발견되는 증거를 보면 이시스 숭배가 사회의 모든 계층에서 많은 여성을 끌어들였음을 알 수 있다. 폼페이에 있는 신전은 이곳의 건물 중 가장 보존이 잘 된 편이다. 자그마한 신전은 잘 설계되고 사치스럽게 장식된 안마당에 에워싸여 있다. 신전 주변은 높은 담장이 에워싸고 있어 이곳을 조심스럽고 거의 사적인 공간으로 만들어 주었다. 이시스 숭배는 잡다한 모든 사람이 아니라 입문자를 위한 종교였고, 그것이 이시스 숭배의 한 가지 매력이었다. 먼저, 이 종교에 발을 들여놓을지 선택을 해야 했다. 그리고 선택에는 가파른 학습 곡선이 수반되었다. 이집트의 이시스 신전 단지에 있는 어떤 방의 벽화를 보면 이시스 숭배에 입문했을 때 알아야 할 내용이 많음을 알 수 있다.

남자 회원만

이시스와 퀴벨레가 여성들에게 호소력을 발휘한 반면 미트라 (Mithras) 숭배는 남성만을 위한 종교였다. 미트라교(Mithraism) 는 아마 페르시아에서 생겨났을 것이나 서쪽으로 빠르게 퍼져 나가면서 훈련과 위계질서를 강조했기 때문에 특히 병사들과 퇴역 군인들 사이에서 인기를 얻었다. 미트라 숭배는 사실 기원후 2세기에 급격히 유행했지만 1세기에 이미 대중화되어 있었다.

이시스와 마찬가지로 미트라 숭배는 입문자들만을 위한 종교였다. 신전은 지하층에 위치하는 경향이 있었으며 사람들이 호기심에 제단이 있는 주 성소에 들어오는 것을 막아 주는 곁방이 딸려 있었다. 이 종교가 어떻게 작동했고 어떤 사람들이 믿었는지는 확실히 알려진 것이 거의 없다. 부조에 새겨진 그림은 미트라가 바위에서 태어났고 황소를 제물로 바쳤다고 말해 주며, 이 황소는 페르시아 신화에 등장하는 황소 신일 것이며 이 신화에서는 살아있는 모든 것이 이 황소의 피에서 창조되었다고 한다.

미트라 숭배에 대한 고고학적 증거가 다양한 장소에서 아주 갑자기 나타난다는 사실로 일부 역사가들은 이 종교가 사실 로마의 창작품으로서 군대와 밀접히 연관되어 있었다고 본다. 미트라 숭배는 확실히 남자들에게 떠들썩한 종교 체험을 제공했다. 또한 이 종교는 점성술과 밀접히 연결되었던 것 같은데, 점성술은 로마인들이 삶에 접근하는 태도에서 숙명론적인 특성에 호소했다. 신전 유적을 보면 축제를 벌이는 것이 미트라교의 중심적 관행이었던 것으로 보이며, 이 또한 로마 남성들에게 호소력을 가졌을 만한 요소다.

사상 전쟁

종교적 관행으로 제공되는 것을 많은 사람이 정말 마음에 들어 했다. 하지만 그렇지 않은 이들도 있었다. 1세기에는 온갖 종교에 점점 환멸을 느끼는 추세가 있었다는 증거가 있다. 사람들은 여전히 제전과 의례에 참여하고 있었다. 다만 그것이 전적으로 만족스럽지는 않았을 뿐이다. 그렇다 보니 이들은 철학과 사상에 새로이 관심을 두게 되었다.

이 시대의 대다수 철학자는 무신론자가 아니었다는 점을 강조할 필요가 있다. 그리고 최신 철학 이론에 관해 대화하려고 모인 사람들도 그 자리가 파하면 공공 신전이나 사적인 신비 종교로 예배하러 갔을 수 있다. 하지만 사람들이 종교 권력자 집단이 제시하는 방식 말고 다른 식으로 세상을 보는 일에 관심을 가진 것은 확실하다.

예를 들어 에피쿠로스학파는 비록 신을 믿기는 했지만 종교가 인생에 별 의미가 없다고 생각했다. 이들은 자연의 힘과의 교통을 통해 만물이 설명될 수 있다고 믿었고 자유의지를 강하게 믿었는데, 이는 자신의 삶이 자신의 통제 영역 밖에 있는 어떤 힘들의 손아귀에 잡혀 있다 여기고 매우 숙명론적이었던 대다수 시민의 자세와 대조된다. 에피쿠로스학파 사상의 목적은 미신과 두려움에서 사람들을 해방시키는 것이었다. 인생은 활기 있게 누리는 것이어야 했으며, 그래서 이들은 방탕하고 퇴폐적이라는 명성을 조금 얻었다.

반면 스토아 철학은 만물을 신으로 믿으면서 경건한 삶을 살고자 했다. 어떻게 하면 자연 질서와 조화를 이루면서 윤리적인 삶을 살 수 있는가가 이들의 핵심 관심사였고, 그 방식은 사람마다 달랐다. 그래서 스토아 철학은 지독히 개인주의적인 신념으로, 금욕주의가 특징이었다. 에피쿠로스 철학과 달리 스토아 철학은 일정한 무리를 위한 학파가 아니었다.

견유학파(The cynics)는 스토아 철학보다 먼저 형성되어 스토아 철학을 발생시켰으며, 이들 또한 삶은 자연스런 본성에 따라 살아야 한다고 믿었다. 견유학파에게 이는 곧 지극히 단순한 삶을 산다는 의미였다. 견유학파의 창시자 디오게네스는 자기 소유라 할 만한 것은 외투 한 벌과 물 마시는 컵밖에 없이 커다란 술통을 집 삼아 살았으며, 끝내는 컵마저 포기했다. 견유학파는 사회의 규범을 거부하고 떠돌이 거지로 살면서, 많은 사람이 지혜롭다 여기고 또 어떤 이들은 터무니없다 여기는 금언을 유포했다.

이외의 학파들도 꽃을 피웠고, 바울이 아테네에서 발견했듯이 최신 사상을 열심히 논하고 모든 사람이 원하는 선한 삶의 열쇠를 찾으려고 활발하게 토론을 펼치는 집단들이 여러 도시에 있었다. 하지만 아테네에서 바울이 출두했던 아레오파고스는 토론 집단이 아니라 그 도시에서 새로운 사상과 종교가 수립되는 것을 규제하는 입법부였다는 점이 강조되어야 한다. 바울은 사실상 그 앞에서 재판을 받은 것이다.

고린도의 경우, 사람들은 또렷하고 유창한 웅변술로 전달되는 유익한 철학과 훌륭한 논증을 높이 평가했다. 고린도는 사상의 중심지 같은 곳이어서, 1세기 내내 다양한 학파의 주도적 철학자들이 이곳을 자주 찾았다. 그리고 바울이 이곳 교회에서 맞닥뜨린 문제는, 교회가 본질보다는 모양에, 메시지 자체보다는 메시지를 표현하는 수사(rhetoric)에 더 관심이 있는 듯했다는 것이다.

에픽테토스 (Epictetos)

초기 교회의 세계는 철학자들로 가득한 세계였다. 제국 전역에 걸쳐 스토아 철학자, 에피쿠로스 철학자, 견유학파 철학자, 그 외 철학자들이 사상의 시장에서 주목받으려고 경쟁했다. 그리고 각 학파의 발언은 시장 광장에서 철학자들이 강연할 때 자주 들을 수 있었는데, 이것이 예수에 관한 새로운 가르침이 전해질 때 배경에서 들리는 소음을 형성했다.

에픽테토스는 기원후 55년에서 135년까지 생존한 스토아 철학자였다. 오늘날의 튀르키예 지역인 히에라폴리스에서 노예로 태어나 한때 로마에 살았고 그리스의 니코폴리스(니고볼리)에서 교사로 지내다가 세상을 떠났다. 흥미로운 점은, 에픽테토스가 니코폴리스에 주거를 정하기 삼십 년 전쯤에 바울이 이 도시에서 디도에게 편지를 써 보냈다는 것이며, 이는 이 철학자 가까이에 교회가 존재했음을 가리킨다.

에픽테토스의 가르침이 우리에게 전해진 것은 그의 학생 플라비우스 아리아누스(Flavius Arrianus: 86-160년경)의 부지런함 덕분이다. 하드리아누스 치세 때 공직에 있었던 엘리트 로마인 아리아누스는 자신이 모은 에픽테토스의 강의를 한 자 한 자 그대로 기록해 두 권의 작품집, 『담화록』(*Discourses*)과 『편람』(*Handbook*)을 썼다.

에픽테토스는 일평생 찾는 사람 많은 인기 있는 교사였으며, 그의 문하에서 공부하려고 제국 각처에서 학생들이 모여들었다. 이유는 아마 에픽테토스가 어떻게 하면 선한 삶을 발견할 수 있는지를 이야기하는 데만 정말로 관심을 두고 이해하기 쉽게 말하는 사람이었기 때문일 것이다. 에픽테토스의 가르침이 인기 있었고 그와 비슷한 다른 수많은 교사의 가르침도 다분히 인기 있었다는 사실은 제국 사람들이 현실적인 생활 방식에 관한 조언을 갈망했음을 시사한다.

에픽테토스는 믿음의 성과 혹은 효과에 관심이 있었다. 그는 학도는 자기 자신을 알아야 하고 단호한 도덕적 목적을 삶으로 구현해야 한다는, 아주 소크라테스적인 개념을 가르쳤다. 이런 이유로 그는 그리스, 특히 고린도에서 화려한 웅변과 철학자 자신의 유명세를 강조하면서 일어나고 있던 소피스트 운동의 부흥에 별 감흥이 없었다.

한 소피스트는 에픽테토스의 학교를 방문해서, 자신은 청중 앞에 설 때 외모를 관리하고 머리를 다듬고 장신구를 착용해서, 입을 열어 연설을 시작하기도 전에 호감을 산다고 자랑했다. 그는 사람들이 "매끈한 남자를 좋아한다"고 말했다.

하지만 에픽테토스는 내면의 아름다움에 훨씬 더 관심이 많았다. 내면의 아름다움이란 경건, 정의, 자제심 같은 기본 덕목에 따라 사는 것이었다. 이는 스타일이 아니라 본질의 문제였다. 에픽테토스의 노 스승인 로마의 스토아 철학자 무소니우스 루푸스(Musonius Rufus)가 말했다시피, "만약 당신이 나를 칭찬하는 것 말고 다른 할 일이 없다면 내가 하는 말은 아무 의미가 없을 것이다." 어떤 강론이든 중요한 것은 어떻게 살아야 하는지를 알려 주는 것이었다.

그리고 사람들이 철학자를 찾아오는 이유는 인생을 사는 법을 귀로 듣기 위해서일 뿐만 아니라 눈으로 보기 위해서이기도 했다. 철학자의 제자들은 스승의 사고방식과 생활 방식을 본받으라고 강력히 권고받았다. 이렇게 해서 이들은 모든 선한 가르침의 목표인 행복을 성취할 터였다.

에픽테토스가 『담화록』에서 "갈릴리 사람들"을 두 번 언급한 것으로 보아 그는 자신이 사는 도시에 교회가 존재한다는 것을 알고 있었던 것 같다. 하지만 그가 그런 언급을 했다고 해서 교회의 존재에 크게 주목했다는 뜻은 아니다. 교회는 도시의 풍경에서 사람들에게 주목받기를 갈망했던 여러 분파 중 그저 또 하나의 분파일 뿐이었다.

기독교의 매력

제국의 동쪽 끝에서 로마의 도시들로 전해진 예수에 관한 새로운 메시지는 여러 가지 면에서 그 첫 청중의 심금을 울렸다.

이 메시지는 신비 종교와 비슷하게 신과의 개인적 만남을 제시했다. 하지만 그 종교들과 달리, 기독교 메시지의 중심에 있는 하나님은 연약한 인류를 향한 사랑과 동정심으로 가득했다. 그 하나님의 메시지는 중노동(graft)의 메시지가 아니라 은혜(grace)의 메시지였다. 그 하나님은 무한히 반복되는 의례의 쳇바퀴가 아니라 하나님의 아들 예수의 단 한 번 희생에 근거한 해방의 삶으로 입문자들을 초대했다.

특히, 기독교는 평범한 노동자들에게 호소력을 가진 듯했는데, 왜냐하면 기독교 신앙의 중심인물 자체가 일하는 사람, 즉 목수였기 때문이다. 그보다 더 중요한 점으로, 이 신앙을 제국의 도시들에 전한 사람들 역시 노동자였다. 베드로 같은 어부, 바울과 아굴라와 브리스길라처럼 천막 만드는 사람, 루디아와 뵈뵈

같은 상인 등이 그런 예다. 기독교 신앙은 당시의 사회 질서를 견고히 하기 위해 구상된 엘리트들의 신앙이 아니었다. 그보다 사람은 모두 평등하고 사회의 계급 질서는 하나님의 장대한 계획에 속하지 않는다고 암시하는 메시지였다.

그래서 이 신앙은 제국의 도시 뒷골목에서 인기를 얻었다. 기독교 신앙은 초기에는 대중 운동이 아니었다. 첫 신자들의 집이나 아파트에서 이뤄진 초기 교회 모임은 규모가 작고 서로 친밀했다. 하지만 교회는 이렇게 해서 의미 있는 발판을 마련했고, 2세기 초 그리스도인들에게 정말 힘든 상황이 전개되었을 때 교회는 충분히 강했으며 압박을 견뎌낼 만큼 든든히 자리 잡은 상태였다.

3세기가 되어 이시스와 미트라 숭배가 절정에 이르렀을 때, 나사렛 예수 신앙(cult)은 다른 종교 집단들이 빚어낼 수 있는 그 어떤 결과도 능가하는 도덕성과 선한 행실로 명성을 얻고 있었다. 예수 신앙인들은 자기 자신뿐만 아니라 이웃에게도 관심이 있었으며 이 때문에 당국과 마찰이 빚어질 때도 이웃의 어려움을 그냥 보아 넘기지 않았다.

기독교 예배의 중심

기독교 운동이 제국의 거의 모든 타 종교 활동과 구별되는 점은, 신전이 없고 희생 제사가 없다는 점이었다. 심지어 유대 민

족도 기원후 70년 로마 군대에 멸망당할 때까지는 희생 제사가 포함된 갖가지 절기에 지배되는 달력을 갖춘 성전이 있었다.

앞에서 우리는 그리스도인들의 기본적 모임이 그 구성원의 평범한 가정에서 식사 시간에 이뤄졌고, 이것이 적어도 첫 200년 동안 기독교 운동의 상황이었음을 살펴보았다(4, 5장을 보라).

이들이 만나서 함께 식사한 것은 우선 이 운동을 창시한 희생, 즉 십자가에서 예수께서 바친 희생을 기억하기 위해서였다. 이 모임 누구에게도 로마 종교에서 사제들이 했던 역할을 이행하라고 요구되지 않았다. 그리고 그리스도인들은 동물의 행동이나 동물의 내장을 보고 점을 치는 관행이 없고 그보다 서로에게 하나님의 말씀을 이야기했으므로, 이는 모인 사람들 모두가 동등하게 이 운동의 핵심에 있는 심포지엄 스타일의 모임에 참여할 수 있다는 의미였다(고전 14:1-20을 보라).

그렇다면, 로마 종교의 두 가지 핵심 특징인 희생 제사나 예언이 없다면 그리스도인의 모임의 핵심에는 무엇이 있었는가? 예수가 있었다. 초기 교회는 예수의 희생을 기억하기 위해, 그리고 예수의 가르침에 관해 듣고 이야기함으로써 예수의 삶의 방식을 배우기 위해 예수의 이름으로 모였다. 교회가 모인 것은, 예수가 세상에 오신 것이 세상을 위해서나 그 세상에 사는 자신들의 삶을 위해서 무슨 의미가 있는지 깨닫기 위해서였다.

그리고 이것이 바로 예수의 삶에 관한 이야기 모음이 있는 이유다. 이 이야기들은 우리가 복음서라고 알고 있는 네 가지 문서로 기록되기 전에 몇 년 동안 입으로 전해졌다. 이 이야기들은 바울, 브리스길라와 아굴라, 루디아, 뵈뵈, 베드로처럼 여러 곳을 돌아다닌 그리스도인들과 그 외 수많은 무명의 선교사들에 의해 이곳에서 저곳으로 전해졌으며, 이 사람들은 예수가 누구이며 어떤 일을 했는지 이야기했고, 예수의 삶의 방식에 관해 더 많이 알고자 하고 그대로 살고자 하는 사람들 무리를 함께 모았다. 바로 이 무리를 교회라고 불렀다(앞에서 살펴보았다시피 그리스어 '에클레시아'가 선택된 것은 이 단어가 모임을 뜻하는 일반적인 용어였고 전혀 종교적 색채를 띤 단어가 아니었다는 바로 그 이유 때문인 듯하다).

그분이 하나님임이 밝혀지다

기독교 신앙의 핵심에 있는 인물과 관련해 놀라운 점은, 아주 일찍부터 교회들은 이 인물이 사실상 인간의 몸을 입은 하나님이시라고 믿었다는 것이다. 제국의 다른 곳 어디에선가 신으로 경배 받는 이들은 데살로니가의 카비루스나 로마의 카이사르처럼 한낱 인간으로 시작했다가 사후에 신으로 선언되었지만, 이들과 달리 예수는 줄곧 하나님이셨고 삼십여 년쯤 인간이 되셨던 분으로 여겨졌다. 기독교의 가르침이 진전되는 과정에서 많은 세월이 지난 후 이 견해는 성육신 교리로 불리게 될 터였다.

하지만 초기 신자들은 예수 이야기를 하고 또 함에 따라, 그리고 성령의 임재와 능력을 통해 예수의 부활 생명을 체험함에 따라 나사렛 출신의 이 목수가 하나님이며 늘 하나님이셨다는 것을 믿게 되었다. 그리고 어떤 신비에 의해 인간이 되어 우리의 인간적 삶, 즉 고난과 불확실성까지 함께 경험하시고, 우리 죄를 위해 죽으시고 죽음에서 일어나셔서 세상에서 그 후 영원히 계속될 새로운 삶의 방식을 제시하셨다고 믿게 되었다.

그래서 이들은 자연스레 예수를 "구주"와 "주"로, "하나님의 아들"이요 "왕 중의 왕"으로, 그리고 하나님 나라의 새 시대가 세상에 임하게 하신 분으로 부르기 시작했다. 이들은 오늘날 우리가 구약성경이라고 부르는 문서에서 이런 표현들을 찾아냈으며, 히브리 백성의 경전인 이 문서는 초기 그리스도인들이 가진 유일한 성경이었다. 이들은 다윗 왕의 생애에서, 시편의 예배와 선지자들의 환상에서 이런 표현을 발견했다. 또한 이들은 자신들이 사는 도시의 거리에서도 이런 표현을 들었다.

누가 지배하는가?

위와 같은 표현은 카이사르에게도 쓰였다. 신전이나 시장 광장의 명문에서는 아우구스투스가 등장하여 내전에서 승리하고 온 세상에 평화, 즉 팍스 로마나를 안겨준 이야기가 기록된 것을 볼 수 있다. 이것이 카이사르의 복음이었다(이들은 심지어 그리스어 '유앙겔리온'[euangelion], 즉 '복음'을 뜻하는 단어를 써서 이 이야기를 서술하기도 했는데, 그리스도인은 자신들의 이야기를 위해 바로 이 단어를 선택했다). 그래서 고린도와 로마, 에베소와 안디옥, 예루살렘과 버가모의 신자들이 예수는 주(Lord)시라고 선언했을 때, 이들은 종교적인 선언뿐만 아니라 정치적인 선언을 한 것이기도 했다. 이 도시의 시민들이 카이사르의 탄생일 제전 때 카이사르에게 경의를 표하기 위해 모여서 그의 신전 앞에 향을 피우고 제물을 바치며 "카이사르는 주(Lord)다"라고 외쳤을 때 이들이 정치적 선언과 마찬가지로 종교적 선언을 한 것처럼 말이다.

바울이 기원후 50년대에 로마 식민지 빌립보에 있는 교회들에게 보내는 편지에서 예수는 주님이시라고, 예수에게는 모든 이름 위에 뛰어난 이름이 주어졌다고, 그분의 이름 앞에 만민이 절하며 그분을 주(Lord)로 선언해야 한다고 말했을 때(빌 2:9-11), 이웃 사람들은 이 말을 어떻게 이해했을까?

그리스도인의 기본적 신앙고백은 다음과 같다. 즉, 이스라엘의 하나님은 아브라함의 후손을 통해 세상을 구원하시고 온 창조 세상에 정의와 공평, 평화와 완전함을 안겨 줄 왕을 보내 주시겠다는 약속을 지키셨다. 또한 하나님은 그 약속을 나사렛 예수, 곧 십자가에서 죽으시고 부활하셨으며 이제 만민의 주와 구주이신 분 안에서 지키셨다. 어디에 붙었는지도 모르는 제국의 변방에서 생겨난 자그마한 신흥 종교 신자들의 입에서 나오는 주장치고는 정말 놀라운 주장이었다. 하지만 이는 이들이 열정적으로 믿는 내용이었고, 이들이 이런 주장을 하는 곳마다 주변 사람들은 이들이 "천하를 어지럽게" 하고 있다고 말했다(행 17:6-7).

추천 도서

이 책을 읽고 초기 교회 역사를 더 깊이 탐구해 초기 그리스도인들에 관해서는 물론 이들의 믿음이 어떻게 이들을 주변 사람들과 구별시켰는지 더 많이 알고자 하는 욕구가 생겼기를 바란다.
그 과정에 도움이 될 만한 입문서와 중급 수준의 관련 서적을 아래와 같이 소개한다.

로마 제국 사람들의 생활을 들여다볼 수 있는 개요서

Gregory S. Aldrete, *Daily Life in the Roman City* (Norman: University of Oklahoma Press, 2004).

Mary Beard, *Pompeii: The Life of a Roman Town* (London: Profile Books, 2009).

John R. Clarke, *Art in the Lives of Ordinary Romans* (Berkeley: University of California Press, 2003).

Peter Garnsey and Richard Saller, *The Roman Empire: Economy, Society and Culture* (Berkeley: University of California Press, 2005).

Martin Goodman, *The Roman World 44 BC - AD 180* (Abingdon: Routledge, 1997).

James Jeffers, *The Greco-Roman World of the New Testament Era* (Downers Grove: IVP, 1999).

D. S. Potter and D. J. Mattingly, *Life, Death and Entertainment in the Roman Empire* (University of Michigan Press, 1999).

Rodney Stark, *The Rise of Christianity* (San Francisco: HarperCollins, 1997).

Andrew Wallace-Hadrill, *Houses and Society in Pompeii and Herculaneum* (Princeton: Princeton University Press, 1994).

Colin Wells, *The Roman Empire* (London: Fontana, second edition, 1992).

Paul Zanker, *Pompeii: Public and Private Life* (Cambridge, Mass.: Harvard University Press, 1998).

초기 그리스도인들에 관한 이야기

Richard S. Ascough, *Lydia: Paul's Cosmopolitan Hostess* (Collegeville, Minn.: Michael Glazer, 2009).

Gary Burge, Lynn Cohick, and Gene Green, *The New Testament in Antiquity* (Grand Rapids: Zondervan, 2009).

David A. deSilva, *Honour, Patronage, Kinship & Purity* (Downers Grove: IVP, 2000).

Bruce W. Longenecker, *The Lost Letters of Pergamum* (Grand Rapids: Baker, 2005).

Wayne A. Meeks, *The First Urban Christians* (New Haven: Yale, 1983).

Peter Oakes, *Reading Romans in Pompeii* (London/Minneapolis: SPCK/Fortress, 2009).

Carolyn Osiek and David Balch, *Families in the New Testament World* (Louisville: Westminster, 1997).

David M. Scholer, *Social Distinctives of the Christians in the First Century: Pivotal Essays by E. A. Judge* (Peabody, Mass.: Hendrickson, 2008).

John Stambaugh and David Balch, *The Social World of the First Christians* (London: SPCK, 1986).

Todd Still and David Hottell, *After the First Urban Christians* (T & T Clark, 2010).

Bruce W. Winter, *After Paul Left Corinth* (Grand Rapids/Cambridge: Eerdmans, 2001).

펭귄 클래식은 본문에서 언급된 모든 로마 작가들의 작품을 쉽게 읽을 수 있는 판으로 출간한다.

찾아보기

ㄱ

가난(빈곤) 14, 24, 26, 30, 36-38, 44, 46-47, 51, 58-59, 63, 90, 114-115, 129, 138-139, 141, 143, 156, 171, 181, 202, 223, 228-229, 235-236, 238, 241-242, 245-248, 251, 255

가이사랴 14

가이사랴 마리티마 15

가이오 66, 74-75, 142, 200

가정교회 228

가정(가족) 31, 37-38, 45, 51, 55-59, 62-65, 74, 76, 78-79, 82, 90-92, 106-109, 141-142, 156, 168-171, 181-188, 196, 199-200, 209-213, 241, 246, 255, 258, 263, 276

갈라디아 14, 140

갈릴리 21, 218, 233, 249, 274

갈리오 151-152, 157-159

건축 25-27, 52, 59, 88-89, 128, 151, 155

검투사 41, 125-126, 130-131

게르마니쿠스 43, 157, 188

겐그레아 21, 74, 89, 98

견유학파 271-272

경기 28, 30, 41, 96, 129-136, 161

경제 24-26, 85, 140, 143, 169, 210, 215-228

경주 131-132

고고학 15-17, 31, 40, 44, 48, 52, 64, 70, 85, 269

고린도 15, 22, 26, 39, 48, 52, 66, 69, 73-77, 95-100, 123, 133-138, 142, 144, 148, 150, 152, 157-159, 168, 173, 200-203, 207, 211, 229, 237-238, 244, 264, 272, 274, 280

고린도전서 74-75, 99, 123-124, 135-136, 140-143, 169, 173, 186, 202, 205-206, 210-211, 238, 242, 255, 264-265

곡물 수급 137-140

골로새 108

공학 72, 194

과부 75, 92
관원 42, 49-49, 139, 151-152, 205, 226-227, 261
구레네 43
구브로 40, 43,
군단 67, 95, 126, 148, 164, 266
군대 95, 131, 150, 161, 163, 269, 277
그라피티 40-41, 224, 264
그리스 15, 21, 38-39, 48, 55, 68, 97, 103-104, 127, 134, 167, 188-189, 249-259, 259, 273, 275
그리스도인 14, 16, 21-22, 42-44, 49, 51-52, 56, 65-66, 68, 73-74, 76-78, 103, 108-110, 123-125, 137, 140, 143-145, 165-170, 175-177, 192-193, 195, 200, 204, 207, 210, 213, 216, 228-238, 240-246, 250, 255-256, 259, 261, 265, 276-280
그리스보 168
글로에 75-76, 142, 200

금욕주의 271
기대 수명 183, 195
기도 87-88, 203-208, 238, 252, 258, 266
기사 계급 129, 138, 149, 150-153, 160-161, 164, 190, 237-238

ㄴ

넵투누스 250
노멘 208
노예제도 25, 85-87, 101-111, 148-150, 152-153, 161-162, 182, 188, 205, 209-210, 213-214, 219-223, 227, 229-230, 235-236, 264, 273
농사 82-83, 101, 137, 216-218
누가 14, 39-40, 69-70, 77-78, 92-94, 157, 159, 167, 232, 240
니고볼리 273
니코메디아 192

ㄷ

다메섹 14

다소 14, 40, 43

다윗왕 279

담화록 273-274

대 플리니우스 84, 191

데메드리오 70

데살로니가 14, 22, 84, 99, 106-107, 109, 167, 173, 175-176, 236, 243-244, 251-252

데살로니가전서 107, 174-175, 242-243

데살로니가후서 100, 237, 243

데키무스 루크레티우스 발렌스 41

디모데 21, 94

디아나 69, 118, 250, 268

디아코노스 169

디도 유스도 65

디오게네스 271

디오니소스 204, 250, 263, 266

디온 크리소스토모스 69

도기 25, 55, 78, 218, 222

도무스 45, 52-53, 58-66, 74-76, 120, 142, 197, 200, 202, 229, 235

도미티아누스 132, 135, 259

도시 21-49, 51-52, 60-63, 65-66, 68-70, 72, 74-75, 81-82, 84-85, 88-92, 96, 99, 101-104, 106, 113-115, 117-118, 125, 128, 132-133, 137-139, 142, 147-148, 150-153, 161, 163, 167, 171, 175-176, 181-182, 185, 189-190, 192-193, 195, 215-228, 233, 236-237, 249-254, 256-259, 363-263, 272-276, 280

돈 26, 32, 36, 48, 50, 69, 71, 82-84, 96, 132, 183-184, 200, 216-222, 224-225, 228

드라마 33, 103, 127, 190

드로아 77-78

드루수스 188

두아디라 90, 92-94

두란노 70

ㄹ

라누비움 118

라라리움 199, 260-261

라레스 199

라틴어 38, 48, 95, 166, 233
런던 22
레스 게스타이 84
레카이움 98
렉스 클라우디아 83
로마 14-17, 21-40, 42, 44-81, 83-85, 88, 91, 95-98, 100-106, 110, 113-114, 120-122, 125-131, 135-139, 142, 147-156, 161-163, 165-166, 182-183, 187-188, 190-192, 195-198, 203-205, 208-236, 239, 243, 247, 249-254, 257, 259, 262-270, 275, 277-280
루기오(루키우스) 40, 208, 210
루디아 90, 92-94, 275, 278
루마니아 126
루크레티우스 사트리우스 발렌스 41

매음굴 40, 71
매춘 61, 82, 214
메르켄나리 26
메르쿠리우스 250
명문 48, 50, 117-119, 138-139, 157, 162, 207, 210, 221, 259, 279
명예 154-156, 162-164, 170-171, 173, 176-177, 179, 247
목욕 29, 45, 60, 64, 67, 71-73, 155
무소니우스 루푸스 274
무역 89, 97-98, 126, 219-221
묵시록 22
문화 15, 27, 42, 67, 73, 102-103, 132, 136, 175, 195
뭄바이 23
미네르바 250
미트라 269-270, 276

ㅁ

마게도냐 244
마나엔 40, 233
마르스 250
마술 69

ㅂ

바나바 40, 44, 232
바울 14, 18, 21-22, 38-39, 44, 47-48, 65-66, 69-70, 74-78, 84, 90, 93-100, 102-104, 107-

111, 123-124, 133-136, 140, 144, 157-159, 166, 168-178, 195, 200-208, 211-213, 227-234, 236-246, 252, 264-265, 271-273, 275, 278, 280

바울서신 75, 98, 110, 133, 135, 228, 242

바로 101

바쿠스 250

버가모 22, 198, 259, 280

버시 169

베누스 250, 263-264, 268

베르길리우스 128, 259

베수비오 31, 191

베일 185, 204

보디올 33, 89

본도 47, 77, 106, 117, 165, 190, 192

본디오 빌라도 152

뵈뵈 21, 74-75, 98, 275, 278

부 22, 24, 46, 48, 55, 62, 66-67, 78, 83, 98, 138, 148, 152-156, 216, 218, 227, 244-245, 247

북아프리카 27, 43, 97

브리스길라 39, 66, 76-77, 94-96, 99, 142, 159, 200, 229, 234-236, 275, 278

비두니아 47, 106, 117, 165, 193

비문 187

비시디아 안디옥 22, 140, 148

비코마기스트리 262

빌레몬 21, 109-111, 213

빌립보 14, 22, 90, 92-94, 148, 280

ㅅ

사데 22

사도행전 14, 22, 65, 70, 77, 90, 92-95, 99, 103-104, 107-108, 151, 157-158, 165-167, 233, 240-241, 243-244, 252

사회적 이동 96

사회적 지위 91, 133, 138, 148, 151-152, 154, 156, 170-173, 175, 179, 202-203, 221, 226-227, 230, 238, 244, 246-247

산상설교 246

상품(제품) 24-27, 33-35, 61, 63, 67-69, 83, 93, 96-97, 105, 156, 218, 219, 222, 224-225

상호부조 241-245

선박 33-34, 68, 97-98, 217, 219, 220

선행 166, 177, 246, 263

성경 95, 253, 279

성관계(성행위) 71, 91, 140, 211, 214

세네카 72, 84, 139, 157-158

세례 266

세바스테이온 127

세스테르티우스 48, 116, 119, 149-150, 162, 164, 191

세포리스 218, 249

셋집 37, 171, 235

소 플리니우스 47, 106, 159, 190-191

소아시아 22, 42, 68, 90, 134

손님 대접 74-75, 96, 142

수사학(웅변술) 103, 190, 193, 272

수에토니우스 39-95

숭배(종교 집단) 32, 68-70, 165-166, 199, 204, 250-252, 256, 263, 266-269, 276

스다구 169

스데바나 76, 142, 200

스토아 철학 157, 212, 271-272, 274

스파르타쿠스 106

시노페 192

시므온 40

시민 26, 43, 48, 103, 127-129, 138, 148-149, 152, 160-161, 167, 185, 203, 205, 213, 215, 244, 252, 259-260, 262, 266, 271, 280

식민지 22, 48, 74, 102, 148, 164, 280

식사 31, 43, 46-47, 58, 65-67, 73, 78-79, 86-88, 108-109, 114-115, 117-118, 120, 123, 141-144, 151, 168, 190, 200, 202, 205-206, 239, 277

신 32, 47, 103-104, 113, 117, 121-123, 126-127, 129, 165, 168, 171, 199, 249-271, 275

신비 종교 204, 266, 270, 275

신전 31-35, 50, 68-69, 87-88, 104, 113, 118, 120, 127-128, 155, 170, 190, 238-239, 249, 251, 254-255, 259, 261-264, 268-270, 276, 279-280

심포지엄 120-124, 133, 143-145, 202, 205-207, 277

십자가 136, 232-233, 251, 256, 277, 280

ㅇ

아굴라 39, 66, 76-77, 94-96, 99, 142, 159, 200, 229, 234-236, 275, 278

아레스 250

아레오파고스 103-104, 272

아르테미스 68-70, 250

아리스다고 244

아리스도불로 102, 229-230, 234-235

아르메니아 127

아미수스 192

아우구스탈레스 226-227

아우구스투스 14-15, 27, 30, 32, 84, 92, 102, 117-118, 127-128, 138, 149, 152, 157, 160-161, 163-165, 171, 210, 213, 253, 258-260, 263, 279

아이네이스 128, 259

아이들(자녀) 37, 40-41, 63, 91, 129, 140, 164, 181-190, 195-197, 212-214, 216

아이밀리우스 켈레르 41

아테나 250

아트리움 45, 53-56, 62, 78-79, 121, 197, 201

아파리토레스 226-227, 230, 235

아파트 29, 31, 44-46, 51-52, 58-61, 65, 67, 72, 75, 77-78, 80, 197, 200-201, 276

아폴론 250

아프로디시아스 15, 126-128

아프로디테 127, 250

아피우스 클라우디우스 풀케르 257-258

안드로니고 231-233

안디옥 14, 22, 26, 30, 36, 40, 42-44, 233, 240, 280

안식일 42, 90

안토니우스 118

알렉산드로스 68, 103, 188, 250

알렉산드리아 22, 42, 131, 150

암블리아 169

앗소 77

에게해 68, 98

에라스도 47-48, 75, 152

에배네도 169, 229

에베소 15, 21-22, 26, 52, 66, 68-70, 75-77, 96, 124, 135, 139, 150, 198, 210, 212, 229, 280

에보카티오 251

에클레시아 167, 279

에티오피아 40, 43

에피스코포스 169

에피쿠로스학파 270-272

에픽테토스 272-274

엘리트 23-24, 27, 35, 46, 49, 54, 57, 65, 78, 82-85, 87-88, 91, 99, 102, 105-106, 114, 120, 129, 133, 148, 150, 153, 155, 172, 175, 185, 191, 193-194, 203, 210, 214-215, 217-223, 225-228, 237-239, 247, 254, 262-263, 266, 273, 276

여행 77, 88, 96, 103, 278

여성(여자) 75, 90-92, 94, 121, 129, 144, 161, 183-187, 189, 196, 203-208, 211, 214, 224, 235, 262-263, 266, 268-269

예루살렘 14-15, 22, 40, 44, 77, 233, 235, 240, 242, 280

예배 46-47, 51, 56, 66, 69, 76, 78, 87-88, 103, 123, 126-128, 144, 199, 204-206, 229, 238, 250, 252-255, 258, 266, 270, 276, 279

예언자 88, 204

오네시모 109-111

오스티아 15, 25-26, 29, 33-35, 45-46, 52, 74, 89, 198, 250, 268

옥시링쿠스 16

요세푸스 16

요안나 233

원로원 22, 48, 83, 129, 149-153, 155-158, 160, 162, 188, 214, 219, 238, 258

원형 경기장 32, 35, 125-126, 131, 160

월리스 해드릴, 앤드루 44

위생 24, 28

유노 250

유니아 231-233

유대 21, 43, 114, 166, 240-242, 249

유대인 39, 42-43, 90, 95, 159, 172, 231-235, 276

유두고 77-78

유럽 27, 103, 163

유베날리스 36, 60, 81-82, 84, 132

유피테르 32, 250

육류 시장 255

이스라엘 15, 250, 280

이스트미아 경기 77, 96, 134

이시스 32, 204, 250, 260, 266-270

이집트 16, 34, 68, 101, 131, 137, 188, 250, 266-268

이탈리아 15, 26, 32-33, 35, 46, 85, 118, 131, 148, 191, 222
이혼 186-187, 196-197
인도 23
인술라 29, 31, 34, 37, 44-45, 52, 58-66, 74-80, 115, 142, 197, 200-201, 229, 235, 261
인종 36, 42, 169, 231, 234

ㅈ

자선 100, 122, 137, 155, 177, 242
작업장 61, 64, 66, 68, 77, 86-87, 89, 99, 107, 109, 115, 142, 171, 174, 185, 189, 194, 197, 200-202, 219, 224, 229, 231, 236, 244, 261
장사(매매) 24, 25, 36, 58, 63, 79, 92-93, 96, 174, 194, 216, 218, 221, 224-225, 261, 266
저주 88, 264-265
점쟁이 88, 257, 277
정부 16, 27, 139, 151, 152, 158, 191, 197, 220, 226, 253-254
제사(제물) 88, 203, 227, 252, 254-256, 265-266, 269, 276-277, 280
제우스 104, 250
조영관 49
조합 57, 69, 97, 106-107, 116-120, 131, 144, 164-170, 192, 207, 219, 222, 228, 239, 241
종교 70, 88, 94, 99, 113, 117, 129, 161, 165-168, 183, 193, 199, 204, 225, 230, 249-256, 258, 260, 262-270, 272, 275-278, 280
주의 만찬 56, 76, 123, 143, 145, 237
주인 16, 54-57, 60, 64-65, 85-87, 92, 101-103, 105-109, 119, 143-144, 148, 152, 182, 188, 192, 198-199, 201-202, 205-206, 209-210, 213, 224, 226, 230, 235, 245, 261
주택(집) 23-24, 28-31, 37, 41, 44-46, 51-70, 73-75, 79, 91, 96, 115, 144, 197-198, 200, 203, 216, 220, 224, 235
지중해 15, 24, 33, 83, 97
집정관 49, 162, 191, 209, 257-258
징벌 85, 101, 136
중국 23
중동 27, 35

ㅊ

찬송 47, 121, 123, 165
참사회 의원 48, 149-151, 153, 161, 164, 227
철학 16, 36, 69-70, 84, 99; 103-104, 113, 120-122, 157, 172, 182, 188, 190, 194, 212, 249, 270-274
출산율 214

ㅋ

카비루스 251, 278
카이사르 14, 41, 69, 157, 163, 171, 224, 227, 253, 258-260, 266, 278, 279-280
카토 219, 221,
카피톨리누스 언덕 32
칼리굴라 42-43, 135, 163
코그노멘 209
콰이스토르 48
콜레기아 113, 116-117, 167
콜로세움 125
쿠르수스 호노룸 151, 191

퀴벨레 250, 263, 266, 269
클라우디우스 26, 33-34, 39, 89, 95, 125, 127, 135, 157-159, 162, 208-209, 230
키르쿠스 막시무스 30, 131
키케로 182, 191

ㅌ

타베르나 53, 61, 63, 76
타키투스 39, 95, 131, 158
토지 소유 217, 219
투기장 125, 130, 133, 161
튀르키예 14, 15, 22, 39, 47, 77, 90, 126, 176, 259, 273
트라야누스 33, 117, 118, 123, 126, 192-193, 225
트리클리니움 53, 55-56, 119, 120, 160, 200
티베르강 33, 35
티베리우스 14, 139, 157, 188, 218

ㅍ

파테르 파밀리아스 182-184, 186, 199, 213
팍스 데코룸 252
팍스 로마나 252, 279
판테온(로마와 그리스) 104, 251
팔라스 162-163
페리스틸리움 53-57, 64
페쿨리움 105, 111
편람 273
평민 139, 148, 152, 208, 247
포도주 25, 31-32, 35, 46, 81, 87, 97, 115-116, 118, 121-122, 124, 143, 145, 159-160, 202, 216, 254-255
포세이돈 250
포피나 31, 45, 58, 61, 64, 66, 79, 87, 202, 229, 261
폼페이 15, 26, 28, 31-32, 40-41, 45, 52-53, 63, 71, 74, 79, 82, 116-117, 119, 130-131, 150, 191, 198, 220, 224, 250, 260, 264, 268
프라이노멘 208-209
프레스부테로스 169
프루사 192

프리에네 명문 259
플라비우스 아리아누스 273
플루타르코스 122, 124, 172, 207, 219
플루톤 250, 265
피에타스와 임피에타스 253, 261
피후견인 56, 86, 100, 152-154, 164, 177, 181, 197-198, 206, 218, 220, 243, 245
필론 16

ㅎ

하데스 250
하드리아누스 273
하루스펙스 257
항구 21, 25, 33-35, 39, 68-69, 74-75, 98
해방 노예 83, 87, 132, 150, 152-153, 160-162, 181, 210, 214-215, 220, 226, 229, 230, 245, 247
헤라 250
헤롯 42-43, 230, 233-234
헤롯 아그립바 230

헤롯 안디바　43, 233
헤르메스　250
헬레니즘　250
호네스티오레스　247
황실을 섬김　157, 194
황제 숭배(카이사르 숭배)　32, 103, 226-227, 258-260, 266, 280
후견인(후견 관계)　121, 152-154, 162, 165, 175, 177, 181, 198, 201, 205, 208, 219, 226-227, 235, 241, 243-246
후밀리오레스　247

◎ 이미지 출처

15쪽	Dan Mihai Pitea/위키미디어 공용 사진
17쪽	작자 미상/위키미디어 공용 사진
18쪽	Lion Hudson
23쪽	Vyacheslav Argenberg/위키미디어 공용 사진
28쪽	작자 미상/위키미디어 공용 사진
29쪽	Jean-Pierre Dalbera/위키미디어 공용 사진
53쪽	Lion Hudson

저자는 초기 교회의 사회문화적 환경을 이해하기 쉽게 재구성하여 전달한다. 본서의 매력은 고대와 현대 사이의 시간적, 문화적 격차를 넘어 고대 그리스도인들의 신앙과 삶을 들여다볼 수 있는 창을 제공한다는 점이다. 본서에 직접 인용되는 여러 고대 저작과 유적은 독자들의 상상력을 고무할 것이다. 역사적 연구가 신약성서 해석에 어떻게 적용될 수 있는지를 보는 것은 독서의 즐거움을 더할 것이다. 현대 신약학의 최근 연구 성과를 담아내려는 성실한 노력도 엿보인다. 초기 교회에 관심을 가진 독자에게 친절한 안내서가 될 것이다.

— 이상목 | 평택대학교 신약학 교수

저자는 이 책에서 광범위한 연구를 바탕으로 고고학과 문헌 증거를 꼼꼼하고도 풍성하게 활용하여 모든 내용을 이해하기 쉽게 전달해 준다.

— 피터 오크스 | 맨체스터 대학교 성서 비평 및 해석학 교수,
Empire, Economics, and the New Testament 저자

이 책은 로마 제국의 일상생활에 대한 풍성한 지식을 읽기 쉬운 문체로 전달해 주어, 초기 그리스도인들이 자신들의 신앙을 어떠한 사회적 배경 속에서 삶으로 구현했는지를 오늘날의 독자들이 생생히 그려볼 수 있게 해준다.

— 존 드레인 | 더럼 대학교 초빙 연구원, 풀러 신학교 겸임교수, *The World of the Bible* 저자

이 책은 1세기 그리스도인의 일상을 놀라울 만큼 평이하고 명쾌하게 복원해 낸다. 저자의 성경 해석 일부는 논쟁의 여지가 있겠지만, 그가 그려내는 당시의 의·식·주는 최신 학술 연구의 성과를 충실하게 반영하고 있어 신뢰할 만하다. 독자는 방대하고 깊이 있는 고고학과 고대 문헌학의 연구 성과를 마치 잘 짜인 이야기 속을 거닐 듯 어려움 없이 습득하게 될 것이다.

— 김선용 | 독립연구자, 『갈라디아서』 저자

이 책은 단순히 로마 시대 초기 기독교의 형성에 관해 설명하는 책이 아니다. 이 책은 역사와 고고학, 문헌학이 만나는 자리에서 로마 제국의 화려함과 빈곤, 확장과 갈등의 한복판에서 태어난 초기 기독교의 배경을 쉽게 해설하는 안내서이다. 이 책이 소개하는 폼페이, 고린도, 에베소 같은 고대 도시의 유물들과 바울 서신, 사도행전, 그리고 고대 로마의 사료들은 당시 사람들의 일상적 삶의 배경과 신앙의 무대를 생생히 복원한다. 독자들은 이 책을 통해 도시, 주거, 음식과 문화, 사회 위계질서, 가정과 공동체, 경제, 예술, 그리고 종교와 관련된 고대인들의 숨결과 일상의 정취를 가까이 느낄 수 있을 것이다. 이 책은 독자들에게 초기 기독교에 대한 딱딱한 교리서나 단순한 설명서가 아니라 그 역사 속 현장을 여행하는 길잡이이자 동반자가 될 것이다.

— 이삭 | 연세대학교 한국기독교문화연구소 연구교수, 『발굴한 신의 흔적들』 저자

배경 없는 인물은 존재하지 않는다. 배경 없는 사건은 해석되기 어렵다. 신약에는 다양한 사건과 인물이 있기에, 그 배경도 존재한다. 그리고 그 배경은 사건과 인물에 의미를 부여한다. 안타깝게도, 많은 경우 배경은 신약 본문에 암시만 되어 있을 뿐이다. 그래서 이런 책이 필요하다. 이 책은 신약성경 가장 밑바닥에 숨은 배경을 쉽고 정갈한 언어로 풀어내며, 동시에 초기 그리스도인의 일상을 생생하게 상상하도록 돕는다. 신약 본문이 뼈대라면, 이 책은 거기에 살을 붙일 수 있도록 기본적이면서도 다채로운 재료를 탄탄히 제공한다. 신약성경의 세계에 발을 딛고자 하는 사람 누구에게나, 1세기 기독교 사회사에 관심 있는 사람 누구에게나, 튼튼한 사다리가 되어 줄 것이다.

— 정은찬 | 장로회신학대학교 신약학 교수, 『바울, 마케도니아에 가다』 저자